Literarische Leckereien

Kostbare Texte aus Küche und Keller

Aus der Region Stuttgart
Für die Region Stuttgart

Literarische Leckereien

Kostbare Texte aus Küche und Keller

Von Ottilie Wildermuth bis Isolde Kurz
Von Friedrich Schiller bis Christian Wagner

Gesammelt und erläutert von
Dieter E. Hülle

Zum Regionaltag 2000

Forum Region Stuttgart
Küche Keller Kostbarkeiten

Herausgegeben von:
Ralf Jochen Schmid
Dieter E. Hülle
Gunter H. Fahrion

ISBN 3-920799-20-8

© 2000 by Dieter E. Hülle.

Nachdruck auszugsweise erlaubt

edition sutter
Langestraße 5
D-71063 Sindelfingen

Gesamtherstellung:
Röhm GmbH,
Druckerei und Verlag,
Sindelfingen

Halbwegs notwendiges Vorwort

Was verbindet Isolde Kurz mit Christian Wagner, Anna Schieber mit Friedrich Theodor Vischer, Auguste Supper mit Ludwig Uhland? Zweierlei zumindest: wie der Titel unserer Sammlung, in der sie auftreten behauptet, schrieben sie Texte zu kostbarem Essen und Trinken; dies ad eins. Zum anderen wurde Isolde Kurz z. B. in Stuttgart geboren, Christian Wagner in Warmbronn (heute Stadt Leonberg), Anna Schieber erblickte in Esslingen das Licht dieser Welt, Friedrich Theodor Vischer in Ludwigsburg; Auguste Supper hat eine Zeitlang in der Landeshauptstadt Stuttgart gelebt und gewirkt, ebenso Ludwig Uhland: Die große Mehrzahl unserer 15 Autorinnen und Autoren gehören unmittelbar in unsere Region, die Region Stuttgart, in welchem Zusammenhange immer. Oder sie waren doch wenigstens ‚Anrainer'. Ottilie Wildermuth zum Beispiel zählt nicht unmittelbar zu den ‚Regionalistinnen'. Und doch: Hat eine Schriftstellerin die Pfarrhäuser der Region punktgenauer beschrieben als sie, ganz so, als wäre sie in Rechberghausen zur Welt gekommen statt in Rottenburg, in Sindelfingen gestorben statt in Tübingen?
Soviel zum Regionalen, wie wir es ausgelegt haben. Im übrigen hat es Spaß gemacht, zum Thema des Regionaltages *Küche Keller Kostbarkeiten* Literatur zu durchstöbern. Mancher Text stand von Anfang an auf der Liste. Andere mussten förmlich gesucht werden, auch Zufallsfunde sind darunter. Bei der Gestaltung der Texte wurde nach Möglichkeit die jeweils älteste Druckfassung herbeigezogen, aus den Beständen der Sindelfinger Stadtbibliothek, deren Depot ich benutzen durfte, oder aus Eigenbesitz.
Nebenbei bemerkt: der Titel *Literarische Leckereien* ist mit einer kräftigen Prise Antithetik zu verstehen. Gift wird in der Regel nicht freiwillig genommen. Im Sinne des in der Region beheimateten dialektischen Denkens jedoch kann eine von lieber Hand bereitete Limonade den unfreiwilligen Abgang durchaus versüßen. Und andrerseits muß es nicht immer Bordeauxwein zu Rehbraten sein. Ein einfaches Pilzgericht kann ebenso köstlich schmecken.

Zum zeitlichen Rahmen: Ins 18. Jahrhundert gehören ihrem Geburtsjahrgang nach Friedrich Schiller, Justinus Kerner, Ludwig Uhland und Gustav Schwab. Im neunzehnten Jahrhundert geboren wurden Nikolaus Lenau, Wilhelm Hauff, Eduard Mörike, Friedrich Theodor Vischer, Hermann Kurz, Karl Gerok, Ottilie Wildermuth, Christian Wagner, Isolde Kurz, Anna Schieber und Auguste Supper.

Lauter bewährte Rezepturen also? Und wo bleiben die zeitgenössischen Autorinnen und Autoren? Sind sie des literarischen Küchen- und Kellerparnasses nicht würdig? Oh doch und ganz gewiß. Es ist bloß so: auch dieses Projekt, wie jedes dieser Art, stand unter erheblichstem Zeitdruck. Und da blieb einfach keine Möglichkeit mehr, die notwendigen Nachdruckerlaubnisse einzuholen (ganz abgesehen von den Kosten). So musste schweren Herzens verzichtet werden, vorläufig zumindest. Auf Gerd Gaiser wie auf Thaddäus Troll, um nur zwei denkbare Antipoden zu nennen. Auf Jakob Wolf wie auf Imre Török, die mehr miteinander zu tun haben, als es auf den ersten Blick erscheinen mag. Auf andere mehr und zuhauf. Aber vielleicht, wer weiß, gibt es ja mal *Literarische Leckereien 2?*

Außerdem jedoch bleibt ja immer noch ein Trost: Vincent Klinks *Häuptling Eigner Herd.* Wer diese Sammlung neuester Texte zum Thema noch nicht kennt, dem steht ein ganz eigener Genuß bevor.

Dennoch: fehlen da nicht die Namen X und Y, oder auch Z? Ganz zu schweigen von diesem oder jenem Text zwischen Friedrich Schiller bis Wagner? Stimmt. Stimmt auf (fast) jeden Fall. Leider sind dieser Anthologie allerlei Grenzen gesetzt, auch in Hinblick auf ihre maximale Seitenzahl. Unter anderem deshalb sei für die subjektive Auswahl von vornherein um großzügigen Dispens gebeten.

Nun jedoch und endgültig erst einmal: Guten Hunger und Zum Wohl!

Dieter E. Hülle.

Literarische Leckereien

Kostbare Texte aus Küche und Keller

Motto:

Wein und Brot

Solche Düfte sind mein Leben,
Die verscheuchen all mein Leid:
Blühen auf dem Berg die Reben,
Blüht im Thale das Getreid.

Donnern werden bald die Tennen,
Bald die Mühlen rauschend gehen,
Und wenn sie sich müde rennen,
Werden sich die Keltern drehn.

Gute Wirtin vieler Zecher!
So gefällt mir's, flink und frisch.
Kommst du mit dem Wein im Becher,
Liegt das Brot schon auf dem Tisch.

Ludwig Uhland.

Erste Abteilung:
Küchentexte

Auguste Supper.	Der Leibsorger.
Ottilie Wildermuth.	Das geizige Pfarrhaus. Ein Stadtschreiber.
Wilhelm Hauff.	Der Zwerg Nase. Das Souper. Das Dejeuner. Der Schmaus. *So esset doch und trinket satt!*
Justinus Kerner.	Das Bilderbuch aus meiner Knabenzeit.
Hermann Kurz.	*Der geschmälzte Kaffee. Gebratene Backsteinkäse und Schwindelhaferwein.*
Eduard Mörike.	An meinen Vetter. Lammwirts Klage. Der Tambour. Häusliche Szene. Der Liebhaber an die heiße Quelle zu. B. Zwei Brüdern ins Album. Auf ein Ei geschrieben. Restauration. Alles mit Maß. Pastoralerfahrung. Frankfurter Brenten. An Hartlaub, als Dank für geröstete Mandeln.
Friedrich Schiller.	*Die Limonade ist vergiftet.*
Gustav Schwab.	Das Mahl zu Heidelberg. Hans Koch von Ebingen.
Ludwig Uhland.	Theelied. Metzelsuppenlied.

Friedrich Theodor Vischer.

Festschmaus im Pfahldorf.
O hin zu dir! zu dir!
Nur einen Bissen reiche mir!

Christian Wagner.

Früchte. Blühender Kirschbaum.
Das Kartoffelland. Das Kartoffelgeistlein.
Der Todtenkopfschwärmer.

Der Leibsorger.

Hans Bürger, Pfarrer a. D. – so war an der ersten Tür rechts in dem schmalen, langen Flur des niedrigen Häuschens zu lesen. Es war kein elegantes Metall- oder Emailschild, nicht einmal eine gedruckte, gestochene oder lithographierte Karte, welche die spärliche Auskunft gab, nein, es war eine Art primitiven Plakats, ein Stück Pappe von respektablen Dimensionen, auf das in mehr leserlicher als schöner deutscher Schrift Name und Titel gemalt war, und zwar mit leuchtender Purpurfarbe.

Wenn man an einem schönen, klaren Septembermorgen, wie heute, an die Tür Hans Bürgers klopfte, so konnte man sicher sein, selbst auf den feurigsten Trommelwirbel keine Antwort zu erhalten. Drückte man sodann unaufgefordert auf die blanke Messingklinke, so fand man wohl eine unverschlossene Tür, die den Eintritt in ein lichtdurchflutetes, blumendufterfülltes Zimmer freigab, aber den Herrn Pfarrer a. D. suchte man vergebens. Auch hinter der grünen, faltigen Bettgardine war der Hochwürdige nicht; das niedere, feldbettähnliche Lager war im Gegenteil so nett und sorgfältig geordnet, wie ein Lager, das nur aus zwei Wolldecken, einer Matratze und einem rollenartigen Kopfpolster besteht, überhaupt geordnet werden kann. Vor den drei weitgeöffneten Fenstern des großen Zimmers blühten eine solche Menge Blumen, schlang sich so dicht der Efeu ineinander, rieselte so üppig grünes Frauenhaar nieder, daß man die kunstvoll aus Fadenrollen verfertigten Bretter, die all die Pracht trugen, kaum mehr erkennen konnte.

In der Ecke zwischen zweien der Fenster stand ein großes, altväterlich plumpes Möbel mit messingenen Beschlägen und geschweiften Füßen, das sicher vom Verfertiger seinerzeit zum Schreibtisch prädestiniert war. Das, was es jetzt alles zu tragen hatte, erinnerte wenig an die ursprüngliche Bestimmung. Auf der geräumigen Platte lagen die mannigfaltigsten Gegenstände, die mit Tinte, Feder und Papier, ja die mit einem Pfarrer a. D. überhaupt in keinem erkennbaren Zusammenhang standen.

Da waren zuerst zwei oder drei große, silberne Taschenuhren, deren plumpe Zeiger in eisiger Ruhe verharrten. Da war ferner eine ansehnliche Schachtel mit Getreideproben, da stand ein großer weißer Porzellantopf, mit Papier überbunden und mit der Aufschrift „Fliegentod" versehen. Da lag, auf einer Zeitung ausgebreitet, eine Handvoll Schafgarbentee, und in der Ecke dort lehnte sogar eine sehr mangelhaft bekleidete Puppe, die ihren zerzausten Flachskopf auf dem eigenen Schoß liegen hatte.

In der Mitte des Zimmers stand ein Tisch, der mehr seiner Bestimmung entsprechend benutzt zu werden schien. Ein riesiger Laib Schwarzbrot lag neben einem blanken Messer in der Mitte, und auf rotlackiertem Brett standen vier oder fünf Gläser daneben.

Eine Anzahl hochlehniger Stühle, ein vorsündflutlicher Kleiderschrank und zwei Kommoden, welche die gleichen blanken Beschläge aufwiesen, wie der profanierte Schreibtisch, vervollständigten die Einrichtung von Hans Bürgers Junggesellenstube.

Der Besitzer dieser Herrlichkeiten aber, er ist an dem klaren, taufrischen, wunderbaren Morgen draußen zu finden auf der waldumstandenen, heidekrautbedeckten Hochebene fern vom Dorf.

Zerfetzte Nebelstreifen flüchteten scheu von der freien Heide zwischen die rissigen Stämme der Föhren und tiefer hinab, unter den Tannen hin, bis im Wiesentale und über den Ziegeldächern des Dorfes ihr Schicksal sie ereilte, bis sie zergehen mußten unter den warmen, leuchtenden Strahlen der ewig nebelfeindlichen Sonne.

Grau berieselt bis aufs letzte winzige Blütchen hinaus standen die Tausende von Erikastauden, und sie mühten sich eben, die kleinen süßen Blumenaugen aufzutun für das wonnige Tageslicht.

Mit weitausholenden Schritten, die gewaltige Kapsel an grünem Band um die Schulter, die Beinkleider hochgekrempelt und den schwarzen Filzhut in der Rechten schwenkend, trat ein Mann aus dem Wald am steilen Berghang.

Des Preußenkönigs unerbittliche Werber, sie hätten aufgejauchzt beim Anblick dieses Mannes. Nahe an zwei Meter mußte er haben, und dazu eine Breite der Schultern, eine Derbheit, eine Kraft in allen Gliedern, daß es zu sehen eine Freude war.

Ein überüppiger, schwarzer Haarbusch war zurückgekämmt von der breiten, freien Stirn, eine in ihrer Größe hart die Grenze des Erlaubten streifende Nase, ein starker dunkler Vollbart gaben dem Gesicht etwas Martialisches.

Aber wie jetzt der große Mann die Augen aufschlug, um von dem taunassen, schlüpfrigen Bergweg, den er gekommen, hinzublicken über die glitzernde Heide und über die fliehenden Nebel, da waren es fröhliche Kinderaugen, ja fast übermütige Jungenaugen, die mit glückseligem Ausdruck die Schönheit des Morgens tranken. Und eine Jungenbewegung war es, wie der Riese seinen schwarzen, weichen Filzhut hinüberschleuderte ins nasse Heidekraut.

Und dann tat der Mann noch etwas, was zu seinen mächtigen Gliedern, zu seinem Übermenschenkopf gar nicht recht passen wollte: Er kniete hin auf den feuchten Heideboden, er legte die großen Hände ineinander wie ein Kind, und er betete halblaut in stammelnden Worten, die leuchtenden Augen gegen den leuchtenden Himmel gerichtet, berauscht, überwältigt von der reinen Schönheit der Gotteswelt, der strahlenden, heiligen Morgenstille.

Das frohe, das jauchzende Beten des übervollen Mannesherzens, es klang seltsam naiv, seltsam innig und beweglich aus in den Kinderversen:

„Mein Gott, ich bin durch deine Macht
Gesund und froh vom Schlaf erwacht.
Behüte mich auch diesen Tag,
Daß ich nichts Böses lernen mag.
Amen!"

Minutenlang verharrte der Mann auf den Knien, und man sah es diesem Gesicht an: hier hatte einer gebetet, der beten mußte, einer, dem das Herz übergeströmt war vom Gebet.

Danach erhob sich der Herr Pfarrer außer Diensten, er klopfte säuberlich die feuchten Tannennadeln von den Knien, suchte seinen Hut aus dem Heidekraut hervor und begann mit einem gewaltigen, mehr ausgiebigen als klangschönen Baß:

„Die Rose stand im Tau;
Es waren Perlen grau;
Als Sonne sie beschienen,
Wurden sie zu Rubinen."

In den unmöglichsten, den verschlungensten Variationen sang Hans Bürger das Ritornell. Zuletzt, als die Töne immer schneller, immer kunstvoller, immer gewaltiger kamen, nahm der begeisterte Sänger seine stattliche Botanisierkapsel vor, und dumpfe Trommelwirbel begleiteten den kühnen Sang.

Als die Orgien, die solchergestalt Lunge und Kehle Hans Bürgers in der köstlichen Morgenluft feierten, beendigt waren, setzte sich der Sänger auf einen grünbemoosten Stein und entnahm der Kapsel ein stattliches Butterbrot, das mit der gleichen Hingabe und Begeisterung in Angriff genommen wurde wie zuvor das Lied.

Danach machte der Herr Pfarrer eine Handvoll Brotkrumen zurecht, er pfiff leise, weiche Locktöne gegen die nahen Föhren hinüber, und Finke, Meise und Zeisig holten sich zutraulich das Morgenmahl, das die große Hand ihnen streute.

Als das letzte Krümchen verzehrt war, erhob sich Hans Bürger von seinem Steinsitz, er reckte die langen Arme und stülpte dann den Filzhut fest auf den Haarbusch. Nicht zum Singen und Schwelgen war er ja ausgezogen am frühen Morgen, er wollte Pilze suchen für des Frieders Christian, der schon lang keinen Appetit hatte, und dem es immer vor Fleisch und Milchspeisen ekelte.

Wieder und wieder bückte sich das große Menschenkind, und mit freudiger Gier eilte er von Pilz zu Pilz, die hier oben so prächtig gediehen.

Die Sonne hatte eben den Tau von der Heide getrunken, als mit gefüllter Büchse Hans Bürger sich heimwärts wandte. ...

Des Frieders kranker Christian, für den die Pilze bestimmt waren, wohnte am entgegengesetzten Dorfende, ganz nahe bei Hans Bürgers eigener Wohnung.

Heute hatte der junge Bauer seinen schlimmen Tag. Er saß in der niedrigen Stube am offenen Fenster und sah über die Gasse, wo glitzernde Spinnfäden in der Herbstsonne flogen.
Hunderte von Fliegen summten in dem Raum, und eine auf dem Tisch liegen gebliebende Brotrinde bedeckten sie in schwärzlichen Massen.
In dem schmutzigen Rinnsal, das unter den Fenstern hart am Hause vorübersickerte, wühlten die Enten nach Würmern und Schnecken, und mitten auf der staubigen Dorfgasse stritten etliche Gänse laut schnatternd um einen halben Apfel. Hans Bürger trat mit kurzem Gruß zu dem Kranken, dessen gelbes, galliges Gesicht von galliger Laune sprach.

„Wie geht's, Christian?" fragte er freundlich und nahm sich einen Stuhl her. „Tut Euch die neu' Arznei net gut?"

Der Bauer winkte wegwerfend mit der Hand. „Was wird denn mi a Arznei kuriere, wo i doch mei Leide mit uf d'Welt brocht han als a Erbteil von Mutter und Ahne," sagte er kurz und bitter und schaute am Pfarrer vorüber.

Hans Bürger legte ihm derb die Hand aufs Knie:

„Sag' ich Euch net immer, Ihr sollet net do dra 'rumstudiere, sondern endlich emol tun, was der Doktor sagt! Ist denn dees Christenart, daß mer glei gar kei Courage hot und d'Waffe scho streckt, eh' mer überhaupt kämpft hot?"

„Kämpft hot? Gege wen? Kämpft hot? Gege was?" gab der junge Bauer zurück. „Derf mer oder kann mer vielleicht gege unsern Herrgott kämpfe, wenn er sait: 'Ich will die Sünden der Väter heimsuchen an den Kindern bis ins dritte und vierte Glied'."

In des Kranken Stimme, im Ausdruck seiner flackernden Augen lag eine solche Fülle von dumpfer, bitterer Verzweiflung, daß es dem Pfarrer wie mit Krallen ans Herz griff. Wie oft hatte er diese Kette schon klirren hören, seit er der Herr Pfarrer hieß! Bald klirrte sie lauter, bald leiser, bald hörte nur er sie, bald hörten sie die blödesten Bauernohren. Und hier war einer, der hörte nicht nur das Klirren, dem schnitt die Kette tief ins Fleisch. Wie oft hatte er, Hans Bürger, an der Kette gerüttelt mit priesterlichem Wort, mit priesterlicher Tat, wenn die Gefesselten kamen, bei ihrem Pfarrer Trost zu suchen für das, was sie nach göttlichem Gesetz erdulden mußten. Auf die Zähne hatte er gebissen, jedesmal, denn er kam sich vor wie einer, der wider Gott streitet.

Heute aber fiel ihm plötzlich die EveKätter ein. Die riß sich das Herz nicht wund in marternden Gedanken, die baute ruhig über jeden Abgrund eine Brücke und räumte festerhand die schwersten Steine aus dem Weg.

Hans Bürger zog die Hand von des Bauern Knie. Frei ward ihm ums Herz und priesterlich, wie nie zuvor, und er sagte ruhig: „Christian, du bist kei Jud' und bist kei Heid' und bist kei Türk'. Du bist a Christ, und dich geht gar nix ebbes a, als was der Herr Christus g'sagt und g'lehrt hot. Lies vom Blinde, lies vom Gichtbrüchige, und was die alte Jude angeht, das laß beiseit' und kümmer di nix drum!"

Der Bauer schaute auf, als traue er den Ohren nicht. „Ja, schwätzt denn so a Pfarrer?" sagte er mürrisch nach einer Pause.

„A Pfarrer bin i nemme; aber i sag' deswege kei Wörtle, des gege mei G'wisse ging', Christian," entgegnete Hans Bürger, und es lag in seinen ehrlichen Augen ein zwingender Ernst, der nicht ohne Eindruck auf den verbitterten Mann blieb.

Langsam fuhr sich der junge Bauer über das spärliche, schlichte Haar; er konnte so schnell nicht in sich verarbeiten, was er eben gehört. Dann seufzte er tief auf. Der hoffnungslos gallige Ausdruck in dem gelben Gesicht minderte sich, und er meinte, auf die schlürfenden Enten, die gierigen Mückenschwärme weisend: „Gucket Se no des Ziefer a, wie do älles Leben hot, wie do älles frißt und druf nei ist! Wenn i no au a einzigs Mol wieder an Hunger hätt', und no a einzigs Mol wieder nach ebbes an G'lust. Aber jede Ent' und jede Muck ist besser dra als i!"

Es war eine Klage voll ergreifender Schlichtheit. Dieser junge Bauer, der die Enten und Mücken in ihrer gierigen Gefräßigkeit beneidete, er rief in Hans Bürger ein heißes Mitleid wach.

Und dann huschte über das bärtige Gesicht ein frohes Leuchten, und mit einem kurzen: „I komm' glei wieder!" verschwand der große Mann hinter der niedrigen Tür. Den Weg zur verräucherten Küche, wo das Kaminschoß tief über den Herd hing, kannte Hans Bürger ganz genau, und ebenso genau die schmutzige Magd, die da handierte.

„Dorle, gib Butter her und a saubere Pfann'," kommandierte er, und mit tiefgebeugtem Rücken, geschäftigen Händen und strahlendem Antlitz bereitete der Theologe ein Gericht Pilze, das ihm geeignet schien, dem Neid des Kranken auf Enten und Mücken den Boden zu entziehen.

Die Magd sah zu, stumpfsinnig und wortlos. Nur als sie den großen Koch eine irdene Platte eigenhändig ausspülen sah, da schüttelte sie den dicken Kopf und murmelte verächtlich: „Dees will a Pfarrer sei, a G'studierter, und spült selber!"

Die kleine Schüssel in seinen großen Händen, trug Hans Bürger das Machwerk hinein. Er ging so behutsam, als trüge er einen großen Schatz, und mit einem fast kindlichen Ausdruck von Stolz und Freude hielt er dem Kranken das kräftig und appetitlich duftende Gericht unter die Nase.

Und des Pfarrers Mühe wurde reich belohnt. Immer wieder füllte Christian den Löffel. Er sprach gar nichts – der richtige Bauer spricht nicht beim Essen – er langte nur immer zu, langsam, fast feierlich. Auch gebetet hatte er nicht; aber Hans Bürger saß daneben, und er hatte die Hände gefaltet. Vielleicht machte er's im stillen gut, des Bauern Versäumnis.

Eine Mücke fiel dem Christian ins Essen. Er fischte sie heraus mit kurzem Lachen: „Friß du Brot," meinte er, „dees do ischt für mi!"

„Gelt," sagte der Pfarrer, „jetzt hent Ihr kein Neid meh auf d'Mucke?"

„Daß mer's Gott verzeih, 's ist a sündhaft's G'schwätz g'we!" gab Christian kurz zu und aß weiter.

Es war lang über Mittag, als Hans Bürger seiner Haustür und seinem rosenfarbenen Plakat nahe kam.

Ein kleines Mädchen mit frischem, schmutzbesudelten Gesichtchen hielt ihn noch an: „Herr Pfarrer, leimet Se mer doch bald mein Dockekopf na!"

„Heut' Obed derfst se hole, Lisebethle!"

Über die Gasse schrie ein Weib: „Ist mei Tee bald g'richtet?"

„Nächste Woch', Nachbare!"

„Herr Pfarrer, hent Se mei Gerste anguckt?" fragte aus dem Scheunentor ein Alter mit der Pfeife im Mund.

„Be no net dazukomme, aber morge g'wiß."

„Hent Se doch au mei Uhr net vergesse?"

„Nei, Frieder, nächste Woch' mach' i se sicher, i han no zwei andere daheim."

Hans Bürger eilte davon mit langen Schritten. Kein Mensch auf Gottes Erdboden hatte mehr Ämter als er, der ohne Amt war, und kein Mensch fühlte sich mehr am rechten Platze, als er, der seinen Beruf verfehlt hatte.

Das geizige Pfarrhaus

War ein recht sauberes, geräumiges Haus, sah aber demungeachtet nicht erstaunlich einladend aus; ein gewisser frostiger Hauch schien es zu umwehen, selbst in warmer Sommerzeit. Jahraus jahrein waren Fenster und Läden nach vorne geschlossen, als ob keine Seele drin wohnte; ein dürrer, knurriger Spitz, der jedermann mit bissigem Ton anbellte, war das einzige Lebenszeichen, das man in der Nähe des Hauses verspürte.

Es wurde von Gästen auch nicht stark heimgesucht, das zeigte der grasige Vorhof, die grünangelaufene Steintreppe, die zum Hause führte. Anfangs war das anders gewesen; da der Pfarrer einen gastfreien Vorgänger gehabt hatte und das Dorf unweit einer kleinen Stadt liegt, so machten die Stadtbewohner aus alter Gewohnheit zahlreiche Visiten, und der Pfarrer kratzte sich täglich im Haar und sprach von Wegmelden auf die rauhe Alb, in ein Schwarzwaldtal, überallhin, nur nicht mehr so nahe zu einer Stadt.

Die Frau Pfarrerin tat ihr möglichstes, die Gäste wenigstens so unschädlich zu machen, als sich mit einigem Schein der Ehrenhaftigkeit vertrug. Sie reiste in eigener Person in eine Glashütte, um daselbst auserlesene dünne Flaschen mit langen Hälsen auszusuchen, die mit dem Äußern einer Halbmaßflasche den Gehalt eines Schoppens vereinigten. Sie kaufte ausgeschossene Tassen aus einer Porzellanfabrik, recht anständige Tassen, nur daß sie erstaunlich klein waren und nie eine obere zur unteren paßte. Das Brot im Hause war von höchst ehrwürdigem Alter, man konnte sich fast nicht erinnern, wann es gebacken worden; sie hätte es für Schiffszwieback verkaufen können. Wäre die Frau Pfarrerin ehrgeizig gewesen, so hätte sie auf ein Erfindungspatent für ihren Kaffee Anspruch machen dürfen, denn der war aus Roggen und gelben Rüben mit einem solchen Minimum echten Kaffees bereitet, wie gewiß nie erhört worden. Von Backwerk war natürlich ohnehin keine Rede. Nur einmal, als die Frau Dekanin da war, hatte man glücklicherweise Reisbrei gekocht und konnte dessen Scharre, mit Zucker und Zimmet bestreut, als Dessert aufstellen.

Trotz dieser umsichtigen Anstalten wurde aber eben dennoch einiges, wenn auch noch so wenig, durch die Gäste verzehrt. Siehe, da kam der Pfarrer auf den edlen Gedanken, daß jedesmal, nachdem Besuch dagewesen war, im Hause gefastet, wenigstens kein Wein und Kaffee genossen werden solle, bis die verursachten Unkosten wieder gedeckt seien. Wer hat je die Gastfreundschaft mit so teurem Opfer ausgeübt! Auch mochte wohl das Ehepaar nicht viele dieses schweren Opfers wert halten; es war bald sehr selten zu Hause zu finden, und man munkelte stark davon, daß ein ankommender Besuch, der alle Zimmer leer traf, den Schlafrockzipfel des Herrn Pfarrers habe zum Ofenloch herausgucken sehen. Diese Kunde schreckte nun auch die unverdrossensten Gäste ab, und von nun an durften sie ihren Roggenkaffee und ihren kunstreich mit Wasser und Heidelbeersaft versetzten Wein ungestört allein genießen.

Ein schwerer Schlag war es für sie, als die immer mehr sinkende Gesundheit des Pfarrers (er litt infolge der spärlich geheizten Zimmer an Rheumatismen) einen Vikar nötig machte, und es brauchte langer Nachforschungen und Beratungen, ein Individuum aufzufinden, das gehörig genügsam und bescheiden erschien. Es sollte kein Reicher sein, „die sind so verwöhnt und anspruchsvoll", kein Armer, „denn die wollen sich in einem ordentlichen Hause erst herausessen", keiner Witwe Sohn, „der könnte der Mutter etwas zustecken wollen" (wäre eine Kunst gewesen), keiner aus der Nachbarschaft, „der könnte zu viel Anhang nach sich ziehen". Endlich war der Glückliche erkoren, den das Schicksal einer solchen Schule der Genügsamkeit für würdig hielt. Der hat gewiß seinerzeit einen vortrefflichen Ehemann abgegeben und das „Verwöhntsein" ist ihm bei keiner späteren Versorgung mehr im Wege gestanden. Er hat mehr geleistet als der Gaul jenes Edelmanns, der da hatte lernen sollen, nichts zu fressen, und leider krepierte, als er's konnte. Dieser Vikar aber lernte das Nichtsessen und lebte doch fort.

Am Abend seiner Ankunft, an einem kühlen Novembertag, sah er sich in dem spärlich möblierten Stüblein, das ihm der Pfarrer anwies, vergeblich nach einem Ofen um. Da schob der Pfarrer triumphierend einen Schieber am Fußboden zurück, so daß eine ziemlich weite Öffnung in die Wohnstube unten entstand, und machte ihn mit dieser seiner eigenen sinnigen Erfindung bekannt. „Sehen Sie: bekanntlich steigt die Wärme nach oben; nun erhalten Sie alle Wärme, die sonst nutzlos an unsrer Zimmerdecke verloren geht, und sind so offenbar gegen uns im Vorteil." Das war nun freilich ein unlösbares physikalisches Rätsel, wie das bißchen Wärme in der Pfarrstube sich auch noch hinaufziehen und fühlbar verteilen sollte. Der Pfarrer lebte aber dieses festen Glaubens und war höchst indigniert, als der Vikar einst an einem sehr kalten Wintertag die Frechheit hatte, seine beiden langen Beine durch die Öffnung hinabzuhängen.

Der Pfarrer ermahnte den Vikar stets, nachts das Loch sorgfältig zu verschließen, „weil das Warmschlafen so ungesund für junge Leute sei". Das Schlafen war aber immerhin noch das Beste, und das Bett, das äußerst melancholisch aussah, weil es mit Trauerkattun bezogen war, den die Pfarrerin als Ladenhüter besonders billig erhandelt hatte, war der einzige Ort, wo er einigermaßen erwarmen konnte. Deshalb war der Vikar stets getrost, wenn ihm die Frau Pfarrerin sein fabelhaft dünnes Licht zum Schlafengehen anzündete.

Als beim ersten Frühstück der junge Mann unbefangen nach einem Wecken griff, mit dessen Hilfe er hoffte, den Roggenkaffee bewältigen zu können, fragte der Pfarrer erstaunt: „Können Sie einen ganzen Wecken essen? Das habe ich in meinem Leben nicht gekonnt." Der verblüffte Vikar versicherte, er sei eben im Begriff, ihn zu halbieren. „Gut, dann rate ich Ihnen aber, Ihre Hälfte in Schnitten zu schneiden, das übrige läßt sich so leichter verwenden." Mit dieser einen Szene ging dem vielgeprüften Jüngling eine Ahnung seiner Zukunft in diesem Hause auf: der Groschenwürste, aus denen die Frau Pfarrerin je achtundzwanzig Rädlein zu schneiden verstand, der hoffnungsvollen Gänse, die er vergebens mit froher Erwartung hatte schnattern hören, die aber ja nicht gebraten, sondern abgezogen und gesotten wurden, um ihnen jede Idee von Fett auszuziehen, und des Kalbsbratens, der viermal zum Nachtessen hinreichte, weil der Vikar gleich nach dem ersten dünnen Schnittchen gefragt wurde: „Begehren Sie noch mehr?" und als er nicht wagte, dies zu bejahen, die Frau Pfarrerin die Platte eilig hinaustrug mit dem Schluß: „Ich esse nichts mehr, der Papa mag nichts mehr, der Herr Vikar begehren nichts, das Hermännchen kriegt nichts und die Magd braucht nichts mehr."

Ein Stadtschreiber

Das war eine gloriose Zeit, als der Herr Döte Stadtschreiber noch regierte. Seit die Stadtschreibereien eingegangen sind, ist kein glanzvolles Haus mehr im Städtchen zu finden. Jetzt gibt es Gerichtsnotare und Amtsnotare, Stadtschultheißen und Ratschreiber, Verwaltungsaktuare und Pfandkommissäre, die allesamt Mühe haben, sich nebst Familie des Hungersterbens zu erwehren. Alle diese Ämter waren einst vereinigt unter dem Dach der Stadtschreiberei, alle diese Würden ruhten auf dem Haupte des Herrn Stadtschreibers, und die zahlreichen Schreiber, die sich in die Geschäfte teilten, waren nur Glieder im Dienste dieses ehrwürdigen Hauptes.

Die Stadtschreiberei war kein modernes Haus; es versprach nicht viel von außen, aber von innen waren die Räume bequem und stattlich. Vorn heraus auf die Straße lag das Wohnzimmer, in dem gespeist wurde und wo sich die Familie den Tag über aufhielt, um am Fenster bequem beobachten zu können, was alles im Städtchen aus und ein ging. Die Schreibstube hatte nur die Aussicht auf benachbarte Winkel und Höfe, damit das Dienstpersonal nicht im Geschäft gestört würde. Auf ein eigenes Arbeitszimmer wagte keiner der Substituten und Schreiber Anspruch zu machen; sogar der Herr Prinzipal hatte in der allgemeinen Schreibstube nur einen besonderen umzäunten Platz, wo ein bequem gepolsterter Lehnstuhl stand, den er des Tags eine bis zwei Stunden lang zu besetzen geruhte.

Das Wohnzimmer war bequem, aber durchaus nicht elegant möbliert. Ein gepolstertes Sofa mit geschnörkelten Füßen, hochlehnige, weich gepolsterte Sessel, nach denen sich manchmal sehnsüchtig die Blicke der jüngeren Schreiber und der Incipienten richteten, die mit hölzernen Stühlen vorliebnehmen mußten, eine „Trissur", auf deren Gipfel blaue Meißner Tassen und rührende Gipsfiguren prangten, eine hohe Kommode mit weitgeschweiftem, inhaltsschwerem Bauche, ein Nähstock, an dem die Frau Stadtschreiberin und ihre Töchter ihr Tagewerk vollbrachten: das bildete die ganze Zimmereinrichtung. Daneben aber war noch ein Staatszimmer, das bei außerordentlichen Gelegenheiten geheizt wurde, und Gastzimmer von der verschiedenartigsten Größe und Einrichtung, je nach dem Rang der etwaigen Gäste. Eine Stadtschreiberei war ein gastfreies Haus, das ganze Jahr offen für Verwandte und Freunde, zu welch ersteren nach gut schwäbischem Brauche das halbe Vaterland gehörte. Die unheizbaren Zellen des Schreibereipersonals lagen im oberen Stock und unter dem Dach. Es ging die Sage, des Herrn Amtssubstituten Zimmer könne geheizt werden, seit Menschengedenken hatte aber keiner von einem solchen Vorrecht Gebrauch gemacht.

Ein Stadtschreiber hatte ein wahrhaft fürstliches Einkommen, was sich denken läßt, da in seine Kasse all die Einkünfte der zahlreichen Ämter und Ämtlein flossen, die jetzt in so viele Kanäle und Bächlein verteilt sind, und da zudem noch das „Schmieren" und Geschenknehmen in jeder Art bei Beamten eine ganz hergebrachte Sache war, die mit einer gewissen Würde betrieben wurde und dem amtlichen Ansehen durchaus keinen Eintrag tat.

Das fürstliche Einkommen teilte denn auch dem Herrn Stadtschreiber eine Art fürstlichen Bewußtseins mit, und kaum wird ein regierendes Haupt in unsern Tagen in seinem Staatsrat mit der Ehrfurcht empfangen, mit welcher die lautlose Schar der Schreiber sich erhob, wenn der Herr Prinzipal geruhte, morgens gegen zehn Uhr seinen Polsterstuhl in der Schreibstube einzunehmen; die meiste Zeit regierte er übrigens unsichtbar wie der Kaiser von China.

Womit der Herr Stadtschreiber seine übrige Zeit ausfüllte, da er mit wissenschaftlichen Forschungen sich nicht anzustrengen pflegte und den Genuß der schönen Literatur seinen Töchtern überließ, dürfte fast rätselhaft erscheinen; wenn man aber erwägt, wieviel Zeit die Verwaltung seiner Privateinkünfte und der Einzug der Geschenke erforderte, wovon er wenigstens die klingenden selbst in Empfang nahm, während die Frau sich mit Annahme der Zuckerhüte und Kaffeetüten, der Gänse, Hühner und sonstigen Viktualien befaßte, so dürfte man sich nicht mehr wundern. Rechnet man dazu, daß er sich nicht vor acht Uhr aus dem Bett erhob und mindestens eine Stunde brauchte, um seine Morgenpfeife zu rauchen, daß er nach Tisch eine hinreichende Siesta hielt und sodann wieder unter dem Fenster lag, um sein ehrwürdiges Haupt den Vorübergehenden zu zeigen, daß er mit gehöriger Ruhe der Verdauung oblag, die Tagesneuigkeiten anhörte und die Zeitung studierte, so ist das Rätsel vollends gelöst.

Die rechte Übersicht über sämtliches untergebenes Personal konnte man bei Tisch bekommen, wo sich auf den Schall einer Glocke oder auf den Ruf der Hausjungfer alles einfand und nach abgehaltenem Tischgebet und einer Skala von „gesegnete Mahlzeit" in der gehörigen Rangordnung Platz nahm. Zuoberst natürlich thronte der Herr Stadtschreiber, eine stattliche, wohlgenährte Gestalt, zu seiner Rechten die Frau Stadtschreiberin, eine äußerst höfliche, kleine Frau; dann die jeweiligen Gäste, die selten fehlten, und die Töchter des Hauses.

Darauf begann der Reigen der Schreiber mit dem ersten, dem Amtssubstituten, der noch zweier Teller, ja sogar einer Serviette mit perlengesticktem Band gewürdigt war. Es waltete starker Verdacht ob, daß letzeres ein Geschenk der Jungfer Karoline, der zweiten Tochter des Hauses, sei, nach deren Besitz er strebte und Erhörung hoffen durfte, wenn erst Mine, die älteste, ziemlich unschöne Tochter anderweitig versorgt war, denn die Frau Stadtschreiberin war entschieden der Meinung, „man dürfe den Haber nicht vor dem Dinkel schneiden". Folgte sodann der Substitut, der auch noch zwei Teller, aber keine Serviette mehr hatte; nach diesem die übrigen Schreiber, die in Ermangelung eines Extratitels mit ihren Namen angeredet wurden, und zuunterst auf einem ordinären Küchenstuhl der Incipient, der allezeit zu etwaigen Handreichungen bereit sein mußte.

Mehr noch als an Platz und Stühlen war der absteigende Rang an den Weinflaschen zu erkennen, mit denen jedes Gedeck versehen war. Zuoberst vor des Herrn Platze war bloß das geschliffene Glas; die Flaschen mit auserlesenen Weinen, mit denen er sich und die Gäste bediente, standen etwas im Hintergrund, damit nicht so leicht bemerkt werden könne, was und wieviel der Herr Prinzipal zu sich zu nehmen beliebte. Der Herr Amtssubstitut sowie der Substitut waren noch je mit einer Flasche roten Tischweins versehen, sodann kam eine Stufenleiter immer kleinerer Bouteillen von immer zweifelhafterer schillernder Farbe und säuerlicherem Geruch, bis sich die Reihe beim Incipienten mit einem halben Schöppchen Apfelmost schloß.

Während des Essens wagte selten einer des unteren Personals den Mund zu öffnen, außer zu einer Antwort. Nur die beiden Substituten führten mit dem Herrn und der Frau vom Hause ein Gespräch über Stadtneuigkeiten, wagten auch hie und da einen Scherz mit den Jungfer Töchtern (von Fräulein wußte man noch nichts) und mit den Gästen, die sehr häufig aus jungen Damen bestanden. Nachdem Suppe, Fleisch und Gemüse abgetragen waren, erhob sich der Amtssubstitut mit gefülltem Glase: „Herr Stadtschreiber, ich habe die Ehre, auf Ihre Gesundheit zu trinken." Mit gnädiger Verbeugung antwortete das gebietende Haupt: „Ich danken Ihnen, Herr Amtssubstitut, wünsche gleichfalls." Dann begann der Substitut den gleichen Spruch und erhielt die Antwort: „Ich danke, Herr Substitut." Wie ein Echo klang sofort der Spruch aus einem Munde nach dem andern. Die Schreiber wurden mit einem: „Danke, Herr Beutemüller, Herr Maier" und so weiter abgefertigt; der Incipient mit seinem Mostglas erhielt noch ein: „Ist recht", ohne weitere Zutat. Danach trat das Corps den Rückzug an, wenn nicht etwa noch der Amtssubstitut einer besonderen Einladung dazubleiben gewürdigt wurde.

Während die Schreiber in der Amtsstube sich mit allerlei Witzen und lautem Geplauder für das lange Schweigen entschädigten, wurden auf der Stadtschreiberstafel erst noch Extraleckerbissen aufgetragen: Krebse, Braten, süße Speisen und Nachtisch. Trotz der streng eingehaltenen Hausordnung und der Flaschen in absteigender Linie durfte aber gewiß niemand im Hause Mangel leiden. In der Stadtschreiberei war vollauf das ganze Jahr. Die Frau Stadtschreiberin setzte ihres Herzens Stolz nicht wie eine Dame heutzutage in einen offenen Schreibtisch mit eleganten Albums, welche die Herzen der Besucher mit geheimem Schreck erfüllen, weil sie diese mit einem erzwungenen poetischen oder teuer erkauften künstlerischen Beitrag bereichern müssen, auch nicht in eine Etagere mit zierlichen Kleinigkeiten, wohl aber in eine reichgefüllte Speisekammer, deren Anblick jedwedes Herz erfreuen mußte. Da hingen Schinken, Speckseiten, Würste und geräuchertes Fleisch jeder Größe und Gestalt, umher standen Schmalzhäfen von kolossalen Dimensionen, Butterballen und Eier in ungezählter Menge, alles in geeigneten Gefäßen. Daher ist in den alten Häusern noch solche Rücksicht auf den Umfang der Küche und Speisekammer genommen, während in unsern Tagen eine Küche von drei Schritten Länge und ein Speisekasten genügen müssen für eine Wohnung, die Salone, Speise-, Musik- und Besuchszimmer in Menge zählt.

An einzelnen Tagen wurden wohl auch die Schranken des Standesunterschiedes etwas beiseite geschoben. Auf Bällen zum Beispiel durfte jedweder Schreiber auf einen Walzer, Ekossaise oder Menuett mit einer Tochter des Hauses Anspruch machen. Solche Attention wurde sogar erwartet, nur mußte auch in der gebührenden Ordnung engagiert werden, also daß eines der titellosen Subjekte niemals wagen durfte, vor dem Herrn Amtssubstituten sich zu melden.

Eines der schönsten häuslichen Feste war aber die alljährliche Metzelsuppe, die winters abgehalten wurde. Um den Genuß des Festes zu erhöhen, durfte fast das ganze Personal der Schreiber tätigen Anteil an der vorhergehenden Arbeit nehmen, mit Speckschneiden und dergleichen, welche Mühe aber durch die Anwesenheit und Mithilfe der Töchter und weiblichen Gäste versüßt wurde, mit denen bei dieser Gelegenheit auch den Subjekten, dem Herrn Beutemüller usw., ein Spaß erlaubt war. Der Incipient durfte sich noch persönlicher beim Geschäft beteiligen, indem er das Schüsselchen zum Blut unterhielt und dem Metzger durchgängig hilfreiche Hand leistete. Dafür aber wurde schon den Tag über Kesselfleisch in reichlichen Portionen verteilt und abends die Metzelsuppe mit größter Heiterkeit verspeist, bei welcher Gelegenheit auch die feierliche Würde des Herrn Prinzipals in gemütlichem Humor unterging. Ganz war freilich der Standesunterschied nicht aufgehoben: die Würste des unteren Personals zeigten mehr und mehr eine Armut an Speck, die bloß durch reichliches Gewürz ergänzt war. Die Flaschen dagegen, mit Ausnahme der des gebietenden Herrn, waren von gleichem Inhalt und nicht gemessen oder gezählt, so daß sämtliche Gesellschaft höchst befriedigt das Mahl verließ.

Nicht minder festlich wurde der Herbst in dem Weinberge des Herrn Stadtschreibers abgehalten, der mit einem äußerst geschmackvollen Gartenhaus geziert war. Außer dem Hauspersonal und den zahlreichen Gästen nahm sämtliche Honoratiorenschaft des Städtchens an der Festivität Anteil. Die Schreiber versahen sich je nach Maßgabe ihrer baren Mittel mit Pulver und Feuerwerk; die Herren Substituten brachten sogar Raketen und Feuerräder auf den Platz, welch letztere jedoch jedesmal verunglückten, obwohl der Stadtknecht (der Amtsdiener des Stadtschreibers) und der Incipient mit Stöcken dazugestellt wurden, um die Widerspenstigen zu treiben.

Nach einer äußerst reichlichen Bewirtung, bei der die Trauben, die köstlichen Gaben des Herbstes, nur Nebensache waren, kam der Abend, an dem sich die zunehmende Heiterkeit durch Schießen und Feuerwerk Luft machte, bis ein glorreicher Rückzug mit Fackeln erfolgte. Oft durfte der Jubel sogar noch mit einem Tanz im großen Zimmer der Stadtschreiberei beschlossen werden, wo ein etwas heiseres Klavier stand, auf dem Jungfer Mine mit großem Applaus eine Ekossaise und zweierlei Walzer spielte, bis sie selbst vom galanten Substituten engagiert wurde, der nach der Maultrommel des Herrn Maier, wozu Herr Nüßeler den Takt trat, einen Hopswalzer mühselig mit ihr vollendete.

Noch glorreicher entfaltete sich das Personal der Stadtschreiberei während der Schlittenfahrten, die vom ersten befahrbaren Schnee an arrangiert wurden. Der Herr Stadtschreiber mit seiner Frau Liebsten fuhr mit stattlichem Gespann in einem grün und rot bemalten Schlitten voraus. Sämtliche Schreiber teilten sich in die Ehre, die Töchter, Nichten und Bäschen der Familie fahren zu dürfen, welche sich freilich meist auf „Reibern" behelfen mußten. Nur der Amtssubstitut führte Jungfer Karoline im Triumph in dem glücklich erbeuteten Schlitten der Müllers, der die Gestalt einer Tulipane hatte und vorne mit einer Meerfrau geschmückt war. Der klingende Zug, in dessen Nachtrab aus Mangel eines

Rollgeschirrs auch Kuhglocken ertönten, fuhr sodann auf einen benachbarten Hof, wo die Zeit mit Tanz und Spiel bis tief in die Nacht hinein verjubelt wurde und bei der fröhlichen Heimfahrt im Dunkel der Nacht manch schüchterner, bis dahin versiegelter Schreibermund sich öffnete und sogar wagte, die Einziehung des Schlittenrechts zu versuchen.

Wie schön aber ist vollends die letzte und glänzendste Festlichkeit in der Stadtschreiberei ausgefallen, als der galante Substitut, der durch die Verwendung des Stadtschreibers eine Extraprobatorstelle erhalten, sich entschloß, um die Hand der gereiften Jungfer Mine zu werben, somit auch die stillen Wünsche des Amtssubstituten laut werden durften, der mit der Hand seiner Karoline die Aussicht auf Amtsnachfolge erhielt, und nun diese erfreuliche Doppelverlobung gefeiert wurde! Die nähere Beschreibung des Festmahls bei dieser Veranlassung ist in unsern Zeiten fast unmöglich geworden, wo für eine bürgerliche Küche das Kochbuch einer Frau Stadtschreiberin zu den Schimären gehört.

Gut aber war es, daß die Jungfern Töchter noch in den Glanzzeiten des Hauses versorgt wurden, denn die Hinterlassenschaft zeigte sich, wie schon häufig der Fall war, viel geringer als die Welt vermutet hatte, da selbst ein fürstliches Einkommen zur Bestreitung des enormen Aufwandes nicht immer hinreichen wollte.

Nun ist all diese Herrlichkeit fast spurlos untergegangen. Vergebens suchen wir in großen und kleinen Städten nach einem so gastlichen Hause, wie einst die Stadtschreiberei war, nach einem ähnlichen Verhältnis zwischen Prinzipal und Untergebenen, das neben aller steifen Förmlichkeit doch wieder etwas Patriarchalisches hatte. Der nivellierende Geist der Zeit duldet keine so erhabenen Häupter mehr, und obschon das Institut der Stadtschreibereien noch keiner grauen Vergangenheit angehört, so klingt es doch schon wie altehrwürdige Überlieferung: „Er hat einen Hochmut wie ein Stadtschreiber."

Der Zwerg Nase

In einer bedeutenden Stadt meines lieben Vaterlandes, Deutschlands, lebte vor vielen Jahren ein Schuster mit seiner Frau schlicht und recht. Er saß bei Tag an der Ecke der Straße und flickte Schuhe und Pantoffel und machte wohl auch neue, wenn ihm einer welche anvertrauen mochte; doch mußte er dann das Leder erst einkaufen; denn er war arm und hatte keine Vorräte. Seine Frau verkaufte Gemüse und Früchte, die sie in einem kleinen Gärtchen vor dem Tore pflanzte, und viele Leute kauften gerne bei ihr, weil sie reinlich und sauber gekleidet war und ihr Gemüse auf gefällige Art auszubreiten und zu legen wußte.

Die beiden Leutchen hatten einen schönen Knaben, angenehm von Gesicht, wohlgestaltet, und für das Alter von zwölf Jahren schon ziemlich groß. Er pflegte gewöhnlich bei der Mutter auf dem Gemüsemarkt zu sitzen, und den Weibern oder Köchen, die viel bei der Schustersfrau eingekauft hatten, trug er wohl auch einen Teil der Früchte nach Hause, und selten kam er von einem solchen Gang zurück ohne eine schöne Blume oder ein Stückchen Geld oder Kuchen; denn die Herrschaften dieser Köche sahen es gerne, wenn man den schönen Knaben mit nach Hause brachte, und beschenkten ihn immer reichlich.

Eines Tages saß die Frau des Schusters wieder wie gewöhnlich auf dem Markte; sie hatte vor sich einige Körbe mit Kohl und anderm Gemüse, allerlei Kräuter und Sämereien, auch in einem kleineren Körbchen frühe Birnen, Äpfel und Aprikosen. Der kleine Jakob, so hieß der Knabe, saß neben ihr und rief mit heller Stimme die Waren aus: „Hieher, ihr Herren, seht, welch schöner Kohl, wie wohlriechend diese Kräuter! Frühe Birnen, ihr Frauen, frühe Äpfel und Aprikosen! Wer kauft? Meine Mutter gibt es wohlfeil." So rief der Knabe. Da kam ein altes Weib über den Markt her; sie sah etwas zerrissen und zerlumpt aus, hatte ein kleines, spitziges Gesicht, vom Alter ganz eingefurcht, rote Augen und eine spitzige, gebogene Nase, die gegen das Kinn hinabstrebte; sie ging an einem langen Stock, und doch konnte man nicht sagen, wie sie ging; denn sie hinkte und rutschte und wankte; es war, als habe sie Räder in den Beinen und könne alle Augenblicke umstülpen und mit der spitzigen Nase aufs Pflaster fallen.

Die Frau des Schusters betrachtete dieses Weib aufmerksam. Es waren jetzt doch schon sechzehn Jahre, daß sie täglich auf dem Markte saß, und nie hatte sie diese sonderbare Gestalt bemerkt. Aber sie erschrak unwillkürlich, als die Alte auf sie zuhinkte und an ihren Körben stille stand.

„Seid Ihr Hanne, die Gemüsehändlerin?" fragte das alte Weib mit unangenehmer, krächzender Stimme, indem sie beständig den Kopf hin und herschüttelte.

„Ja, die bin ich," antwortete die Schustersfrau; „ist Euch etwas gefällig?"

„Wollen sehen, wollen sehen! Kräutlein schauen, Kräutlein schauen, ob du hast, was ich brauche," antwortete die Alte, beugte sich nieder vor den Körben und fuhr mit ein Paar dunkelbraunen, häßlichen Händen in den Kräuterkorb hinein, packte die Kräutlein, die so schön und zierlich ausgebreitet waren, mit ihren langen Spinnenfingern, brachte sie dann eins um das andere hinauf an die lange Nase und beroch sie hin und her. Der Frau des Schusters wollte es fast das Herz abdrücken, wie sie das alte Weib also mit ihren seltenen Kräutern hantieren sah; aber sie wagte nichts zu sagen; denn es war das Recht des Käufers, die Ware zu prüfen, und überdies empfand sie ein sonderbares Grauen vor dem Weibe. Als jene den ganzen Korb durchgemustert hatte, murmelte sie: „Schlechtes Zeug, schlechtes Kraut, nichts von allem, was ich will; war viel besser vor fünfzig Jahren; schlechtes Zeug, schlechtes Zeug!"

Solche Reden verdrossen nun den kleinen Jakob. „Höre, du bist ein unverschämtes, altes Weib," rief er unmutig; „erst fährst du mit deinen garstigen, braunen Fingern in die schönen Kräuter hinein und drückst sie zusammen, dann hältst du sie an deine lange Nase, daß sie niemand mehr kaufen mag, wer zugesehen, und jetzt schimpfst du noch unsere Ware schlechtes Zeug, und doch kauft selbst der Koch des Herzogs alles bei uns!"

Das alte Weib schielte den mutigen Knaben an, lachte widerlich und sprach mit heiserer Stimme: „Söhnchen, Söhnchen! Also gefällt dir meine Nase, meine schöne lange Nase? Sollst auch eine haben mitten im Gesicht bis übers Kinn herab." Während sie so sprach, rutschte sie an den andern Korb, in welchem Kohl ausgelegt war. Sie nahm die herrlichsten weißen Kohlhäupter in die Hand, drückte sie zusammen, daß sie ächzten, warf sie dann wieder unordentlich in den Korb und sprach auch hier: „Schlechte Ware, schlechter Kohl!"

„Wackle nur nicht so garstig mit dem Kopf hin und her!" rief der Kleine ängstlich. „Dein Hals ist ja so dünne wie ein Kohlstengel, der könnte leicht abbrechen, und dann fiele dein Kopf hinein in den Korb; wer wollte dann noch kaufen!"

„Gefallen sie dir nicht, die dünnen Hälse?" murmelte die Alte lachend. „Sollst gar keinen haben, Kopf muß in den Schultern stecken, daß er nicht herabfällt vom kleinen Körperlein!"

„Schwatzt doch nicht so unnützes Zeug mit dem Kleinen da," sagte endlich die Frau des Schusters im Unmut über das lange Prüfen, Mustern und Beriechen, „wenn Ihr etwas kaufen wollt, so sputet Euch, Ihr verscheucht mir ja die andern Kunden."

„Gut, es sei, wie du sagst," rief die Alte mit grimmigem Blick; „ich will dir diese sechs Kohlhäupter abkaufen; aber siehe, ich muß mich auf den Stab stützen und kann nichts tragen; erlaube deinem Söhnlein, daß es mir die Ware nach Hause bringt; ich will es dafür belohnen."

Der Kleine wollte nicht mitgehen und weinte; denn ihm graute vor der häßlichen Frau; aber die Mutter befahl es ihm ernstlich, weil sie es doch für eine Sünde hielt, der alten, schwächlichen Frau diese Last allein aufzubürden; halb weinend tat er, wie sie befohlen, raffte die Kohlhäupter in ein Tuch zusammen und folgte dem alten Weib über den Markt hin.

Es ging nicht sehr schnell bei ihr, und sie brauchte beinahe drei Viertelstunden, bis sie in einen ganz entlegenen Teil der Stadt kam und endlich vor einem kleinen, baufälligen Hause stillhielt. Dort zog sie einen alten, rostigen Haken aus der Tasche, fuhr damit geschickt in ein kleines Loch in der Türe, und plötzlich sprang diese krachend auf. Aber wie war der kleine Jakob überrascht, als er eintrat! Das Innere des Hauses war prachtvoll ausgeschmückt, von Marmor waren die Decke und die Wände, die Gerätschaften vom schönsten Ebenholz, mit Gold und geschliffenen Steinen eingelegt, der Boden aber war von Glas und so glatt, daß der Kleine einigemal ausgleitete und umfiel. Die Alte aber zog ein silbernes Pfeifchen aus der Tasche und pfiff eine Weise darauf, die gellend durch das Haus tönte. Da kamen sogleich einige Meerschweinchen die Treppe herab; dem Jakob wollte es aber ganz sonderbar dünken, daß sie aufrecht auf zwei Beinen gingen, Nußschalen statt Schuhen an den Pfoten trugen, menschliche Kleider angelegt und sogar Hüte nach der neuesten Mode auf die Köpfe gesetzt hatten. „Wo habt ihr meine Pantoffeln, schlechtes Gesindel?" rief die Alte und schlug mit dem Stock nach ihnen, daß sie jammernd in die Höhe sprangen; „wie lange soll ich noch so dastehen?"

Sie sprangen schnell die Treppe hinauf und kamen wieder mit ein Paar Schalen von Kokosnuß, mit Leder gefüttert, welche sie der Alten geschickt an die Füße steckten.

Jetzt war alles Hinken und Rutschen vorbei. Sie warf den Stab von sich und gleitete mit großer Schnelligkeit über den Glasboden hin, indem sie den kleinen Jakob an der Hand mit fortzog. Endlich hielt sie in einem Zimmer stille, das, mit allerlei Gerätschaften ausgeputzt, beinahe einer Küche glich, obgleich die Tische von Mahagoniholz und die Sofas, mit reichen Teppichen behängt, mehr zu einem Prunkgemach paßten. „Setze dich, Söhnchen," sagte die Alte recht freundlich, indem sie ihn in die Ecke eines Sofas drückte und einen Tisch also vor ihn hinstellte, daß er nicht mehr hervorkommen konnte. „Setze dich, du hast gar schwer zu tragen gehabt, die Menschenköpfe sind nicht so leicht, nicht so leicht."

„Aber, Frau, was sprechet Ihr so wunderlich?" rief der Kleine. „Müde bin ich zwar, aber es waren ja Kohlköpfe, die ich getragen; Ihr habt sie meiner Mutter abgekauft."

„Ei, das weißt du falsch," lachte das Weib, deckte den Deckel des Korbes auf und brachte einen Menschenkopf hervor, den sie am Schopf gefaßt hatte. Der Kleine war vor Schrecken außer sich; er konnte nicht fassen, wie dies alles zuging; aber er dachte an seine Mutter; wenn jemand von diesen Menschenköpfen etwas erfahren würde, dachte er bei sich, da würde man gewiß meine Mutter dafür anklagen.

„Muß dir nun auch etwas geben zum Lohn, weil du so artig bist," murmelte die Alte, „gedulde dich nur ein Weilchen, will dir ein Süppchen einbrocken, an das du dein Leben lang denken wirst." So sprach sie und pfiff wieder. Da kamen zuerst viele Meerschweinchen in menschlichen Kleidern; sie hatten Küchenschürzen umgebunden und im Gürtel Rührlöffel und Tranchiermesser; nach diesen kam eine Menge Eichhörnchen hereingehüpft; sie hatten weite türkische Beinkleider an, gingen aufrecht, und auf dem Kopf trugen sie grüne Mützchen von Samt. Diese schienen die Küchenjungen zu sein; denn sie kletterten mit großer Geschwindigkeit an den Wänden hinauf und brachten Pfannen und Schüsseln, Eier und Butter, Kräuter und Mehl herab und trugen es auf den Herd; dort aber fuhr die alte Frau auf ihren Pantoffeln von Kokosschalen beständig hin und her, und der Kleine sah, daß sie es sich recht angelegen sein lasse, ihm etwas Gutes zu kochen. Jetzt knisterte das Feuer höher empor, jetzt rauchte und sott es in der Pfanne, ein angenehmer Geruch verbreitete sich im Zimmer; die Alte aber rannte auf und ab, die Eichhörnchen und Meerschweine ihr nach, und so oft sie am Herde vorbeikam, guckte sie mit ihrer langen Nase in den Topf. Endlich fing es an zu sprudeln und zu zischen, Dampf stieg aus dem Topf hervor, und der Schaum floß herab ins Feuer. Da nahm sie ihn weg, goß davon in eine silberne Schale und setzte sie dem kleinen Jakob vor.

„So, Söhnchen, so," sprach sie, „iß nur dieses Süppchen, dann hast du alles, was dir an mir so gefallen! Sollst auch ein geschickter Koch werden, daß du doch etwas bist; aber Kräutlein, nein, das Kräutlein sollst du nimmer finden. Warum hat es deine Mutter nicht in ihrem Korb gehabt?" Der Kleine verstand nicht recht, was sie sprach; desto aufmerksamer behandelte er die Suppe, die ihm ganz trefflich schmeckte. Seine Mutter hatte ihm manche schmackhafte Speise bereitet; aber so gut war ihm noch nichts geworden. Der Duft von feinen Kräutern und Gewürzen stieg aus der Suppe auf, dabei war sie süß und säuerlich zugleich und sehr stark. Während er noch die letzten Tropfen der köstlichen Speise austrank, zündeten die Meerschweinchen arabischen Weihrauch an, der in bläulichen Wolken durch das Zimmer schwebte; dichter und immer dichter wurden diese Wolken und sanken herab; der Geruch des Weihrauchs wirkte betäubend auf den Kleinen; er mochte sich zurufen, so oft er wollte, daß er zu seiner Mutter zurückkehren müsse; wenn er sich ermannte, sank er immer wieder von neuem in den Schlummer zurück und schlief endlich wirklich auf dem Sofa des alten Weibes ein.

Sonderbare Träume kamen über ihn. Es war ihm, als ziehe ihm die Alte seine Kleider aus und umhülle ihn dafür mit einem Eichhörnchensbalg. Jetzt konnte er Sprünge machen und klettern wie ein Eichhörnchen; er ging mit den übrigen Eichhörnchen und Meerschweinchen, die sehr artige, gesittete Leute waren, um und hatte mit ihnen den Dienst bei der alten Frau. Zuerst wurde er zu den Diensten eines Schuhputzers gebraucht, d. h. er mußte die Kokosnüsse, welche die Frau statt der Pantoffeln trug, mit Öl salben und durch Reiben glänzend machen. Da er nun in seines Vaters Hause zu ähnlichen Geschäften oft angehalten worden war, so ging es ihm flink von der Hand; etwa nach einem Jahre, träumte er weiter, wurde er zu einem feineren Geschäft gebraucht; er mußte nämlich mit noch einigen Eichhörnchen Sonnenstäubchen fangen und, wenn sie genug hatten, solche durch das feinste Haarsieb sieben. Die Frau hielt nämlich die Sonnenstäubchen für das Allerfeinste, und weil sie nicht gut beißen konnte, denn sie hatte keinen Zahn mehr, so ließ sie sich ihr Brot aus Sonnenstäubchen zubereiten.

Wiederum nach einem Jahre wurde er zu den Dienern versetzt, die das Trinkwasser für die Alte sammelten. Man denke nicht, daß sie sich hiezu etwa eine Zisterne hätte graben lassen oder ein Faß in den Hof stellte, um das Regenwasser darin aufzufangen; da ging es viel feiner zu; die Eichhörnchen, und Jakob mit ihnen, mußten mit Haselnußschalen den Tau aus den Rosen schöpfen, und das war das Trinkwasser der Alten. Da sie nun bedeutend viel trank, so hatten die Wasserträger schwere Arbeit. Nach einem Jahr wurde er zum inneren Dienst des Hauses bestellt; er hatte nämlich das Amt, die Böden rein zu machen; da nun diese von Glas waren, worin man jeden Hauch sah, war es keine geringe Arbeit. Sie mußten sie bürsten und altes Tuch an die Füße schnallen, und auf diesem künstlich im Zimmer herumfahren. Im vierten Jahre ward er endlich zur Küche versetzt. Es war dies ein Ehrenamt, zu welchem man nur nach langer Prüfung gelangen konnte. Jakob diente dort vom Küchenjungen aufwärts bis zum ersten Pastetenmacher und erreichte eine so ungemeine Geschicklichkeit und Erfahrung in allem, was die Küche betrifft, daß er sich oft über sich selbst wundern mußte; die schwierigsten Sachen, Pasteten von zweihunderterlei Essenzen, Kräutersuppen, von allen Kräutlein der Erde zusammengesetzt, alles lernte er, alles verstand er schnell und kräftig zu machen.

So waren etwa sieben Jahre im Dienste des alten Weibes vergangen; da befahl sie ihm eines Tages, indem sie die Kokosschuhe auszog, Korb und Krückenstock zur Hand nahm, um auszugehen, er sollte ein Hühnlein rupfen, mit Kräutern füllen und solches schön bräunlich und gelb rösten, bis sie wiederkäme. Er tat dies nach den Regeln der Kunst. Er drehte dem Hühnlein den Kragen um, brühte es in heißem Wasser, zog ihm geschickt die Federn aus, schabte ihm nachher die Haut, daß sie glatt und fein wurde, und nahm ihm die Eingeweide heraus. Sodann fing er an, die Kräuter zu sammeln, womit er das Hühnlein füllen sollte. In der Kräuterkammer gewahrte er aber diesmal ein Wandschränkchen, dessen Türe halb geöffnet war und das er sonst nie bemerkt hatte. Er ging neugierig näher, um zu sehen, was es enthalte, und siehe da, es standen viele Körbchen darinnen, von welchen ein starker, angenehmer Geruch ausging. Er öffnete eines dieser Körbchen und fand darin Kräutlein von ganz besonderer Gestalt und Farbe. Die Stengel und Blätter waren blaugrün und trugen oben eine kleine Blume von brennendem Rot, mit Gelb verbrämt; er betrachtete sinnend diese Blume, beroch sie, und sie strömte denselben starken Geruch aus, von dem einst jene Suppe, die ihm die Alte gekocht, geduftet hatte. Aber so stark war der Geruch, daß er zu niesen anfing, immer heftiger niesen mußte und – am Ende niesend erwachte.

Da lag er auf dem Sofa des alten Weibes und blickte verwundert umher. „Nein, wie man aber so lebhaft träumen kann!" sprach er zu sich. „Hätte ich jetzt doch schwören wollen, daß ich ein schnödes Eichhörnchen, ein Kamerade von Meerschweinen und anderem Ungeziefer, dabei aber ein großer Koch geworden sei. Wie wird die Mutter lachen, wenn ich ihr alles erzähle! Aber wird sie nicht auch schmälen, daß ich in einem fremden Hause einschlafe, statt ihr zu helfen auf dem Markte?" Mit diesen Gedanken raffte er sich auf, um hinwegzugehen; noch waren seine Glieder vom Schlafe steif, besonders sein Nacken, denn er konnte den Kopf nicht recht hin und her bewegen; er mußte auch selbst über sich lächeln, daß er so schlaftrunken war; denn alle Augenblicke, ehe er es sich versah, stieß er mit der Nase an einen Schrank oder an die Wand oder schlug sie, wenn er sich schnell umwandte, an einen Türpfosten. Die Eichhörnchen und Meerschweinchen liefen winselnd um ihn her, als wollten sie ihn begleiten; er lud sie auch wirklich ein, als er auf der Schwelle war, denn es waren niedliche Tierchen; aber sie fuhren auf ihren Nußschalen schnell ins Haus zurück, und er hörte sie nur noch in der Ferne heulen.

Es war ein ziemlich entlegener Teil der Stadt, wohin ihn die Alte geführt hatte, und er konnte sich kaum aus den engen Gassen herausfinden, auch war dort ein großes Gedränge; denn es mußte sich, wie ihm dünkte, gerade in der Nähe ein Zwerg sehen lassen; überall hörte er rufen: „Ei, sehet den häßlichen Zwerg! Wo kommt der Zwerg her? Ei, was hat er doch für eine lange Nase, und wie ihm der Kopf in den Schultern steckt, und die braunen, häßlichen Hände!" Zu einer andern Zeit wäre er wohl auch nachgelaufen; denn er sah für sein Leben gern Riesen oder Zwerge oder seltsame fremde Trachten; aber so mußte er sich sputen, um zur Mutter zu kommen.

Es war ihm ganz ängstlich zumut, als er auf den Markt kam. Die Mutter saß noch da und hatte noch ziemlich viele Früchte im

Korb, lange konnte er also nicht geschlafen haben; aber doch kam es ihm von weitem schon vor, als sei sie sehr traurig; denn sie rief die Vorübergehenden nicht an, einzukaufen, sondern hatte den Kopf in die Hand gestützt, und als er näher kam, glaubte er auch, sie sei bleicher als sonst. Er zauderte, was er tun sollte; endlich faßte er sich ein Herz, schlich sich hinter sie hin, legte traulich seine Hand auf ihren Arm und sprach: „Mütterchen, was fehlt dir? Bist du böse auf mich?"

Die Frau wandte sich um nach ihm, fuhr aber mit einem Schrei des Entsetzens zurück:

„Was willst du von mir, häßlicher Zwerg?" rief sie. „Fort, fort! Ich kann dergleichen Possenspiele nicht leiden."

„Aber, Mutter, was hast du denn?" fragte Jakob ganz erschrocken. „Dir ist gewiß nicht wohl; warum willst du denn deinen Sohn von dir jagen?"

„Ich habe dir schon gesagt, gehe deines Weges!" entgegnete Frau Hanne zürnend. „Bei mir verdienst du kein Geld durch deine Gaukeleien, häßliche Mißgeburt!"

„Wahrhaftig, Gott hat ihr das Licht des Verstandes geraubt!" sprach der Kleine bekümmert zu sich; „was fange ich nur an, um sie nach Haus zu bringen? Lieb' Mütterchen, so sei doch nur vernünftig; sieh mich doch nur recht an; ich bin ja dein Sohn, dein Jakob."

„Nein, jetzt wird mir der Spaß zu unverschämt," rief Hanne ihrer Nachbarin zu; „seht nur den häßlichen Zwerg da; da steht er und vertreibt mir gewiß alle Käufer, und mit meinem Unglück wagt er zu spotten. Spricht zu mir: ich bin ja dein Sohn, dein Jakob! Der Unverschämte!"

Da erhoben sich die Nachbarinnen und fingen an zu schimpfen, so arg sie konnten, – und Marktweiber, wisset ihr wohl, verstehen es, – und schalten ihn, daß er des Unglücks der armen Hanne spotte, der vor sieben Jahren ihr bildschöner Knabe gestohlen worden sei, und drohten insgesamt über ihn herzufallen und ihn zu zerkratzen, wenn er nicht alsobald ginge.

Der arme Jakob wußte nicht, was er von diesem allem denken sollte. War er doch, wie er glaubte, heute früh wie gewöhnlich mit der Mutter auf den Markt gegangen, hatte ihr die Früchte aufstellen helfen, war nachher mit dem alten Weib in ihr Haus gekommen, hatte ein Süppchen verzehrt, ein kleines Schläfchen gemacht und war jetzt wieder da, und doch sprachen die Mutter und die Nachbarinnen von sieben Jahren! Und sie nannten ihn einen garstigen Zwerg! Was war denn nun mit ihm vorgegangen? Als er sah, daß die Mutter gar nichts mehr von ihm hören wollte, traten ihm die Tränen in die Augen, und er ging trauernd die Straße hinab nach der Bude, wo sein Vater den Tag über Schuhe flickte. „Ich will doch sehen," dachte er bei sich, „ob er mich auch nicht kennen will; unter die Türe will ich mich stellen und mit ihm sprechen." Als er an der Bude des Schusters angekommen war, stellte er sich unter die Türe und schaute hinein. Der Meister war so emsig mit seiner Arbeit beschäftigt, daß er ihn gar nicht sah; als er aber zufällig einen Blick nach der Türe warf, ließ er Schuhe, Draht und Pfriem auf die Erde fallen und rief mit Entsetzen: „Um Gottes willen, was ist das, was ist das!"

„Guten Abend, Meister!" sprach der Kleine, indem er vollends in den Laden trat. „Wie geht es Euch?"

„Schlecht, schlecht, kleiner Herr!" antwortete der Vater zu Jakobs großer Verwunderung; denn er schien ihn auch nicht zu kennen. „Das Geschäft will mir nicht von der Hand. Bin so allein und werde jetzt alt; doch ist mir ein Geselle zu teuer."

„Aber habt Ihr denn kein Söhnlein, das Euch nach und nach an die Hand gehen könnte bei der Arbeit?" forschte der Kleine weiter.

„Ich hatte einen, er hieß Jakob und müßte jetzt ein schlanker, gewandter Bursche von zwanzig Jahren sein, der mir tüchtig unter die Arme greifen könnte. Ha, das müßte ein Leben sein! Schon als er zwölf Jahre alt war, zeigte er sich so anstellig und geschickt und verstand schon manches vom Handwerk, und hübsch und angenehm war er auch; der hätte mir eine Kundschaft hergelockt, daß ich bald nicht mehr geflickt, sondern nichts als Neues geliefert hätte! Aber so geht's in der Welt!"

„Wo ist denn aber Euer Sohn?" fragte Jakob mit zitternder Stimme seinen Vater.

„Das weiß Gott," antwortete er; „vor sieben Jahren, ja, so lange ist's jetzt her, wurde er uns vom Markte weg gestohlen."

„Vor s i e b e n J a h r e n!" rief Jakob mit Entsetzen.

„Ja, kleiner Herr, vor sieben Jahren; ich weiß noch wie heute, wie mein Weib nach Hause kam, heulend und schreiend, das Kind sei den ganzen Tag nicht zurückgekommen, sie habe überall geforscht und gesucht und es nicht gefunden. Ich habe es immer gedacht und gesagt, daß es so kommen würde; der Jakob war ein schönes Kind, das muß man sagen; da war nun meine Frau stolz auf ihn und sah es gerne, wenn ihn die Leute lobten, und schickte ihn oft mit Gemüse und dergleichen in vornehme Häuser. Das war schon recht; er wurde allemal reichlich beschenkt; aber, sagte ich, gib acht! die Stadt ist groß; viele schlechte Leute wohnen da, gib mir auf den Jakob acht! Und so war es, wie ich sagte. Kommt einmal ein altes, häßliches Weib auf den Markt, feilscht um Früchte und Gemüse und kauft am Ende so viel, daß sie es nicht selbst tragen kann. Mein Weib, die mitleidige Seele, gibt ihr den Jungen mit und hat ihn zur Stunde nicht mehr gesehen."

„Und das ist jetzt sieben Jahre, sagt Ihr?"

„Sieben Jahre wird es im Frühling. Wir ließen ihn ausrufen, wir gingen von Haus zu Haus und fragten; manche hatten den hübschen Jungen gekannt und liebgewonnen und suchten jetzt mit uns, alles vergeblich. Auch die Frau, welche das Gemüse gekauft hatte, wollte niemand kennen; aber ein steinaltes Weib, die schon neunzig Jahre gelebt hatte, sagte, es könne wohl die böse Fee Kräuterweis gewesen sein, die alle fünfzig Jahre einmal in die Stadt komme, um sich allerlei einzukaufen."

So sprach Jakobs Vater und klopfte dabei seine Schuhe weidlich und zog den Draht mit beiden Fäusten weit hinaus. Dem Kleinen aber wurde es nach und nach klar, was mit ihm vorgegangen, daß er nämlich nicht geträumt, sondern daß er sieben Jahre bei der bösen Fee als Eichhörnchen gedient habe. Zorn und Gram erfüllten sein Herz so sehr, daß es beinahe zerspringen wollte. Sieben Jahre seiner Jugend hatte ihm die Alte gestohlen, und was hatte er für Ersatz dafür? Daß er Pantoffeln von Kokosnüssen blank putzen, daß er ein Zimmer mit gläsernem Fußboden rein machen konnte? Daß er von den Meerschweinchen alle Geheimnisse der Küche gelernt hatte? Er stand eine gute Weile so da und dachte über sein Schicksal nach; da fragte ihn endlich sein Vater: „Ist Euch vielleicht etwas von meiner Arbeit gefällig, junger Herr? Etwa ein Paar neue Pantoffel oder", setzte er lächelnd hinzu, „vielleicht ein Futteral für Eure Nase?"

„Was wollt Ihr nun mit meiner Nase?" fragte Jakob, „warum sollte ich denn ein Futteral dazu brauchen?"

„Nun," entgegnete der Schuster, „jeder nach seinem Geschmack! Aber das muß ich Euch sagen, hätte ich diese schreckliche Nase, ein Futteral ließ ich mir darüber machen von rosenfarbigem Glanzleder. Schaut, da habe ich ein schönes Stückchen zur Hand; freilich würde man eine Elle wenigstens dazu brauchen. Aber wie gut wäret Ihr verwahrt, kleiner Herr! So, weiß ich gewiß, stoßt Ihr Euch an jedem Türpfosten, an jedem Wagen, dem Ihr ausweichen wollt."

Der Kleine stand stumm vor Schrecken; er betastete seine Nase, sie war dick und wohl zwei Hände lang! So hatte also die Alte auch seine Gestalt verwandelt; darum kannte ihn also die Mutter nicht, darum schalt man ihn einen häßlichen Zwerg! „Meister," sprach er halb weinend zu dem Schuster, „habt Ihr keinen Spiegel bei der Hand, worin ich mich beschauen könnte?"

„Junger Herr," erwiderte der Vater mit Ernst, „Ihr habt nicht gerade eine Gestalt empfangen, die Euch eitel machen könnte, und Ihr habt nicht Ursache, alle Stunden in den Spiegel zu gucken. Gewöhnt es Euch ab, es ist besonders bei Euch eine lächerliche Gewohnheit."

„Ach, so laßt mich doch in den Spiegel schauen," rief der Kleine, „gewiß, es ist nicht aus Eitelkeit!"

„Lasset mich in Ruhe, ich hab' keinen im Vermögen; meine Frau hat ein Spiegelchen, ich weiß aber nicht, wo sie es verborgen. Müßt Ihr aber durchaus in den Spiegel gucken, nun, über der Straße hin wohn Urban, der Barbier, der hat einen Spiegel, zweimal so groß als Euer Kopf; gucket dort hinein, und indessen guten Morgen!"

Mit diesen Worten schob ihn der Vater ganz gelinde zur Bude hinaus, schloß die Türe hinter ihm zu und setzte sich wieder zur Arbeit. Der Kleine aber ging sehr niedergeschlagen über die Straße zu Urban, dem Barbier, den er noch aus früheren Jahren wohl kannte. „Guten Morgen, Urban," sprach er zu ihm, „ich komme, Euch um eine Gefälligkeit zu bitten; seid so gut und lasset mich ein wenig in Euren Spiegel schauen!"

„Mit Vergnügen, dort steht er," rief der Barbier lachend, und seine Kunden, denen er den Bart scheren sollte, lachten weidlich mit. „Ihr seid ein hübsches Bürschchen, schlank und fein, ein Hälschen wie ein Schwan, Händchen wie eine Königin, und ein Stumpfnäschen, man kann es nicht schöner sehen. Ein wenig eitel seid Ihr darauf, das ist wahr; aber beschauet Euch immer. Man soll nicht von mir sagen, ich habe Euch aus Neid nicht in meinen Spiegel schauen lassen."

So sprach der Barbier, und wieherndes Gelächter füllte die Baderstube. Der Kleine aber war indes vor den Spiegel getreten und hatte sich beschaut. Tränen traten ihm in die Augen. „Ja, so konntest du freilich deinen Jakob nicht wiedererkennen, liebe Mutter," sprach er zu sich, „so war er nicht anzuschauen in den Tagen der Freude, wo du gerne mit ihm prangtest vor den Leuten!" Seine Augen waren klein geworden, wie die der Schweine, seine Nase war ungeheuer und hing über Mund und Kinn herunter, der Hals schien gänzlich weggenommen worden zu sein; denn sein Kopf stak tief in den Schultern, und nur mit den größten Schmerzen konnte er ihn rechts und links bewegen. Sein Körper war noch so groß als vor sieben Jahren, da er zwölf Jahre alt war; aber wenn andere vom zwölften bis ins zwanzigste in die Höhe wachsen, so wuchs er in die Breite, der Rücken und die Brust waren weit ausgebogen und waren anzusehen wie ein kleiner, aber sehr dick gefüllter Sack. Dieser dicke Oberleib saß auf kleinen, schwachen Beinchen, die dieser Last nicht gewachsen schienen; aber um so größer waren die Arme, die ihm am Leib herabhingen, sie hatten die Größe wie die eines wohlgewachsenen Mannes; seine Hände waren groß und braungelb, seine Finger lang und spinnenartig, und wenn er sie recht ausstreckte, konnte er damit auf den Boden reichen, ohne daß er sich bückte. So sah er aus, der kleine Jakob, zum mißgestalteten Zwerg war er geworden.

Jetzt gedachte er auch jenes Morgens, an welchem das alte Weib an die Körbe seiner Mutter getreten war. Alles, was er damals an ihr getadelt hatte, die lange Nase, die häßlichen Finger, alles hatte sie ihm angetan, und nur den langen, zitternden Hals hatte sie gänzlich weggelassen.

„Nun, habt Ihr Euch jetzt genug beschaut, mein Prinz?" sagte der Barbier, indem er zu ihm trat und ihn lachend betrachtete. „Wahrlich, wenn man sich dergleichen träumen lassen wollte, so komisch könnte es einem im Traume nicht vorkommen. Doch ich will Euch einen Vorschlag machen, kleiner Mann. mein Barbierzimmer ist zwar sehr besucht, aber doch seit neuerer Zeit nicht so, wie ich wünsche. Das kommt daher, weil mein Nachbar, der Barbier Schaum, irgendwo einen Riesen aufgefunden hat, der ihm die Kunden ins Haus lockt. Nun, ein Riese zu werden, ist gerade keine Kunst; aber so ein Männchen wie Ihr, ja, das ist schon ein ander Ding. Tretet bei mir in Dienste, kleiner Mann, Ihr sollt Wohnung, Essen, Trinken, Kleider, alles sollt Ihr haben; dafür stellt Ihr Euch morgens unter meine Türe und ladet die Leute ein, hereinzukommen. Ihr schlaget den Seifenschaum, reichet den Kunden das Handtuch und seid versichert, wir stehen uns beide gut dabei; ich bekomme mehr Kunden als jener mit dem Riesen, und jeder gibt Euch gerne noch ein Trinkgeld."

Der Kleine war in seinem Innern empört über den Vorschlag, als Lockvogel für einen Barbier zu dienen. Aber mußte er sich nicht diesen Schimpf geduldig gefallen lassen? Er sagte dem Barbier daher ganz ruhig, daß er nicht Zeit habe zu dergleichen Diensten, und ging weiter.

Hatte das böse alte Weib seine Gestalt unterdrückt, so hatte sie doch seinem Geist nichts anhaben können, das fühlte er wohl; denn er dachte und fühlte nicht mehr, wie er vor sieben Jahren getan; nein, er glaubte in diesem Zeitraum weiser, verständiger geworden zu sein; er trauerte nicht um seine verlorne Schönheit, nicht über diese häßliche Gestalt, sondern nur darüber, daß er wie ein Hund von der Türe seines Vaters gejagt werde. Darum beschloß er, noch einen Versuch bei seiner Mutter zu machen.

Er trat zu ihr auf den Markt und bat sie, ihm ruhig zuzuhören. Er erinnerte sie an jenen Tag, an welchem er mit dem alten Weibe gegangen, er erinnerte sie an alle einzelnen Vorfälle seiner Kindheit, erzählte ihr dann, wie er sieben Jahre als Eichhörnchen gedient habe bei der Fee, und wie sie ihn verwandelte, weil er sie damals getadelt. Die Frau des Schusters wußte nicht, was sie denken sollte. Alles traf zu, was er ihr von seiner Kindheit erzählte; aber wenn er davon sprach, daß er sieben Jahre lang ein Eichhörnchen gewesen sei, da sprach sie: „Es ist unmöglich, und es gibt keine Feen," und wenn sie ihn ansah, so verabscheute sie den häßlichen Zwerg und glaubte nicht, daß dies ihr Sohn sein könne. Endlich hielt sie es fürs beste, mit ihrem Manne darüber zu sprechen. Sie raffte also ihre Körbe zusammen und hieß ihn mitgehen. So kamen sie zu der Bude des Schusters.

„Sieh einmal," sprach sie zu diesem, „der Mensch da will unser verlorener Jakob sein. Er hat mir alles erzählt, wie er uns vor sieben Jahren gestohlen wurde und wie er von einer Fee bezaubert worden sei." –

„So?" unterbrach sie der Schuster mit Zorn; „hat er dir dies erzählt? Warte, du Range! Ich habe ihm alles erzählt noch vor einer Stunde, und jetzt geht er hin, dich so zu foppen! Bezaubert bist du worden, mein Söhnchen? Warte doch, ich will dich wieder entzaubern." Dabei nahm er ein Bündel Riemen, die er eben zugeschnitten hatte, sprang auf den Kleinen zu und schlug ihn auf den hohen Rücken und auf die langen Arme, daß der Kleine vor Schmerz aufschrie und weinend davonlief.

In jener Stadt gibt es, wie überall, wenige mitleidige Seelen, die einen Unglücklichen, der zugleich etwas Lächerliches an sich trägt, unterstützten. Daher kam es, daß der unglückliche Zwerg den ganzen Tag ohne Speise und Trank blieb und abends die Treppen einer Kirche, so hart und kalt sie waren, zum Nachtlager wählen mußte.

Als ihn aber am nächsten Morgen die ersten Strahlen der Sonne erweckten, da dachte er ernstlich darüber nach, wie er sein

Leben fristen könne, da ihn Vater und Mutter verstoßen. Er fühlte sich zu stolz, um als Aushängeschild eines Barbiers zu dienen, er wollte nicht zu einem Possenreißer sich verdingen und sich um Geld sehen lassen. Was sollte er anfangen? Da fiel ihm mit einemmal ein, daß er als Eichhörnchen große Fortschritte in der Kochkunst gemacht habe; er glaubte nicht mit Unrecht, hoffen zu dürfen, daß er es mit manchem Koch aufnehmen könne; er beschloß, seine Kunst zu benützen.

Sobald es daher lebhafter wurde auf den Straßen und der Morgen ganz heraufgekommen war, trat er zuerst in die Kirche und verrichtete sein Gebet. Dann trat er seinen Weg an. Der Herzog, der Herr des Landes, o Herr! war ein bekannter Schlemmer und Lecker, der eine gute Tafel liebte und seine Köche in allen Weltteilen aufsuchte. Zu seinem Palast begab sich der Kleine. Als er an die äußerste Pforte kam, fragten die Türhüter nach seinem Begehr und hatten ihren Spott mit ihm, er aber verlangte nach dem Oberküchenmeister. Sie lachten und führten ihn durch die Vorhöfe, und wo er hinkam, blieben die Diener stehen, schauten nach ihm, lachten weidlich und schlossen sich an, so daß nach und nach ein ungeheurer Zug von Dienern aller Art sich die Treppe des Palastes hinaufbewegte; die Stallknechte warfen ihre Striegel weg, die Läufer liefen, was sie konnten, die Teppichbreiter vergaßen, die Teppiche auszuklopfen, alles drängte und trieb sich, es war ein Gewühl, als sei der Feind vor den Toren, und das Geschrei: „Ein Zwerg, ein Zwerg! Habt ihr den Zwerg gesehen?" füllte die Lüfte.

Da erschien der Aufseher des Hauses mit grimmigem Gesicht, eine ungeheure Peitsche in der Hand, in der Türe. „Um des Himmels willen, ihr Hunde, was macht ihr solchen Lärm! Wisset ihr nicht, daß der Herr noch schläft?" und dabei schwang er die Geißel und ließ sie unsanft auf den Rücken einiger Stallknechte und Türhüter niederfallen. „Ach Herr," riefen sie, „seht Ihr denn nicht? Da bringen wir einen Zwerg, einen Zwerg, wie Ihr noch keinen gesehen." Der Aufseher des Palastes zwang sich mit Mühe, nicht laut aufzulachen, als er des Kleinen ansichtig wurde; denn er fürchtete, durch Lachen seiner Würde zu schaden. Er trieb daher mit der Peitsche die übrigen hinweg, führte den Kleinen ins Haus und fragte nach seinem Begehr. Als er hörte, jener wolle zum Küchenmeister, erwiderte er: „Du irrst dich, mein Söhnchen; zu mir, dem Aufseher des Hauses, willst du; du willst Leibzwerg werden beim Herzog; ist es nicht also?"

„Nein, Herr!" antwortete der Zwerg. „Ich bin ein geschickter Koch und erfahren in allerlei seltenen Speisen; wollet mich zum Oberküchenmeister bringen; vielleicht kann er meine Kunst brauchen."

„Jeder nach seinem Willen, kleiner Mann; übrigens bist du doch ein unbesonnener Junge. In die Küche! Als Leibzwerg hättest du keine Arbeit gehabt und Essen und Trinken nach Herzenslust und schöne Kleider. Doch, wir wollen sehen, deine Kochkunst wird schwerlich so weit reichen, als ein Mundkoch des Herren nötig hat, und zum Küchenjungen bist du zu gut." Bei diesen Worten nahm ihn der Aufseher des Palastes bei der Hand und führte ihn in die Gemächer des Oberküchenmeisters.

„Gnädiger Herr," sprach dort der Zwerg und verbeugte sich so tief, daß er mit der Nase den Fußteppich berührte, „brauchet Ihr keinen geschickten Koch?"

Der Oberküchenmeister betrachtete ihn vom Kopf bis zu den Füßen, brach dann in lautes Lachen aus und sprach: „Wie?" rief er, „du ein Koch? Meinst du, unsere Herde seien so niedrig, daß du nur auf einen hinaufschauen kannst, wenn du dich auch auf die Zehen stellst und den Kopf recht aus den Schultern herausarbeitest? O, lieber Kleiner! Wer dich zu mir geschickt hat, um dich als Koch zu verdingen, der hat dich zum Narren gehabt." So sprach der Oberküchenmeister und lachte weidlich, und mit ihm lachte der Aufseher des Palastes und alle Diener, die im Zimmer waren.

Der Zwerg aber ließ sich nicht aus der Fassung bringen. „Was liegt an einem Ei oder zwei, an ein wenig Sirup und Wein, an Mehl und Gewürze in einem Hause, wo man dessen genug hat?" sprach er. „Gebet mir irgendeine leckerhafte Speise zu bereiten auf, schaffet mir, was ich dazu brauche, und sie soll vor Euren Augen schnell bereitet sein, und Ihr sollet sagen müssen: er ist ein

Koch nach Regel und Recht." Solche und ähnliche Reden führte der Kleine, und es war wunderlich anzuschauen, wie es dabei aus seinen kleinen Äuglein hervorblitzte, wie seine lange Nase sich hin und her schlängelte und seine dünnen Spinnenfinger seine Rede begleiteten. „Wohlan!" rief der Küchenmeister und nahm den Aufseher des Palastes unter dem Arme, „wohlan, es sei um des Spaßes willen, lasset uns zur Küche gehen!" Sie gingen durch mehrere Säle und Gänge und kamen endlich in die Küche. Es war dies ein großes, weitläufiges Gebäude, herrlich eingerichtet; auf zwanzig Herden brannten beständig Feuer; ein klares Wasser, das zugleich zum Fischbehälter diente, floß mitten durch sie, in Schränken von Marmor und köstlichem Holz waren die Vorräte aufgestellt, die man immer zu Hand haben mußte, und zur Rechten und Linken waren zehn Säle, in welchen alles aufgespeichert war, was man in allen Ländern von Frankistan und selbst im Morgenlande Köstliches und Leckeres für den Gaumen erfunden. Küchenbedienten aller Art liefen umher und rasselten und hantierten mit Kesseln und Pfannen, mit Gabeln und Schaumlöffeln; als aber der Oberküchenmeister in die Küche eintrat, blieben sie alle regungslos stehen, und nur das Feuer hörte man noch knistern und das Bächlein rieseln.

„Was hat der Herr heute zum Frühstück befohlen?" fragte der Meister den ersten Frühstückmacher, einen alten Koch.

„Herr, die dänische Suppe hat er geruht zu befehlen und rote Hamburger Klößchen."

„Gut," sprach der Küchenmeister weiter, „hast du gehört, was der Herr speisen will? Getraust du dich, diese schwierigen Speisen zu bereiten? Die Klößchen bringst du auf keinen Fall heraus, das ist ein Geheimnis."

„Nichts leichter als dies," erwiderte zu allgemeinem Erstaunen der Zwerg; denn er hatte diese Speise als Eichhörnchen oft gemacht; „nichts leichter! Man gebe mir zu der Suppe die und die Kräuter, dies und jenes Gewürz, Fett von einem wilden Schwein, Wurzeln und Eier; zu den Klößchen aber," sprach er leiser, daß es nur der Küchenmeister und der Frühstückmacher hören konnten, „zu den Klößchen brauche ich viererlei Fleisch, etwas Wein,

Entenschmalz, Ingwer und ein gewisses Kraut, das man Magentrost heißt."

„Ha! Bei St. Benedikt! Bei welchem Zauberer hast du gelernt? rief der Koch mit Staunen. „Alles bis auf ein Haar hat er gesagt, und das Kräutlein Magentrost haben wir selbst nicht gewußt; ja, das muß es noch angenehmer machen. O du Wunder von einem Koch!"

„Das hätte ich nicht gedacht," sagte der Oberküchenmeister, „doch lassen wir ihn die Probe machen! Gebt ihm die Sachen, die er verlangt, Geschirr und alles, und lasset ihn das Frühstück bereiten!"

Man tat, wie er befohlen, und rüstete alles auf dem Herde zu; aber da fand es sich, daß der Zwerg kaum mit der Nase bis an den Herd reichen konnte. Man setzte daher ein paar Stühle zusammen, legte eine Marmorplatte darüber und lud den kleinen Wundermann ein, sein Kunststück zu beginnen. In einem großen Kreise standen die Köche, Küchenjungen, Diener und allerlei Volk umher und sahen zu und staunten, wie ihm alles so flink und fertig von der Hand ging, wie er alles so reinlich und niedlich bereitete. Als er mit der Zubereitung fertig war, befahl er, beide Schüsseln ans Feuer zu setzen und genau so lange kochen zu lassen, bis er rufen werde; dann fing er an zu zählen, eins, zwei, drei und so fort, und gerade als er fünfhundert gezählt hatte, rief er: „Halt!" Die Töpfe wurden weggesetzt, und der Kleine lud den Küchenmeister ein, zu kosten.

Der Mundkoch ließ sich von einem Küchenjungen einen goldenen Löffel reichen, spülte ihn im Bach und überreichte ihn dem Oberküchenmeister. Dieser trat mit feierlicher Miene an den Herd, nahm von den Speisen, kostete, drückte die Augen zu, schnalzte vor Vergnügen mit der Zunge und sprach dann: „Köstlich, bei des Herzogs Leben, köstlich! Wollet Ihr nicht auch ein Löffelchen zu Euch nehmen, Aufseher des Palastes?" Dieser verbeugte sich, nahm den Löffel, versuchte und war vor Vergnügen und Lust außer sich. „Eure Kunst in Ehren, lieber Frühstückmacher, Ihr seid ein erfahrener Koch; aber so herrlich habt Ihr weder die Suppe noch die Hamburger Klöße machen können!" Auch der

Koch kostete jetzt, schüttelte dann dem Zwerg ehrfurchtsvoll die Hand und sagte: „Kleiner! Du bist Meister in der Kunst. Ja, das Kräutlein Magentrost, das gibt allem einen ganz eigenen Reiz."

In diesem Augenblick kam der Kammerdiener des Herzogs in die Küche und berichtete, daß der Herr das Frühstück verlange. Die Speisen wurden nun auf silberne Platten gelegt und dem Herzog zugeschickt; der Oberküchenmeister aber nahm den Kleinen in sein Zimmer und unterhielt sich mit ihm. Kaum waren sie aber halb so lange da, als man ein Paternoster spricht (es ist dies das Gebet der Franken, o Herr, und dauert nicht halb so lange als das Gebet der Gläubigen), so kam schon ein Bote und rief den Oberküchenmeister zum Herrn. Er kleidete sich schnell in sein Festkleid und folgte dem Boten.

Der Herzog sah sehr vergnügt aus. Er hatte alles aufgezehrt, was auf den silbernen Platten gewesen war, und wischte sich eben den Bart ab, als der Oberküchenmeister zu ihm eintrat. „Höre, Küchenmeister," sprach er, „ich bin mit deinen Köchen bisher immer sehr zufrieden gewesen; aber sage mir, wer hat heute mein Frühstück bereitet? So köstlich war es nie, seit ich auf dem Thron meiner Väter sitze; sage an, wie er heißt, der Koch, daß wir ihm einige Dukaten zum Geschenk schicken."

„Herr, das ist eine wunderbare Geschichte," antwortete der Oberküchenmeister und erzählte, wie man ihm heute früh einen Zwerg gebracht, der durchaus Koch werden wollte und wie sich dies alles begeben. Der Herzog verwunderte sich höchlich, ließ den Zwerg vor sich rufen und fragte ihn aus, wer er sei und woher er komme. Da konnte nun der arme Jakob freilich nicht sagen, daß er verzaubert worden sei und früher als Eichhörnchen gedient habe; doch blieb er bei der Wahrheit, indem er erzählte, er sei jetzt ohne Vater und Mutter und habe bei einer alten Frau kochen gelernt. Der Herzog fragte nicht weiter, sondern ergötzte sich an der sonderbaren Gestalt seines neuen Kochs.

„Willst du bei mir bleiben," sprach er, „so will ich dir jährlich fünfzig Dukaten, ein Festkleid und noch überdies zwei Paar Beinkleider reichen lassen. Dafür mußt du aber täglich mein Frühstück selbst bereiten, mußt angeben, wie das Mittagessen gemacht werden soll, und überhaupt dich meiner Küche annehmen. Da jeder in meinem Palast seinen eigenen Namen von mir empfängt, so sollst du Nase heißen und die Würde eines Unterküchenmeisters bekleiden."

Der Zwerg Nase fiel nieder vor dem mächtigen Herzog in Frankenland, küßte ihm die Füße und versprach, ihm treu zu dienen.

So war nun der Kleine fürs erste versorgt, und er machte seinem Amt Ehre. Denn man kann sagen, daß der Herzog ein ganz anderer Mann war, während der Zwerg Nase sich in seinem Hause aufhielt. Sonst hatte es ihm oft beliebt, die Schüsseln oder Platten, die man ihm auftrug, den Köchen an den Kopf zu werfen; ja, dem Oberküchenmeister selbst warf er im Zorn einmal einen gebackenen Kalbsfuß, der nicht weich genug geworden war, so heftig an die Stirne, daß er umfiel und drei Tage zu Bette liegen mußte. Der Herzog machte zwar, was er im Zorn getan, durch einige Hände voll Dukaten wieder gut; aber dennoch war nie ein Koche ohne Zittern und Zagen mit den Speisen zu ihm gekommen. Seit der Zwerg im Hause war, schien alles wie durch Zauber umgewandelt. Der Herr aß jetzt statt dreimal des Tages fünfmal, um sich an der Kunst seines kleinen Dieners recht zu laben, und dennoch verzog er nie eine Miene zum Unmut. Nein, er fand alles neu, trefflich, war leutselig und angenehm und wurde von Tag zu Tag fetter.

Oft ließ er mitten unter der Tafel den Küchenmeister und den Zwerg Nase rufen, setzte den einen rechts, den andern links zu sich und schob ihnen mit seinen eigenen Fingern einige Bissen der köstlichsten Speisen in den Mund, eine Gnade, welche sie beide wohl zu schätzen wußten.

Der Zwerg war das Wunder der Stadt. Man erbat sich flehentlich Erlaubnis vom Oberküchenmeister, den Zwerg kochen zu sehen, und einige der vornehmsten Männer hatten es so weit gebracht beim Herzog, daß ihre Diener in der Küche beim Zwerg Unterrichtsstunden genießen durften, was nicht wenig Geld eintrug; denn jeder zahlte täglich einen halben Dukaten. Und um die übrigen Köche bei guter Laune zu erhalten und sie nicht neidisch auf ihn zu machen, überließ ihnen Nase dieses Geld, das die Herren für den Unterricht ihrer Köche zahlen mußten.

So lebte Nase beinahe zwei Jahre in äußerlichem Wohlleben und Ehre, und nur der Gedanke an seine Eltern betrübte ihn. So lebte er, ohne etwas Merkwürdiges zu erfahren, bis sich folgender Vorfall ereignete. Der Zwerg Nase war besonders geschickt und glücklich in seinen Einkäufen. Daher ging er, so oft es ihm die Zeit erlaubte, immer selbst auf den Markt, um Geflügel und Früchte einzukaufen. Eines Morgens ging er auch auf den Gänsemarkt und forschte nach schweren, fetten Gänsen, wie sie der Herr liebte. Er war musternd schon einigemal auf und abgegangen. Seine Gestalt, weit entfernt, hier Lachen und Spott zu erregen, gebot Ehrfurcht; denn man erkannte ihn als den berühmten Mundkoch des Herzogs, und jede Gänsefrau fühlte sich glücklich, wenn er ihr die Nase zuwandte.

Da sah er ganz am Ende einer Reihe in einer Ecke eine Frau sitzen, die auch Gänse feil hatte, aber nicht wie die übrigen ihre Ware anpries und nach Käufern schrie; zu dieser trat er und maß und wog ihre Gänse. Sie waren, wie er sie wünschte, und er kaufte drei samt dem Käfig, lud sie auf seine breiten Schultern und trat den Rückweg an. Da kam es ihm sonderbar vor, daß nur zwei von diesen Gänsen schnatterten und schrien, wie rechte Gänse zu tun pflegen, die dritte aber ganz still und in sich gekehrt da saß und Seufzer ausstieß und ächzte wie ein Mensch. „Die ist halb krank," sprach er vor sich hin, „ich muß eilen, daß ich sie umbringe und zurichte." Aber die Gans antwortete ganz deutlich und laut:

> Stichst du mich,
> So beiß' ich dich.
> Drückst du mir die Kehle ab,
> Bring' ich dich ins frühe Grab."

Ganz erschrocken setzte der Zwerg Nase seinen Käfig nieder und die Gans sah ihn mit schönen, klugen Augen an und seufzte. „Ei der Tausend!" rief Nase. „Sie kann sprechen, Jungfer Gans? Das hätte ich nicht gedacht. Na, sei Sie nur nicht ängstlich! Man weiß zu leben und wird einem so seltenen Vogel nicht zu Leibe gehen. Aber ich wollte wetten, Sie ist nicht von jeher in diesen Federn gewesen. War ich ja selbst einmal ein schnödes Eichhörnchen."

„Du hast recht," erwiderte die Gans, „wenn du sagst, ich sei nicht in dieser schmachvollen Hülle geboren worden. Ach, an meiner Wiege wurde es mir nicht gesungen, daß Mimi, des großen Wetterbocks Tochter, in der Küche eines Herzogs getötet werden soll!"

„Sei Sie doch ruhig, liebe Jungfer Mimi," tröstete der Zwerg. „So wahr ich ein ehrlicher Kerl und Unterküchenmeister Seiner Durchlaucht bin, es soll Ihr keiner an die Kehle. Ich will Ihr in meinen eigenen Gemächern einen Stall anweisen, Futter soll Sie genug haben, und meine freie Zeit werde ich Ihrer Unterhaltung widmen; den übrigen Küchenmenschen werde ich sagen, daß ich eine Gans mit allerlei besonderen Kräutern für den Herzog mäste, und sobald sich Gelegenheit findet, setze ich Sie in Freiheit."

Die Gans dankte ihm mit Tränen; der Zwerg aber tat, wie er versprochen, schlachtete die zwei andern Gänse, für Mimi aber baute er einen eigenen Stall unter dem Vorwande, sie für den Herzog ganz besonders zuzurichten. Er gab ihr auch kein gewöhnliches Gänsefutter, sondern versah sie mit Backwerk und süßen Speisen. So oft er freie Zeit hatte, ging er hin, sich mit ihr zu unterhalten und sie zu trösten. Sie erzählten sich auch gegenseitig ihre Geschichten, und Nase erfuhr auf diesem Wege, daß die Gans eine Tochter des Zauberers Wetterbock sei, der auf der Insel Gotland lebe. Er sei in Streit geraten mit einer alten Fee, die ihn durch Ränke und List überwunden und sie zur Rache in eine Gans verwandelt und weit hinweg bis hieher gebracht habe. Als der Zwerg Nase ihr seine Geschichte ebenfalls erzählt hatte, sprach sie: „Ich bin nicht unerfahren in diesen Sachen. Mein Vater hat mir und meinen Schwestern einige Anleitung gegeben, so viel er nämlich davon mitteilen durfte. Die Geschichte mit dem Streit am Kräuterkorb, deine plötzliche Verwandlung, als du an jenem Kräutlein rochst, auch einige Worte der Alten, die du mir sagtest, beweisen mir, daß du auf Kräuter bezaubert bist, das heißt: wenn du das Kraut auffindest, das sich die Fee bei deiner Verzauberung gedacht hat, so kannst du erlöst werden." Es war dies ein geringer Trost für den Kleinen; denn wo sollte er das Kraut auffinden? Doch dankte er ihr und schöpfte einige Hoffnung.

Um diese Zeit bekam der Herzog einen Besuch von einem benachbarten Fürsten, seinem Freunde. Er ließ daher seinen Zwerg Nase vor sich kommen und sprach zu ihm: „Jetzt ist die Zeit gekommen, wo du mir zeigen mußt, ob du mir treu dienst und Meister deiner Kunst bist. Dieser Fürst, der bei mir zu Besuch ist, speist bekanntlich außer mir am besten und ist ein großer Kenner einer feinen Küche und ein weiser Mann. Sorge nun dafür, daß meine Tafel täglich also besorgt werde, daß er immer mehr in Erstaunen gerät. Dabei darfst du, bei meiner Ungnade, so lange er da ist, keine Speise zweimal bringen. Dafür kannst du dir von meinem Schatzmeister alles reichen lassen, was du nur brauchst. Und wenn du Gold und Diamanten in Schmalz backen mußt, so tu es! Ich will lieber ein armer Mann werden, als erröten vor ihm."

So sprach der Herzog. Der Zwerg aber sagte, indem er sich anständig verbeugte: „Es sei, wie du sagst, o Herr! So es Gott gefällt, werde ich alles machen, daß es diesem Fürsten der Gutschmecker wohlgefällt."

Der kleine Koch suchte nun seine ganze Kunst hervor. Er schonte die Schätze seines Herrn nicht, noch weniger aber sich selbst. Denn man sah ihn den ganzen Tag in eine Wolke von Rauch und Feuer eingehüllt, und seine Stimme hallte beständig durch das Gewölbe der Küche; denn er befahl als Herrscher den Küchenjungen und niederen Köchen. Herr! Ich könnte es machen, wie die Kameltreiber von Aleppo, wenn sie in ihren Geschichten, die sie den Reisenden erzählen, die Menschen herrlich speisen lassen. Sie führen eine ganze Stunde lang alle die Gerichte an, die aufgetragen worden sind, und erwecken dadurch große Sehnsucht und noch größeren Hunger in ihren Zuhörern, so daß diese unwillkürlich die Vorräte öffnen und eine Mahlzeit halten und den Kameltreibern reichlich mitteilen; doch ich nicht also.

Der fremde Fürst war schon vierzehn Tage beim Herzog und lebte herrlich und in Freuden. Sie speisten des Tages nicht weniger als fünfmal, und der Herzog war zufrieden mit der Kunst des Zwerges; denn er sah Zufriedenheit auf der Stirne seines Gastes. Am fünfzehnten Tage aber begab es sich, daß der Herzog den Zwerg zur Tafel rufen ließ, ihn seinem Gast, dem Fürsten, vorstellte und diesen fragte, wie er mit dem Zwerg zufrieden sei.

„Du bist ein wunderbarer Koch," antwortete der fremde Fürst, „und weißt, was anständig essen heißt. Du hast in der ganzen Zeit, daß ich hier bin, nicht eine einzige Speise wiederholt und alles trefflich bereitet. Aber sage mir doch, warum bringst du so lange nicht die Königin der Speisen, die Pastete Souzeraine?"

Der Zwerg war sehr erschrocken; denn er hatte von dieser Pastetenkönigin nie gehört; doch faßte er sich und antwortete: „O Herr! noch lange, hoffte ich, sollte dein Angesicht leuchten an diesem Hoflager, darum wartete ich mit dieser Speise; denn womit sollte dich denn der Koch begrüßen am Tage des Scheidens als mit der Königin der Pasteten?"

„So?" entgegnete der Herzog lachend. „Und bei mir wolltest du wohl warten bis an meinen Tod, um mich dann noch zu begrüßen? Denn auch mir hast du die Pastete noch nie vorgesetzt. Doch, denke auf einen andern Scheidegruß; denn morgen mußt du die Pastete auf die Tafel setzen."

„Es sei, wie du sagst, Herr!" antwortete der Zwerg und ging. Aber er ging nicht vergnügt; denn der Tag seiner Schande und seines Unglücks war gekommen. Er wußte nicht, wie er die Pastete machen sollte. Er ging daher in seine Kammer und weinte über sein Schicksal. Da trat die Gans Mimi, die in seinem Gemach umhergehen durfte, zu ihm und fragte ihn nach der Ursache seines Jammers. „Stille deine Tränen," antwortete sie, als sie von der Pastete Souzeraine gehört, „dieses Gericht kam oft auf meines Vaters Tisch, und ich weiß ungefähr, was man dazu braucht; du nimmst dies und jenes, so und so viel, und wenn es auch nicht durchaus alles ist, was eigentlich dazu nötig, die Herren werden keinen so feinen Geschmack haben." So sprach Mimi. Der Zwerg aber sprang auf vor Freuden, segnete den Tag, an welchem er die Gans gekauft hatte, und schickte sich an, die Königin der Pasteten zuzurichten. Er machte zuerst einen kleinen Versuch, und siehe, es schmeckte trefflich, und der Oberküchenmeister, dem er davon zu kosten gab, pries aufs neue seine ausgebreitete Kunst.

Den andern Tag setzte er die Pastete in größerer Form auf und schickte sie warm, wie sie aus dem Ofen kam, nachdem er sie mit Blumenkränzen geschmückt hatte, auf die Tafel. Er selbst aber zog sein bestes Festkleid an und ging in den Speisesaal. Als er eintrat, war der Obervorschneider gerade damit beschäftigt, die Pastete zu zerschneiden und auf einem silbernen Schäufelein dem Herzog und seinem Gaste hinzureichen. Der Herzog tat einen tüchtigen Bissen hinein, schlug die Augen auf zur Decke und sprach, nachdem er geschluckt hatte: „Ah! ah! ah! mit Recht nennt man dies die Königin der Pasteten; aber mein Zwerg ist auch der König aller Köche! Nicht also, lieber Freund?"

Der Graf nahm einige kleine Bissen zu sich, kostete und prüfte aufmerksam und lächelte dabei höhnisch und geheimnisvoll. „Das Ding ist recht artig gemacht," antwortete er, indem er den Teller hinwegrückte; „aber die Souzeraine ist es denn doch nicht ganz; das habe ich mir wohl gedacht."

Da runzelte der Herzog vor Unmut die Stirne und errötete vor Beschämung. „Hund von einem Zwerg!" rief er, „wie wagst du es, deinem Herrn dies anzutun? Soll ich dir deinen großen Kopf abhacken lassen zur Strafe für deine schlechte Kocherei?"

„Ach Herr! um des Himmels willen, ich habe das Gericht doch zubereitet nach den Regeln der Kunst, es kann gewiß nichts fehlen!" so sprach der Zwerg und zitterte.

„Es ist eine Lüge, du Bube!" erwiderte der Herzog und stieß ihn mit dem Fuße von sich. „Mein Gast würde sonst nicht sagen, es fehlt etwas. Dich selbst will ich zerhacken und backen lassen in eine Pastete!"

„Habt Mitleiden!" rief der Kleine und rutschte auf den Knien zu dem Gast, dessen Füße er umfaßte. „Saget, was fehlt in dieser

Speise, daß sie Eurem Gaumen nicht zusagt? Lasset mich nicht sterben wegen einer Handvoll Fleisch und Mehl."

„Das wird dir wenig helfen, mein lieber Nase," antwortete der Fremde mit Lachen; „das habe ich mir schon gestern gedacht, daß du diese Speise nicht machen kannst wie mein Koch. Wisse, es fehlt ein Kräutlein, das man hierzulande gar nicht kennt, das Kraut Niesmitlust; ohne dieses bleibt die Pastete ohne Würze, und dein Herr wird sie nie essen wie ich."

Da geriet der Herrscher in Frankistan in Wut. „Und doch werde ich sie essen," rief er mit funkelnden Augen; „denn ich schwöre auf meine fürstliche Ehre: entweder zeige ich Euch morgen die Pastete, wie Ihr sie verlanget oder den Kopf dieses Burschen, aufgespießt auf dem Tor meines Palastes. Gehe, du Hund, noch einmal gebe ich dir vierundzwanzig Stunden Zeit."

So rief der Herzog; der Zwerg aber ging wieder weinend in sein Kämmerlein und klagte der Gans sein Schicksal und daß er sterben müsse; denn von dem Kraut habe er nie gehört. „Ist es nur dies," sprach sie, „da kann ich dir schon helfen; denn mein Vater lehrte mich alle Kräuter kennen. Wohl wärest du vielleicht zu einer andern Zeit des Todes gewesen; aber glücklicherweise ist es gerade Neumond, und um diese Zeit blüht das Kräutlein. Doch, sage an, sind alte Kastanienbäume in der Nähe des Palastes?"

„O ja!" erwiderte Nase mit leichterem Herzen; „am See, zweihundert Schritte vom Haus, steht eine ganze Gruppe; doch warum diese?"

„Nur am Fuße alter Kastanien blüht das Kräutlein," sagte Mimi. „Darum laß uns keine Zeit versäumen und suchen, was du brauchst; nimm mich auf deinen Arm und setze mich im Freien nieder; ich will dir suchen."

Er tat, wie sie gesagt, und ging mit ihr zur Pforte des Palastes. Dort aber streckte der Türhüter das Gewehr vor und sprach: „Mein guter Nase, mit dir ist's vorbei; aus dem Hause darfst du nicht, ich habe den strengsten Befehl darüber."

„Aber in den Garten kann ich doch wohl gehen?" erwiderte der Zwerg. „Sei so gut und schicke einen deiner Gesellen zum Aufseher des Palastes und frage, ob ich nicht in den Garten gehen und Kräuter suchen dürfe?" Der Türhüter tat also, und es wurde erlaubt; denn der Garten hatte hohe Mauern, und es war an kein Entkommen daraus zu denken. Als aber Nase mit der Gans Mimi ins Freie gekommen war, setzte er sie behutsam nieder, und sie ging schnell vor ihm her dem See zu, wo die Kastanien standen. Er folgte ihr nur mit beklommenem Herzen; denn es war ja seine letzte, einzige Hoffnung; fand sie das Kräutlein nicht, so stand sein Entschluß fest: er stürzte sich dann lieber in den See, als daß er sich köpfen ließ. Die Gans suchte aber vergebens, sie wandelte unter allen Kastanien, sie wandte mit dem Schnabel jedes Gräschen um, es wollte sich nichts zeigen, und sie fing aus Mitleid und Angst an zu weinen; denn schon wurde der Abend dunkler und die Gegenstände umher schwerer zu erkennen.

Da fielen die Blicke des Zwerges über den See hin, und plötzlich rief er: „Siehe, siehe, dort über dem See steht noch ein großer, alter Baum; laß uns dorthin gehen und suchen, vielleicht blüht dort mein Glück." Die Gans hüpfte und flog voran, und er lief nach, so schnell seine kleinen Beine konnten; der Kastanienbaum warf einen großen Schatten, und es war dunkel umher, fast war nichts mehr zu erkennen; aber da blieb plötzlich die Gans stille stehen, schlug vor Freuden mit den Flügeln, fuhr dann schnell mit dem Kopf ins hohe Gras und pflückte etwas ab, das sie dem erstaunten Nase zierlich mit dem Schnabel überreichte und sprach: „Das ist das Kräutlein, und hier wächst eine Menge davon, so daß es dir nie daran fehlen kann."

Der Zwerg betrachtete das Kraut sinnend; ein süßer Duft strömte ihm daraus entgegen, der ihn unwillkürlich an die Szene seiner Verwandlung erinnerte; die Stengel, die Blätter waren bläulichgrün, sie trugen eine brennend rote Blume mit gelbem Rande.

„Gelobt sei Gott!" rief er endlich aus. „Welches Wunder! Wisse, ich glaube, es ist dies dasselbe Kraut, das mich aus einem Eichhörnchen in diese schändliche Gestalt umwandelte; soll ich den Versuch machen?"

„Noch nicht," bat die Gans. „Nimm von diesem Kraut eine Handvoll mit dir, laß uns auf dein Zimmer gehen und dein Geld, und was du sonst hast, zusammenraffen, und dann wollen wir die Kraft des Krautes versuchen!"

Sie taten also und gingen auf seine Kammer zurück, und das Herz des Zwerges pochte hörbar vor Erwartung. Nachdem er fünfzig oder sechzig Dukaten, die er erspart hatte, einige Kleider und Schuhe zusammen in ein Bündel geknüpft hatte, sprach er: „So es Gott gefällig ist, werde ich dieser Bürde los werden," steckte seine Nase tief in die Kräuter und sog ihren Duft ein.

Da zog und knackte es in allen seinen Gliedern, er fühlte, wie sich sein Kopf aus den Schultern hob, er schielte herab auf seine Nase und sah sie kleiner und kleiner werden, sein Rücken und seine Brust fingen an, sich zu ebnen, und seine Beine wurden länger.

Die Gans sah mit Erstaunen diesem allen zu. „Ha! was du groß, was du schön bist!" rief sie. „Gott sei gedankt, es ist nichts mehr an dir von allem, was du vorher warst!" Da freute sich Jakob sehr, und er faltete die Hände und betete. Aber seine Freude ließ ihn nicht vergessen, welchen Dank er der Gans Mimi schuldig sei; zwar drängte ihn sein Herz, zu seinen Eltern zu gehen; doch besiegte er aus Dankbarkeit diesen Wunsch und sprach: „Wem anders als dir habe ich es zu danken, daß ich mir selbst wiedergeschenkt bin? Ohne dich hätte ich dieses Kraut nimmer gefunden, hätte also ewig in jener Gestalt bleiben oder vielleicht gar unter dem Beile des Henkers sterben müssen. Wohlan, ich will es dir vergelten. Ich will dich zu deinem Vater bringen; er, der so erfahren ist in jedem Zauber, wird dich leicht entzaubern können." Die Gans vergoß Freudentränen und nahm sein Anerbieten an. Jakob kam glücklich und unerkannt mit der Gans aus dem Palast und machte sich auf den Weg nach dem Meeresstrand, Mimis Heimat, zu.

Was soll ich noch weiter erzählen, daß sie ihre Reise glücklich vollendeten, daß Wetterbock seine Tochter entzauberte und den Jakob, mit Geschenken beladen, entließ, daß er in seine Vaterstadt zurückkam und daß seine Eltern in dem schönen jungen Mann mit Vergnügen ihren verlorenen Sohn erkannten, daß er von den Geschenken, die er von Wetterbock mitbrachte, sich einen Laden kaufte und reich und glücklich wurde?

Nur so viel will ich noch sagen, daß nach seiner Entfernung aus dem Palaste des Herzogs große Unruhe entstand; denn als am andern Tage der Herzog seinen Schwur erfüllen und dem Zwerg, wenn er die Kräuter nicht gefunden hätte, den Kopf abschlagen lassen wollte, war er nirgends zu finden; der Fürst aber behauptete, der Herzog habe ihn heimlich entkommen lassen, um sich nicht seines besten Kochs zu berauben, und klagte ihn an, daß er wortbrüchig sei. Dadurch entstand denn ein großer Krieg zwischen beiden Fürsten, der in der Geschichte unter dem Namen „Kräuterkrieg" wohlbekannt ist; es wurde manche Schlacht geschlagen, aber am Ende doch Friede gemacht, und diesen Frieden nennt man bei uns den „Pastetenfrieden", weil beim Versöhnungsfest durch den Koch des Fürsten die Souzeraine, die Königin der Pasteten, zubereitet wurde, welche sich der Herr Herzog trefflich schmecken ließ.

Das Souper

Der Saal war noch leer, als Emil oben eintrat, nur die Musikanten stimmten ihre Geigen, probierten ihre Hörner und ließen die Schlegel dumpf auf die Pauken fallen, um zu sondieren, ob das tiefe C recht scharf anspreche; mittendurch netzten sie auch ihre Kehlen mit manchem Viertel; denn ein ellenlanger Kotillon sollte den Ball beschließen. Löffel und Messergeklirr das Jauchzen der Anstoßenden tönte aus dem Speisesaal. Ein schwermütiges Lächeln zog über Emils blasses Gesicht; denn er gedachte der Zeiten, wo auch er keiner fröhlichen Nacht ausgewichen war, wo auch er unter frohen, guten Menschen den Becher der Freude geleert und, wenn kein liebes Weib, doch treue Freunde geküßt hatte und mit fröhlichem Jubel in das allgemeine Millionenhallo und Welthurra der Freude eingestimmt hatte; unter diesen Gedanken trat er in den Speisesaal. In bunten Reihen saßen die fröhlichen Gäste die lange Tafel herab; man hatte soeben die hunderterlei Sorten von Geflügel und Braten abgetragen und stellte jetzt das Dessert auf. Gewiß, man konnte nichts Schöneres sehen, als die Präzision, mit welcher die Kellner ihr Dessert auftrugen; die Bewegungen auf die Flanken und ins Zentrum gingen wie am Schnürchen, die schweren Zwölfpfünder der Torten und Kuchen, das kleinere Geschütz der französischen Bonbons und Gelees wurde mit Blitzesschnelle aufgefahren; in prachtvoller Schlachtordnung, vom Glanz der Kristallüster bestrahlt, standen die Guß-, Johannisbeeren-, Punsch-, Rosinentorten, die Apfelsinen, Ananas, Pomeranzen, die silbernen Platten mit Trauben und Melonen. Aber Hofrat Berner hatte sie auch eingeübt, und den ungeschicktesten Kellnerrekruten schwur er hoch und teuer, in acht Tagen so weit bringen zu wollen, daß er, einen bis an den Rand gefüllten Champagnerkelch auf eine spiegelglatte silberne Platte gesetzt, die Treppe heraufspringen könne, ohne einen Tropfen zu verschütten, was in der Geschichte des Servierens einzig in seiner Art ist. Wenn die Festins, die er zu arrangieren hatte, herannahten, hielt er auf folgende Art völlige Übungen und Manoeuvres: Er setzte sich in den Salon, wo gespeist werden sollte, ließ eine Tafel zu dreißig bis vierzig Kuverts decken, und wie den Rekruten ein fingierter Feind mit allen möglichen Bewegungen gegeben wird, so zeigte er ihnen auch Präsidenten, Justizräte, Kollegiendirektoren, Regierungsräte und Assessoren mit Weib und Tochter, Kind und Kegel und mahnte sie, bald diesem ein Stück Braten, jener eine Sauciere zu servieren, bald einem Dritten und Vierten einzuschenken und dem Fünften eine andere Sorte vorzusetzen; da sprangen und liefen die Kellner sich beinahe die Beine ab; aber – probatum est – wenn der Tag des Festes herannahte, durfte er auch gewiß sein zu siegen. Wie jener große Sieger, der nur mit feierlichem Ernst die Worte sprach: „Heute ist der Tag von Friedland!" oder „Sehet die Sonne von Austerlitz!" so bedurfte es von seinem Munde auch nur einiger ermahnenden, tröstlichen Hindeutungen auf frühere Bravouren und gelungene Affären, und er konnte darauf rechnen, daß keiner der zwanzig Kellnergeister über den anderen stolperte oder ihm die Aalpastete anstieß, oder daß sie mit Sauce und Salat einander anrannten, purzelten und auf den Boden die ganze Bescherung servierten.

Mit dieser Präzision war also auch heute die Tafel serviert worden; der Nachtisch war aufgetragen, die schweren Sorten, als da sind Laubenheimer, Nierensteiner, Markobrunner, Hochheimer, Volnay, feiner Nuits, Chambertin, beste Sorten von Bordeaux, Roussillon wurden weggenommen und der zungenbelebende Champagner aufgesetzt. Hatte schon der aromatische Rheinwein die Zungen gelöst und das schwärzliche Rot des Burgunders den Liliensammet der jungfräulichen Wangen und die Nasen der Herren gerötet, so war es jetzt, als die Pfröpfe flogen und die Damen nicht wußten, wohin sie ihre Köpfe wenden sollten, um den schrecklichen Explosionen zu entgehen, als die Lilienkelche, bis an den Rand mit milchweißem Gischt gefüllt, kredenzt wurden, wie auf einem Basar im asiatischen Rußland, wo alle Nationen untereinander plappern und maulen, gurren und schnurren, zwitschern und näseln, plärren und jodeln, brummen und rasaunen, so schwirrte in betäubendem Gemurmel, Gesurre und Brausen in den höchsten Fistiltönen bis herab zum tiefsten, dreimalgestrichenen C der menschlichen Brust das Gespräch um die Tafel.

Das Dejeuner

Ida trat ein, das Gesichtchen war hochgerötet, sie trug einen silbernen Teller mit zwei Bechern, ein Kammermädchen folgte mit allerlei Backwerk. „Schokolade mit Kapwein abgerührt," sagte Ida lächelnd, indem sie ihm einen Becher präsentierte; „ich kenne den Geschmack meines Hofrätchens gar wohl, darum habe ich dieses Frühstück gewählt, und – denken Sie, wie geschickt ich bei Madame La Truiaire geworden bin, – ich habe ihn ganz allein selbst gemacht, Gesicht und Arme glühen mir noch davon; versuchen Sie doch, er ist ganz delikat ausgefallen."

Sie lüftete, ohne sich vor dem alten Freund zu genieren, das leichte Überröckchen; eine himmlische Aussicht öffnete sich, der weiße Alabasterbusen schwamm auf und nieder, daß der Hofrat die alten Augen in seine Schokolade heftete, als solle er sie mit den Augen trinken. „Hierher sollte einer unserer jungen Herren kommen," dachte er, „Kapweinschokolade in den Adern, ein solches Himmelskind mit dem offenen leichten Überröckchen vor sich – ob er nicht rein von Sinnen käme!" Beinahe ebenso großen Respekt als vor ihren entfesselten Reizen bekam er aber vor der Kochkunst des Mädchens. Die Schokolade war so fein, so würzig, das rechte Maß des Weines so gut beobachtet, daß er bei jedem Schlückchen zögerte zu schlucken.

Der Schmaus

Jetzt riefen die Trompeten zur Tafel, und da war es, wo Hofrat Berner seine Lorbeeren erntete. Die neue Dienerschaft des jungen gräflichen Paares hatte er schon so instruiert, daß alles wie am Schnürchen ging, und zwar alles auf dem höchsten Fuß; denn wenn einer der Gäste nur vom silbernen Teller ein wenig aufsah oder mit seinem Nachbar konversierte, husch! war der Teller gewechselt, und eine neue Speise dampfte ihm entgegen. Aber auch in der Küche hatte er gewaltet, und es hätte wenig gefehlt, so hätte er aus lauterem Eifer, alles recht delikat zu machen, sich selbst zu einem Ragout oder Hachee verarbeiten oder zu einer Gallerte einsieden, wenn nicht gar mit einer Zutat von Zucker zu einer Marmelade oder Gelee einkochen lassen. Auch ihn hielten die Damen für einen zweiten Oberon, der eine ewig reichbesetzte Tafel aus dem Boden zaubern kann. Denn solche Speisen zu dieser Jahreszeit, und alles so fein und delikat gekocht!

Da war:
        Schildkrötensuppe.
        Coulissuppe von Fasanen mit Reis.

        H o r s d' o e u v r e s
        Pastetchen von Brießlein mit Salpicon.
        Kabeljau mit Kartoffeln und Sauce hollandaise.
        Du boeuf au naturel.
        Englischer Braten mit Sauce espagnole.

        G e m ü s e
        Spargeln mit Sauce au beurre.
        Grüne Erbsen mit gerösteten Brießlein.

        E n t r é e s
        Junge Hühner mit Sauce aux fines herbes.
        Financière mit Klößen.
        Schinken à la broche au vin de Malaga.
        Feldhühnersalmy.

Kalbskopf à la tortue.
Fricandeau à la Provençale.

Braten
Kalbsschlegel.
Rehbraten.
Feldhühnerbraten.
Kapaunenbraten.
Dindon à la Perigord.

Salat vielerlei

Süße Speisen
Sulz von Malaga.
Crême von Erdbeeren.
Compote mêlée.
Punschtorte mit Früchten.
Tartelettes d'abricots.
Tourte de chocolat montée.
Gußtorte.

Dessert
Punsch à la glace.
Crême de Vanille.

So esset doch und trinket satt!

> „Ich höre rauschende Musik; das Schloß ist
> Von Lichtern hell. Wer sind die Fröhlichen?"
> S c h i l l e r.

Der Saal des Rathauses, wohin die Angekommenen geführt wurden, bildete ein großes, längliches Viereck. Die Wände und die zu der Größe des Saales unverhältnismäßig niedere Decke waren mit einem Getäfel von braunem Holz ausgelegt; unzählige Fenster mit runden Scheiben, worauf die Wappen der edlen Geschlechter von Ulm mit brennenden Farben gemalt waren, zogen sich an der einen Seite hin; die gegenüberstehende Wand füllten Gemälde berühmter Bürgermeister und Ratsherren der Stadt, die beinahe alle in der gleichen Stellung, die Linke in die Hüfte, die Rechte auf einen reich behängten Tisch gestützt, ernst und feierlich auf die Gäste ihrer Enkel herabsehen. Diese drängten sich in verworrenen Gruppen um die Tafel her, die, in Form eines Hufeisens aufgestellt, beinahe die ganze Weite des Saales einnahm. Der Rat und die Patrizier, die heute im Namen der Stadt die Honneurs machen sollten, stachen in ihren zierlichen Festkleidern mit den steifen schneeweißen Halskrausen wunderlich ab gegen ihre bestaubten Gäste, die, in Lederwerk und Eisenblech gehüllt, oft gar unsanft an die seidenen Mäntelein und samtenen Gewänder streiften. Man hatte bis jetzt noch auf den Herzog von Bayern gewartet, der, einige Tage vorher eingetroffen, zu dem glänzenden Mittagsmahl zugesagt hatte; als aber sein Kämmerling seine Entschuldigung brachte, gaben die Trompeten das ersehnte Zeichen, und alles drängte sich so ungestüm zur Tafel, daß nicht einmal die gastfreundliche Ordnung des Rates, die je zwischen zwei Gästen einen Ulmer setzen wollte, gehörig beobachtet wurde.

Breitenstein hatte Georg auf einen Sitz niedergezogen, den er ihm als einen ganz vorzüglichen anpries. „Ich hätte Euch," sagte der alte Herr, „zu den Gewaltigen da oben, zu Frondsberg, Sickingen, Hutten und Waldburg setzen können; aber in solcher Gesellschaft kann man den Hunger nicht mit gehöriger Ruhe stillen. Ich hätte Euch ferner zu den Nürnbergern und Augsburgern führen können, dort unten, wo der gebratene Pfau steht, – weiß Gott, sie haben keinen übeln Platz! – aber ich weiß, daß Euch die Städtler nicht recht behagen, darum habe ich Euch hierher gesetzt. Schauet Euch hier um, ob dies nicht ein trefflicher Platz ist. Die Gesichter umher kennen wir nicht, also braucht man nicht viel zu schwatzen; rechts haben wir den geräucherten Schweinskopf mit der Zitrone im Maul, links eine prachtvolle Forelle, die sich vor Vergnügen in den Schwanz beißt, und vor uns diesen Rehziemer, so fett und zart, wie auf der ganzen Tafel keiner mehr zu finden ist."

Georg dankte ihm, daß er mit so viel Umsicht für ihn gesorgt habe, und betrachtete zugleich flüchtig seine Umgebung. Sein Nachbar rechts war ein junger, zierlicher Herr von etwa fünfundzwanzig bis dreißig Jahren. Das frischgekämmte Haar, duftend von wohlriechenden Salben, der kleine Bart, der erst vor einer Stunde mit warmen Zänglein gekräuselt worden sein mochte, ließen Georg, noch ehe ihn die Mundart davon überzeugte, einen Ulmer Herrn erraten. Der junge Herr, als er sah, daß er von seinem Nachbar bemerkt wurde, bewies sich sehr zuvorkommend, indem er Georgs Becher aus einer großen silbernen Kanne füllte, auf glückliche Ankunft und gute Nachbarschaft mit ihm anstieß und auch die besten Bissen von den unzähligen Rehen, Hasen, Schweinen, Fasanen und wilden Enten, die auf silbernen Platten umherstanden, dem Fremdling auf den Teller legte.

Doch diesen konnte weder seines Nachbars zuvorkommende Gefälligkeit, noch Breitensteins ungemeiner Appetit zum Essen reizen. Er war noch zu sehr beschäftigt mit dem geliebten Bilde, das sich ihm beim Einzug gezeigt hatte, als daß er die Ermunterungen seiner Nachbarn befolgt hätte. Gedankenvoll sah er in den Becher, den er noch immer in der Hand hielt, und glaubte, wenn die Bläschen des alten Weines zersprangen und in Kreisen verschwebten, das Bild der Geliebten aus dem goldenen Boden des Bechers auftauchen zu sehen. Es war kein Wunder, daß der gesellige Herr zu seiner Rechten, als er sah, wie sein Gast, den Becher in der Hand, jede Speise verschmähte, ihn für einen unverbesserlichen Zechbruder hielt. Das feurige Auge, das unverwandt in den Becher sah, der lächelnde Mund des in seinen Träumen versunkenen Jünglings schienen ihm einen jener echten Weinkenner anzuzeigen, die auf feingeübter Zunge den Gehalt des edlen Trankes lange zu prüfen pflegen.

Um der Ermahnung des wohledlen Rates, den Gästen das Mahl so angenehm als möglich zu machen, gehörig nachzukommen, suchte er auf der entdeckten schwachen Seite dem jungen Mann beizukommen. Es war zwar gegen die Gewohnheit des jungen Ulmers, Wein zu trinken; aber dem jungen Manne zulieb, der etwas so Hohes und Gebietendes an sich hatte, mußte er schon ein übriges tun. Er schenkte sich seiner Becher wieder voll und begann: „Nicht wahr, Herr Nachbar, das Weinchen hat Feuer und einen feinen Geschmack? Freilich ist es kein Würzburger, wie Ihr ihn in Franken gewohnt sein werdet; aber es ist ein echter Ellfinger aus dem Ratskeller und immer seine achtzig Jahre alt."

Verwundert über diese Anrede, setzte Georg den Becher nieder und antwortete mit einem kurzen: „Ja, ja! – " Der Nachbar ließ aber den einmal aufgenommenen Faden nicht so bald wieder fallen. „Es scheint," fuhr er fort, „als munde er Euch doch nicht ganz; aber da weiß ich Rat. Heda! gebt eine Kanne Uhlbacher hierher! – Versuchet einmal diesen, der wächst zunächst an des Württembergers Schloß; in diesem müßt Ihr mir Bescheid tun: „Kurzen Krieg, großen Sieg!"

Georg, dem dieses Gespräch nicht recht zusagte, suchte seinen Nachbar auf einen andern Weg zu bringen, der ihn zu anziehenderen Nachrichten führen konnte. „Ihr habt," sprach er, „schöne Mädchen hier in Ulm; wenigstens bei unserem Einzuge glaubte ich deren viele zu bemerken."

„Weiß Gott," entgegnete der Ulmer, „man könnte damit pflastern!"

„Das wäre vielleicht so übel nicht," fuhr Georg fort; „denn das Pflaster Eurer Straßen ist herzlich schlecht. Aber sagt mir, wer wohnt dort in dem Eckhaus mit dem Erker? Wenn ich nicht irre, schauten dort zwei feine Jungfrauen heraus, als wir einritten."

„Habt Ihr diese auch schon bemerkt?" lachte jener. „Wahrhaftig, Ihr habt ein scharfes Auge und seid ein Kenner. Das sind meine lieben Basen mütterlicherseits; die kleine Blonde ist eine Besserer, die andere ein Fräulein von Lichtenstein, eine Württembergerin, die auf Besuch dort ist."

Georg dankte im stillen dem Himmel, der ihn gleich mit einem so nahen Verwandten Mariens zusammenführte. Er beschloß, den Zufall zu benützen, und wandte sich, so freundlich er nur konnte, zu seinem Nachbar: „Ihr habt ein paar hübsche Mühmchen, Herr von Besserer."

„Dieterich von Kraft nenne ich mich," fiel jener ein, „Schreiber des großen Rates."

„Ein paar schöne Kinder, Herr von Kraft! und Ihr besuchet sie wohl recht oft?"

„Jawohl," antwortete der Schreiber des großen Rates, „besonders seit die Lichtenstein im Hause ist. Zwar will mein Bäschen Berta etwas eifersüchtig werden, – denn, im Vertrauen gesagt, wir waren vorher ein Herz und eine Seele – aber ich tue, als merke ich es nicht, und stehe mit Marien um so besser."

Diese Nachricht mochte nicht gar so angenehm in Georgs Ohren klingen; denn er preßte die Lippen zusammen, und seine Wangen färbten sich dunkler.

„Ja, lachet nur!" fuhr der Ratsschreiber fort, dem der ungewohnte Geist des Weines zu Kopfe stieg; „wenn Ihr wüßtet, wie sie sich beide um mich reißen! Zwar – die Lichtenstein hat eine verdammte Art, freundlich zu sein; sie tut so vornehm und ernst, daß man nicht recht wagt, in ihrer Gegenwart Spaß zu machen; noch weniger läßt sie ein wenig mit sich schäkern wie Berta; aber gerade das kommt mir so wunderhübsch vor, daß ich elfmal wiederkomme, wenn sie mich auch zehnmal fortgeschickt hat. Das macht aber," murmelte er nachdenklicher vor sich hin, „weil der gestrenge Herr Vater da ist, vor dem scheut sie sich; laßt nur den einmal über die Ulmer Markung sein, so soll sie schon kirre werden."

Georg wollte sich nach dem Vater noch weiter erkundigen, als sonderbare Stimmen ihn unterbrachen. Schon vorher hatte er mitten durch das Geräusch der Speisenden diese Stimmen zu hören geglaubt, wie sie in schleppendem, einförmigem Ton ein paar kurze Sätze hersagten, ohne zu verstehen, was es war. Jetzt hörte er dieselben Stimmen ganz in der Nähe, und bald bemerkte er, welchen Inhaltes ihre eintönigen Sätze waren. Es gehörte nämlich in den guten alten Zeiten, besonders in Reichsstädten, zum Ton, daß der Hausvater und seine Frau, wenn sie Gäste geladen hatten, gegen die Mitte der Tafel aufstanden und bei jedem einzelnen umhergingen, mit einem herkömmlichen Sprüchlein zum Essen zu nötigen.

Diese Sitte war in Ulm so stehend geworden, daß der hohe Rat beschloß, auch in diesem Mahl keine Ausnahme zu machen, sondern *ex officio* einen Hausvater samt Hausfrau aufzustellen, um diese Pflicht zu üben. Die Wahl fiel auf den Bürgermeister und den ältesten Ratsherrn.

Sie hatten schon zwei Seiten der Tafel „nötigend" umgangen; kein Wunder, daß ihre Stimmen durch die große Anstrengung endlich rauh und heiser geworden waren und ihre freundschaftliche Aufmunterung wie Drohung klang. Eine rauhe Stimme tönte in Georgs Ohr: „Warum esset Ihr denn nicht, warum trinket Ihr denn nicht?" Erschrocken wandte sich der Gefragte um und sah einen starken großen Mann mit rotem Gesicht; ehe er noch auf die schrecklichen Töne antworten konnte, begann an seiner andern Seite ein kleiner Mann mit einer hohen, dünnen Stimme:

„So esset doch und trinket satt,
Was der Magistrat Euch vorgesetzt hat!"

„Hab' ich's doch schon lange gedacht, daß es so kommen würde!" fiel der alte Breitenstein ein, indem er ein wenig von der Anstrengung, mit welcher er den Rehziemer bearbeitet hatte, ausruhte. „Da sitzt er und schwatzt, statt die köstlichen Braten zu genießen, die uns die Herren in so reichlicher Fülle vorgesetzt haben."

„Mit Verlaub," unterbrach ihn Dieterich von Kraft, „der junge Herr ißt nichts, er ist ein Zechbruder und trefflicher Weinschmecker; hab' ich's nicht gleich weggehabt, daß er gerne zu tief ins Glas guckt? Darum tadle ihn keiner, wenn er sich lieber an den Uhlbacher hält!"

Georg wußte gar nicht, wie er zu dieser sonderbaren Schutzrede kam; er war im Begriff, sich zu entschuldigen, als ihn ein neuer Anblick überraschte. Breitenstein hatte sich jetzt über den Schweinskopf mit der Zitrone im Maul erbarmt, hatte die Zitrone geschickt aus dem Rachen des Tieres operiert und begann mit großem Behagen und geübter Hand die weitere Sektion vorzunehmen, da trat der Bürgermeister auch zu ihm, und eben, als er an einem guten Bissen kaute, hub er an: „Warum esset Ihr denn nicht, warum trinket Ihr denn nicht?" Dieser sah den Nötigenden mit starren Blicken an, zum Reden hatten seine Sprachorgane keine Zeit. Er nickte daher mit dem Haupte und deutete auf die Reste des Rehziemers; der kleine Mann mit der Fistelstimme ließ sich aber nicht irre machen, sondern sprach freundschaftlichst:

„So esset doch und trinket satt,
Was der Magistrat Euch vorgesetzt hat!"

So war es nun in den „guten alten Zeiten"! Man konnte sich wenigstens nicht beklagen, nur zu einem Schauessen geladen worden zu sein. Bald aber bekam die Tafel eine andere Gestalt. Die großen Schüsseln und Platten wurden abgetragen und geräumigere Humpen, größere Kannen, gefüllt mit edlem Weine, aufgesetzt. Die Umtränke und das in Schwaben schon damals sehr häufige Zutrinken begann, und nicht lange, so äußerte auch der Wein seine Wirkungen. Dieterich Spät und seine Gesellen sangen Spottlieder auf Herzog Ulerich und bekräftigten jeden Fluch oder schlechten Witz, den einer ausbrachte, mit Gelächter oder einem guten Trunke. Die fränkischen Ritter würfelten um die Güter des Herzogs und tranken einander das Tübinger Schloß im Weine ab. Ulerich von Hutten und einige seiner Freunde hielten in lateinischer Sprache eine laute Kontrovers mit einigen Italienern wegen des Angriffes auf den Römischen Stuhl, den kurz zuvor ein unberühmter Mönch in Wittenberg unternommen hatte; die Nürnberger, Augsburger und einige Ulmer Herren, die sich zusammengetan hatten, waren über den Glanz ihrer Republiken in Streit geraten, und so füllte Gelächter, Gesang, Zanken und der dumpfe Klang der silbernen und zinnernen Becher den Saal.

Das Bilderbuch aus meiner Knabenzeit

Während meiner ersten Kindheit regierte noch der Herzog *Carl Eugen.* Er hatte in Ludwigsburg seine Sommerresidenz, und in dieser Zeit füllten sich die weiten menschenleeren Gassen, Linden- und Kastanienalleen Ludwigsburgs mit Hofleuten in seidenen Fräcken, Haarbeuteln und Degen und mit den herzoglichen Militärs in glänzenden Uniformen und Grenadierkappen, gegen welche die andern wenigen Bewohner in bescheidenen Zivilröcken verschwanden. Das prachtvolle Schloß mit seinen weiten Plätzen und Gärten, der nahe Park mit dem sogenannten Favoritschlößchen, die schattenreichen Alleen von Linden und Kastanienbäumen, die in weiten Reihen auf die Stadt zuliefen und selbst in der Stadt die schönsten Schattengänge voll Blüten und Duft bildeten, der große weite Marktplatz der Stadt selbst, mit seinen Arkaden, waren oft der Schauplatz der Vergnügungen dieses weltlustigen Fürsten, Schauplätze von Festen, die, gedenkt man ihrer in jetziger Zeit, einem nur wie bunte Träume erscheinen. So fanden in der dem Schlosse gegenübergelegenen Favorite die ungeheuersten Feuerwerke statt, mit einem Aufwande, der dem am Hofe von Versailles gleichkam. Auf dem bei der Stadt gelegenen See wurden Feste gegeben, bei denen schöne Mädchen der Stadt als Seeköniginnen figurieren mußten. In seinen früheren Zeiten schuf der Herzog oft im Winter, in den sein Geburtstag fiel, Zaubergärten, ähnlich denen, die in den Erzählungen von „Tausendundeiner Nacht" vorkommen. Er ließ in der Mitte des Herbstes über die wirklich bestehenden schönsten Orangengärten von 1000 Fuß in der Länge und hundert in der Breite ein ungeheures Gebäude von Glas errichten, das sie vor der Einwirkung des Winters schützte. In dessen Wänden verbreiteten zahllose Öfen Wärme. Das ganze Gewölbe des großen Gebäudes trug das schönste Grün, und es hing so in der Luft, daß man keinen einzigen Pfosten bemerkte. Da bogen sich Orangenbäume unter dem Gewichte ihrer Früchte. Da ging man durch Weingärten voll Trauben wie im Herbste, und Obstbäume boten ihre reichen Früchte dar. Andere Orangenbäume wölbten sich zu Lauben. Der ganze Garten bildete ein frisches Blätterwerk. Mehr als dreißig Bassins spritzten ihre kühlen Wasser, und 100 000 Glaslampen, die nach oben einen prachtvollen Sternenhimmel bildeten, beleuchteten nach unten die schönsten Blumenbeete.

In diesem Zaubergarten nun wurden die großartigsten Spiele, dramatische Darstellungen und Ballette und Tonstücke von den größern Meistern damaliger Zeit ausgeführt. Das war noch die Zeit der *stürmischen* Periode dieses Herzogs, wo er bei einem solchen Feste einmal in weniger als fünf Minuten für 50 000 Taler Geschenke in geschmackvollen Kleinodien an die anwesenden Damen austeilte.

Mein Vater war ein großer Freund der Baumzucht. Abends nach des Tages Mühe und Last eilte er meistens in seine Gärten. Ein kleiner Garten war hinter der Oberamtei, in welchem ich auch ein Plätzchen zum Anbau bekam. Ich erinnere mich aber nicht, daß ich es mit Blumen bepflanzte, sondern immer mit Salat. Einen großen Garten als Eigentum besaß mein Vater eine Viertelstunde vor der Stadt, vor dem Tore, das auf die Solitude führt, in dem sogenannten Lerchenholze. Dahin wanderte ich oft abends zwischen den herzoglichen Gewächshäusern und dem See hin und hielt mich da oft, während der Vater vorausging, nach den Orangebäumen und Blüten durch die Fenster schauend, zurück, oder sah ich dem in dem See schwimmenden Geflügel zu.

Der Garten war mit einer großen Mauer umgeben und enthielt Baumschulen und Bienenhäuser.

Sobald mein Vater da ankam, legte er Hut und Stock in dem kleinen Gartenhause nieder, zog seinen Rock aus und eilte, mit Messer und Säge versehen, zu seiner lieben Baumpflanzung. Hier wurde nun alles aufs genaueste in Ordnung gebracht, gebunden und mit großer Strenge beschnitten. Bäume, die im Wachstum sich krümmen wollten, waren ihm ein Greuel, alles mußte aufrecht und in gerader Linie stehen. Man sah in diesem Tun und Lassen, in diesen Pflanzungen ganz seine Liebe zur Ordnung und strengen Zucht. Durch Inokulation und Impfung veredelte er die wilden Stämme, die er meistens selbst aus den Kernen zog, und führte über alles Kataloge. Ich habe auch kein üppigeres Obst mehr gesehen, als ich damals sah. Pfirsiche, Kirschen, Birnen und Äpfel waren in den seltensten, größten Arten vorhanden. Kirschen hatte er vom Mai bis in den September, und nie sah ich die sauern Weichsel mehr in dieser Größe und Vollkommenheit wieder. Es wurden, besonders mit letzteren, an Freunde und an die Tafel des Herzogs öfters Geschenke gemacht.

Man pflegte Kirsche um Kirsche mit etwas abgeschnittenem Stiele, der nach innen gekehrt sein mußte, in einen großen blechernen Trichter zu legen, den man, war er bis zum Rande gefüllt, auf einen mit Weinlaub bedeckten Teller umstürzte, worauf auf dem Teller eine Pyramide von Kirschen stand. Solche Teller wurden dann zur Kirschenzeit in Menge in befreundete Häuser geschickt, denn es waren Sorten, die sonst selten zu finden waren. Auch der schwarze Maulbeer war ein Lieblingsbaum meines Vaters, und vom Gemüsegarten pflegte er besonders die Artischocken und Spargeln. Außer meinem Vater war auch damals in Ludwigsburg sein Neffe, der Amtsschreiber Heuglin, ein großer Beförderer der Obstzucht, und diesen zwei Männern verdankt Ludwigsburg noch heute seinen Ruhm von ausgezeichnetem Obste. Auch der Vater Schillers arbeitete in Ludwigsburg schon in noch früherer Zeit für die Baumkultur.

Nach diesem Hofe des Stadtschreibers kam man in seinen für Kinderaugen ungeheuer großen Garten, der mit den prächtigsten Obstbäumen aller Art besetzt war. Hier gab es im Herbste wahre Lustgelage für die Jugend – die Bäume standen meistens in großen Grasplätzen und bogen ihre früchteschweren Äste in manchem Herbste tief zu den Blumen des Grases nieder. Welche Lust, auf einen solchen Baum steigen, das lachende Obst brechen zu dürfen! Welche Freude, an einem andern zu schütteln, bis er ringsherum das Gras mit seinen duftenden Früchten bedeckt hatte. An diesen Garten stieß der Garten, der zu dem Palais des Prinzen Friedrich (nachherigen Königs) gehörte. Die Bäume, deren Äste über die diese Gärten trennende Mauer ragten, ließen oft ihre Früchte in den prinzlichen Garten fallen. Als wir einmal so einen Baum mit Mostbirnen geschüttelt hatten, tat es dem Stadtschreiber sehr leid um die in den prinzlichen Garten gefallenen Birnen, und er konnte nicht umhin, seinen Schreiber zum Hausmeister des Prinzen zu senden, sich die Erlaubnis, diese Birnen holen lassen zu dürfen, auszuwirken; da begegnete aber der Prinz selbst dem Schreiber unter dem Tore des Palais und fragte ihn, was er begehre. Darob kam der Schreiber in großen Schrecken und stotterte heraus: „Der Herr Stadtschreiber läßt fragen, ob er nicht die in den Garten gefallenen Birnen dürfe *untertänigst* auflesen." Der Prinz lächelte und sprach: „Ja! ja! er soll sie nur gnädigst nehmen."

Der Professor im Kamine

Der gute Professor *Mayer* hatte nicht mehr Zeit, seine weiße Zipfelkappe und Schlafrock mit dem schwarzen Magisterkäppchen und Frack zu vertauschen; sie überraschten ihn gerade in der Küche, als er sich mit seiner Ehehälfte *Therese* um die Schlüssel zur Speisekammer stritt, weil er aus dem Kamine die Schinken, die er dort nicht mehr für sicher hielt, in die Speisekammer bringen wollte, wozu er schon eine Leiter auf den unter dem Kamin stehenden Herd aufgepflanzt hatte. Als er aber nun durchs Küchenfenster die herannahenden Franzosen erblickte, warf er schnell den Schlüssel der Speisekammer in eine Wasserkufe, stieg in Angst und Verlegenheit, so schnell er nur konnte, auf der Leiter ins Kamin empor und rief noch mit halbgebrochener Stimme hernieder: „Sie nehmen mich als Geisel mit, darum kommen sie. Therese, ich sag Ihnen, verraten Sie mich nicht!" „Wie?" rief sie hinauf, „steigen Sie sogleich herunter, ich gehe nicht aus der Küche ohne Sie!" Da waren die Chasseurs schon in der Küche, sahen die Leiter auf dem Herde und fragten in gebrochenem Deutsch, was das bedeute, während einer an der Leiter zu rütteln anfing. Die Professorin gab zu verstehen, das sei, um ihnen Würste und Fleisch aus dem Rauche zu holen, rief auch ihrem sich zitternd an der Leiter haltenden Manne zu: „Kommen

Sie nur mit den Schinken und Würsten herunter!" Da kam der kurze Professor in Zipfelkappe und Schlafrock auch langsam hernieder, indem er die Schinken und Würste (gleichsam als Fürsprecher für sich) vor sich vorausgeworfen hatte. Die komische Gestalt des Herabsteigenden machte das lustige französische Blut laut auflachen, sie hoben ihn auf ihre Arme, trugen ihn ins offen stehende Zimmer und setzten ihn unter Umarmungen und Verbeugungen in seinen Armsessel, den sie dann mit ihm an den Tisch trugen und ihm sowie der freundlich am Arme des Offiziers herbeigekommenen Ehehälfte zu verstehen gaben, daß sie gute Freunde seien und nichts mehr begehrten als nur Wein zu den Würsten. Frau Therese brachte aber nun nicht nur diesen, sondern sie fischte auch den Speisekammerschlüssel wieder aus der Wasserkufe, ließ ein Feuer auf dem Herde anzünden und bereitete in Eile die Schinken und Würste und anderes den Gästen zum fetten Mahle. Die Professorin spendete auch sonst immer gern mit reichen Händen zum Jammer ihres Ehegemahls, und sie beklagte nie den Verlust aus Kamin und Speisekammer, sondern nur den Verlust der Reinheit ihrer Stubenböden oder ihres Tischweißzeuges, was auch jetzt allein ihr sehr schmerzlich war.

Der geschmälzte Kaffee

Mitternacht war längst vorüber, als Heinrich die Grenze des Schwarzwalds erreichte. Ermüdet und unbekannt mit der in dichten Schatten gehüllten Gegend, kehrte er in einem Wirtshause ein, das er durch Fuhrleute aus dem Schlafe geweckt fand, und schlief einige Stunden auf einer Bank. Als die ersten Vorboten des Lichtes sich am Himmel zeigten, bestieg er sein Pferd wieder und zog den Mantel fester um sich; der anbrechende Tag brachte eine schneidende Kälte mit. In der Klarheit des Morgens überlegte er noch einmal den Plan, den er dem Herzog flüchtig angedeutet hatte; er wollte geradeswegs zu seinem Freunde Matthäus eilen, von dem er seit dessen Abgang auf eine der entlegensten Pfarren des Schwarzwaldes nichts mehr vernommen hatte, und daselbst unter dem Vorwand eines Besuches in der Stille nach allen Seiten hin Erkundigungen einziehen; in wenigen Tagen hoffte er den Aufenthaltsort der Flüchtlinge erfahren zu haben und sodann seine weitern Maßregeln nehmen zu können.

Bald wurde die Gegend wilder, die Straße verengte sich und lief in vielfachen Krümmungen, der Gestalt des Tales sich anschmiegend, zwischen hohen Waldbergen fort, deren dunkles Grün, so matt es aussah, doch in einem tröstlichen Widerspruche mit der Jahreszeit stand.

Er mußte langsam reiten, sein Pferd war müde. Die Kälte hatte nachgelassen, und Heinrich fühlte sich erhitzt und durstig. Er erblickte eine Quelle, die, in eine hölzerne Röhre gefaßt, aus einer kleinen Vertiefung des Waldrandes klar hervorsprudelte; er stieg ab und fand, als er davon trank, ein angenehmes Sauerwasser, das ihn herrlich erquickte. Eine uralte Burgruine sah von einem steilen Berge über den Wald herab.

Sein Weg verließ jetzt das Tal, und er führte den Rappen eine schroffe Anhöhe hinauf, um über Berge und durch Schluchten immer tiefer in das Waldgebirge einzudringen. Eine rauhere Luft wehte ihn an, die Einsamkeit wurde immer stiller, wilde Schweine rannten ihm häufig über den Weg, selten begegnete ihm ein Mensch, den er nach der Richtung fragen konnte. An einem abgelegenen Gehöfte entschloß er sich, einen Führer mitzunehmen, und so sah er endlich am späten Nachmittag in einem tiefen Bergkessel das Ziel seiner Reise vor sich liegen. Er entließ den Führer und stieg einen Pfad hinab, der eher dem ausgetrockneten Bette eines Runsenwassers glich, vorsichtig das Pferd am Zügel nachführend und in wehmütigem Sinnen. „Welch eine frische Natur," sagte er, „hat sich in diese starre Einsamkeit begraben! Was wird er sagen, wenn er mich blickt! Wie mag es ihm wohl seither ergangen sein?"

Endlich hatte er den engen Talgrund erreicht, er saß auf und ritt auf die zerstreuten schlechten Hütten zu, welche das Dörfchen bildeten. Welche armselige Bauart! und doch hatte sie etwas, das ihn freundlich und wohnlich ansprach, es war eine Bekleidung von Schindeln, die, in schmale ziegelähnliche Stücke geschnitten und zierlich ineinander geschoben, die Wände der Häuser vom Giebel bis zum Boden gegen Schnee und Regen schützten. Die einen waren mit einem fröhlichen Rot angestrichen, den andern hatte die Zeit ein ehrwürdiges, gastlich einladendes Grau gegeben. Er sah sich rings um, konnte aber weder eine Kirche noch ein Haus, das einem Pfarrhause ähnlich sah, entdecken und mußte wiederum die Hilfe eines Wegweisers ansprechen. Ein Bauernjunge führte ihn zu seiner Verwunderung gerade zum Dorf hinaus, und er wollte eben fragen, wie dies eigentlich gemeint sei, als sein kleiner Führer um das Eck eines der vorspringenden Berge herumbog und mit dem Finger vor sich hinwies. Heinrich sah noch einige Häuser in der Entfernung liegen, vereinzelt wie die übrigen; auf das größte ritt er zu, der Junge hatte ihn bereits verlassen. Als er näher kam, entdeckte er, daß das Haus einen bretternen Turm hatte, und schloß daraus, dies müsse die Kirche sein. Nun wandte er sich, einem richtigen Gedankengang zufolge, nach demjenigen, welches der Kirche am nächsten gelegen war. Es sah zwar nicht besser aus, als das schlechteste Bauernhaus im ganzen Örtchen, und sein Mantel von Schindeln mochte wohl der abgetragenste sein, aber der Kirche nach zu urteilen konnte er nichts Besseres erwarten. Auf sein Rufen erhielt er keine Antwort; er stieg ab und band sein Pferd an einen Haken neben der Haustüre an.

Er stieg die Treppe hinauf, die eher zu Hühnern als zu Menschen zu führen schien; doch mochten die Gänse hier die erste Rolle spielen, denn oben kamen ihm einige mit feindseligem Geschnatter entgegen und suchten ihn am Rocke festzuhalten. Nach langem Suchen fand er eine Türe, welche noch am ehesten dem Wohnzimmer angehören konnte; statt einer Klinke drückte er einen hölzernen Schieber auf. Ein Mann in einem zerrissenen schwarzen Rock saß an einem großen runden Tisch, der nebst ein paar hölzernen Stühlen das ganze Mobiliar des Zimmers ausmachte. Er schrieb, ohne aufzublicken. Heinrich betrachtete ihn aufmerksam: es war noch das alte derbe frische Gesicht, aber mit einem Zuge durchsäuert, der anzudeuten schien, daß hier lang keine willkommene Gesellschaft, keine geistige Anregung eingekehrt hatte.

„Aufgeschaut, Herr Pfarrer!" rief Heinrich, „es ist kein Bauer, der eine Taufe oder eine Leiche anmeldet."

Der Pfarrer stand auf und betrachtete ihn zweifelnd; er hatte noch immer in der einen Hand die Feder, in der andern das Manuskript. „Weiß Gott, er ist's!" rief er plötzlich, indem er Papier und Feder nach beiden Seiten auf den Boden warf. „So, das wär' die Predigt! Du Prachtskerl, ich hab dich kaum mehr erkannt, ich sag' dir, du siehst aus wie ein Prälat. Jetzt erzähl' mir nur, wer bist du? Wo bist du? Wie geht's dir? Was führt dich in mein Patmos? Denn daß du dich aufgemacht hast, bloß um mich armen Teufel zu besuchen, das glaubt dir ein anderer!"

„An meinem guten Willen," sagte Heinrich, „und daß ich dich eines Besuches ohne alle Nebenabsichten wert halte, wirst du hoffentlich nicht zweifeln, du hast mich wenigstens sonst als einen ehrlich Gesellen gelten lassen; – weißt du denn aber nicht, der du das Alte Testament besser kennen solltest als ich, daß die Patriarchen ihre Gäste erst, wenn sie Speis' und Trank empfangen hatten, um ihre Angelegenheiten befragten?"

„Ist auch wahr!" rief der Pfarrer, „du sollst sogleich haben, was mein Haus vermag."

„Zuerst," sagte Heinrich und hielt den Eilfertigen am Arme fest, „zuerst will ich mich setzen, denn ich bin sehr müd; sodann bitt' ich dich, für meinen armen Rappen zu sorgen, der ohne Zweifel auch nicht mehr so frisch ist wie gestern abend; ferner bitt' ich dich zunächst bloß um eine Tasse Kaffee."

„Kaffee!" sagte der Pfarrer mit gedehntem Ton und sah ihn einen Augenblick verlegen an, „du sollst ihn haben, wenn du vorlieb nehmen willst; der Rappe soll ebenfalls das Seinige bekommen, unter derselben Bedingung. – Aber zuvörderst muß ich dir doch meine Frau vorstellen!"

Er eilte hinaus und kam nach einer Pause, in welcher allerlei Erörterungen stattgefunden haben mochten, mit einer riesigen Schönheit zurück. Sie war ganz bäurisch gekleidet und blickte den Fremdling mit einer sonderbaren Mischung von Trotz und Schüchternheit an. „Sieh, Röse," rief der Pfarrer, „das ist mein allerbester Freund, mit dem ich als Student sehr viele tolle Streiche gemacht habe. Er ist indes ein großer Herr geworden und ich – ein armer Pfarrer auf dem Schwarzwald! Aber jetzt geh' und mach' den Kaffee." – Dieser Befehl war von einem bittenden Blicke begleitet, den die Frau mit einiger Freundlichkeit aufnahm. Heinrich trat auf sie zu und sagte ihr etwas Verbindliches; sie reichte ihm die Hand, die sie vorher an der Schürze abgewischt hatte und erwiderte bloß: „Ich will jetzt den Kaffee machen." – Damit verließ sie das Zimmer.

„Tauschen wir unsere Lebensläufe aus!" rief der Pfarrer. „Den unbedeutendsten zuerst! Sobald ich die Vokation hierher erhalten hatte, dachte ich, es ist dem Menschen nicht gut, daß er alleine sei, sah mich gleich bei der ersten Predigt, wo ich doch das vollständigste Auditorium erwarten konnte, unter meinen Schafen um, da stach mir die Röse in die Augen und wurde sofort nach wenigen Wochen zum Range meiner Gemahlin erhoben. Das ist alles, Punktum! Ich kann dich aber versichern, daß sie, wenn auch nicht ganz courfähig, doch eine vortreffliche Person ist, die mich sehr lieb hat und mit der ich vollkommen glücklich lebe. Aus diesem Grunde mußt du ihr's auch zugute halten, wenn der Kaffee vielleicht nicht ganz so ausfällt, wie du ihn in Stuttgart zu trinken gewohnt bist; denn ich kann dich im Vertrauen versichern, daß sie heute zum erstenmal in dieses höhere Gebiet der Kochkunst hinüberschreitet. Wir trinken als gute Christen diesen mohammedanischen Absud nicht, wir frühstücken Suppe oder Milch, was eine sehr gesunde und nahrhafte Kost ist, und ich würde deinen Wunsch auch nicht befriedigen können, wenn ich mich nicht erinnert hätte, daß ich noch eine kleine Schachtel mit gerösteten Kaffeebohnen von meinem Vikariat her, als Geschenk meiner damaligen Pfarrerin, besitze, welche nun, wie du vernehmen wirst, von meiner Frau in Ermangelung einer Kaffeemühle im Mörser gestoßen werden."

Heinrich lachte herzlich und versicherte, es sei ihm überhaupt nur um etwas Warmes zu tun.

„Du armer Schelm!" fuhr der Pfarrer fort, „dein Rappe ist wahrscheinlich glücklicher als du, der steht drunten in der Scheuer und frißt, was Gott uns beschert hat. Aber jetzt erzähle."

Eines der Kinder war indessen herbeigekrochen, hatte sich Heinrich gegenüber hingesetzt, ihn eine Weile starr angesehen und brach nun auf einmal in ein fürchterliches Geschrei aus; im Augenblick rückte das andere auch heran und sekundierte. „Eben," rief der Pfarrer, „wollt' ich dir meine Jugend vorstellen, nun präsentiert sie sich ja selbst. Sei still, Röschen! Schäme dich, Matthäus! so spricht man nicht mit gebildeten Leuten."

Er nahm die beiden Kinder auf die Kniee, beruhigte sie und saß aufmerksam dem Freunde gegenüber. Dieser entdeckte den Zweck seiner Reise, ohne jedoch mehr als das Nötigste zu verraten; er gab vor, ein blutjunger Mensch von edler Herkunft und phantastischem Wesen habe den abenteuerlichen Einfall gehabt, unter die Zigeuner zu gehen und mit ihnen in den Wäldern umherzuziehen; nun wünsche der Herzog um seines Vaters willen, man möchte den Jüngling zur Vernunft bringen und die Sache in der Stille abmachen.

Der Pfarrer hatte mit sichtlicher Spannung zugehört. „Was Teufels!" rief er, als Heinrich geendigt hatte, „der Bursche hat sich gewiß aus den R ä u b e r n zu diesem verrückten Streiche begeistert!"

Heinrich sah ihn erstaunt an, er erinnerte sich auf einmal des großen Eindrucks, den das Buch auf Laura gemacht hatte. „Wahrhaftig," sagte er nachdenklich, „du könntest recht haben. Aber – hast du denn die Räuber auch gelesen?"

„O freilich! Meinst du denn, man sei hier ganz exkommuniziert? Ein Kollege lieh mir sie, und ich habe das Buch wohl zehnmal durchgepeitscht. Hör' 'mal, das ist'n ganzer Kerl, der das geschrieben hat!"

„Wenn nur," versetzte Heinrich, „wenn nur Freund Schiller mit seinem Buch in diesem Fall nicht einen höchst unsinnigen Streich veranlaßt hätte."

„Schiller heißt er?" rief Matthäus, „das Titelblatt war ausgerissen. Kennst du ihn? Wo lebt er denn?"

„Er ist mein sehr guter Freund," erwiderte Heinrich lächelnd, „und lebt als Regimentsmedikus in Stuttgart."

„Wa – was? In Stuttgart? Also am Ende gar ein Württemberger?"

„Ein kompletter! Warum sollte er keiner sein?"

„Jetzt ist mir's aber doch ganz kurios!" sagte der Pfarrer kopfschüttelnd, „jetzt kann ich mir gar keine Vorstellung mehr von ihm machen. Ein Württemberger! Wenn mir so etwas Apartes, Grandioses vorkommt, so muß ich mir's ganz weit weg, auf *ultima Thule* oder gar ins Pfefferland hindenken. Trägt er denn auch einen Zopf?"

Heinrich beschrieb den Titanen in seiner Militärtracht; er erinnerte sich im stillen der Scherze, die sie unter den Freunden veranlaßt hatte, und belustigte sich an den großen Augen, die der Pfarrer machte.

„Ich kann mich gar nicht drein finden," rief dieser endlich, „jedenfalls aber mußt du mit mir die Runde bei einigen meiner Nachbarn machen; die werden dich wie ein Wundertier anstaunen, daß du ein Freund vom Verfasser der Räuber bist."

„Um aber jetzt von den böhmischen Wäldern auf den Schwarzwald zu kommen," sagte Heinrich, „wollen wir unsre Maßregeln beraten. Und zwar fürs erste, du hast hoffentlich unter deinen Bauern einige tüchtige und entschlossene Leute, die man zu Spionen gebrauchen kann."

„Da sei nur ruhig," versetzte der Pfarrer und öffnete das Fenster, „an diesem Artikel fehlt's bei uns nicht! Ich habe Bursche, verschlagen wie die Katzen und herzhaft wie die Bären, – wenn du einem ein Bein abschlägst, so geht er dir auf dem andern hüpfend zu Leibe."

„Gib acht, morgen abend haben wir deinen Karl Moor. Aber jetzt auch kein Wort mehr von Geschäften, als höchstens, daß meine Frau von unsrer Jagd nichts zu wissen braucht, sie würde sich unnötige Sorgen machen. Wo zum Kuckuck bleibt denn der Kaffe?" rief er zur Türe hinaus, „ah, da ist er schon!" – Er nahm ihn seiner Frau unter der Türe ab, trug ihn dem Freunde auf und setzte sich mit einem Ausdruck unendlicher Neugierde ihm gegenüber. Heinrich goß ein und sah sich mit einiger Verlegenheit um.

„Ja so, potz Teufel!" schrie der Pfarrer und fuhr auf, „der Zucker! Armer Freund, das fiel mir zu spät ein; ja, da ist nichts zu machen, Zucker führen wir nicht im Hause."

„Tut nichts," sagte Heinrich mit einem bittersüßen Lächeln, „das ist mir in meiner Junggesellenwirtschaft auch schon vorgekommen; ich muß nun eben etwas mehr Milch zugießen." – Er nahm das Schüsselchen, das statt der Tasse diente, an den Mund, setzte es aber nach dem ersten Schlucke wieder ab und sprang schnell ans Fenster.

„Was ist denn schon wieder?" rief der Pfarrer. Heinrich deutete sprachlos auf den Kaffee. Der Pfarrer kostete ihn ebenfalls, verzerrte das Gesicht und spuckte ihn mitten ins Zimmer. „Pfui Teufel!" rief er, „was ist das für ein Geschmack? Das kommt nicht vom Kaffee. Ich habe doch meiner Frau eine genaue Anweisung gegeben, wie sie ihn machen sollte."

Er ging hinaus, um sich zu erkundigen, kam aber gleich wieder herein und konnte vor Lachen kaum reden. „Das gute Weib!", rief er, „die meint's besser mit dir, als du dir träumen lässest! Sie hat meine Anweisung genau befolgt, aber für einen Herrn vom Hof und meinen speziellen Freund wollte sie ein übriges tun und hat den Kaffee – geschmälzt! Sieh, die Fettaugen schwimmen drauf umher. Schmälzen ist das Höchste, was sie weiß, und mehr oder weniger Schmalz, das ist hierzulande das Maß der Achtung, welche man einem Besuch erzeigen will."

Der Pfarrer fuhr fort zu lachen, Heinrich aber, von diesem Beweise des guten Willens gerührt, ging in die Küche, wo er die Pfarrerin beschäftigt fand, die Schmalzpfanne wieder zu reinigen, und lobte die Zubereitung des Kaffees; in manchen Gegenden des Landes, sagte er, sei diese Methode gebräuchlich, er aber sei unglücklicherweise in der andern, in der ungeschmälzten, erzogen und daher nicht imstande, den Kaffee zu trinken.

Sie hörte ihn freundlich an und sagte: „Es ist mir gar zu arg, wenn Sie mir ihn stehen lassen, wollen Sie's nicht noch einmal versuchen? Vielleicht geht's doch."

Heinrich replizierte, er habe von Jugend auf nichts Fettes vertragen können, und ging wieder in die Stube, im stillen von seiner gutmütigen Wirtin bedauert, welche aus diesem Bekenntnisse schloß, er müsse von armseligen Eltern erzogen worden sein. Er ließ sich eine andere Schüssel geben und hielt sich an die Milch, die er sehr schmackhaft fand.

Gebratener Backsteinkäse und Schwindelhaberwein

Wenn die physiologische Lehre Grund hat, daß von dem, was der Mensch zu sich nimmt, seine geistigen Ausflüsse bis zu einem nicht unbedeutenden Grade bedingt sind, so kann uns diese Ungenießbarkeit nicht wundernehmen. Der Pfarrer von Y...burg pflegte sich sein Bier selbst zu brauen. Er verwendete hiezu den schlechtesten Teil vom Fruchtzehnten, nämlich eine mit Schwindelhafer sehr reichlich vermischte magere Gerste, die ihm seine Frau gerne überließ, weil die Kinder schon mehrmals davon erkrankt waren, und statt des Hopfens nahm er die Spitzen von Weidenschößlingen. Diesen Trank, dem es weder an Narkose noch an Bitterkeit gebrach, nannte er mit schneidendem Hohne, auf die Worte des Tacitus anspielend, welchem das Bier der Deutschen ein *„humor in quandam similitudinem vini corruptus"* ist, sein „Korruptionsgesöff".

Noch abschreckender als die flüssige Einfuhr war der feste Import, der, wenn ein sonst nur im uneigentlichen Sinn gebrauchter Ausdruck hier zulässig ist, seinen Hauptnahrungszweig ausmachte. Einige Familien des Orts, die nur Wiesen und keine Äcker besaßen, verfertigten eine Art Backsteinkäse von sehr untergeordneter Qualität, womit sie in der Nachbarschaft Handel trieben und wovon sie, in Ermangelung des Getreides, den Zehnten an das Pfarrhaus ablieferten. Diesen Käsezehnten hatte der Pfarrer, der mit der Küche seiner Frau auf gespanntem Fuße stand, für sich in Beschlag genommen und das Produkt zu einer Veredlung, wie er behauptete, gebracht, die aber von Tacitus sicherlich mit einer abschätzigeren Bezeichnung belegt worden wäre, als das braukünstlerische Verfahren unserer germanischen Vorvordern.

Seiner düsteren Sinnesart gemäß liebte er es vor allem, dunkle Taten und peinliche Seelengemälde zu lesen, wie sie vornehmlich in Kriminalgeschichten sich finden. In einer derselben stieß ihm ein *casus tragicus* von sonderbarer Gattung auf, darin bestehend, daß in einer großen norddeutschen Stadt ein Freund den andern, ohne ihm gram geworden zu sein, in bloßer Trunkenheit, mit einem Heringsbratspieß erstach.

Über dieser Lektüre erwachte in ihm die Erinnerung, daß er selbst jeweils im Norden unseres Vaterlandes, wo diese Speise beliebt ist, gebratene Heringe gegessen und nicht eben unschmackhaft befunden hatte. In seinen damaligen Verhältnissen hatte er auf dieses populäre Gericht vornehm herabsehen können; in seinen jetzigen wäre es ein Leckerbissen, ein Luxusartikel für ihn gewesen. Da ihm nun aber diese nicht erlaubten, Heringe überhaupt und irgendwie, im gewöhnlichen oder marinierten oder gebratenen Zustande, zu genießen, so erfand er für die letztere Bereitungsweise ein Surrogat, indem er auf den Einfall geriet, seine Käse zu braten. Zu diesem Ende machte er sich eine alte abgebrochene Klinge vom Universitätsfechtboden her zurecht, gebrauchte sie als Bratspieß und sprach fortan die unerschütterliche Überzeugung aus, daß der Käse durch diese norddeutsche Behandlung nicht bloß wohlschmeckender, sondern auch nahrhafter werde. Jedenfalls erreichte er dadurch zweierlei: einmal gönnten Frau und Kinder, die das Kunsterzeugnis zu pikant fanden, um es hinunterzubringen, ihm den ganzen Vorrat unverkürzt, und dann hielt der entsetzlich muffige Geruch, der jahraus jahrein im Hause herrschte, alle und jede Besuche fern.

Mit seinem korrumpierten Schwindelhaferweine begehrte gleichfalls niemand bewirtet zu werden; und so saß er Abend für Abend im oberen Stübchen, seinen Käsebraten verdauend, einsam hinter seinem Kruge und rauchte dazu seine gleichfalls selbstbereitete Hanfzigarre, mit Lesen von Kriminalgeschichten beschäftigt, oder auch in dumpfem Brüten, das er nur zuweilen durch ein grimmiges Auflachen unterbrach.

An meinen Vetter
Juni 1837

Lieber Vetter! Er ist eine
Von den freundlichen Naturen,
Die ich *Sommerwesten* nenne.
Denn sie haben wirklich etwas
Sonniges in ihrem Wesen.
Es sind weltliche Beamte,
Rechnungsräte, Revisoren,
Oder Kameralverwalter,
Auch wohl manchmal Herrn vom Handel,
Aber meist vom ältern Schlage,
Keinesweges Petitmaitres,
Haben manchmal hübsche Bäuche,
Und ihr Vaterland ist Schwaben.

Neulich auf der Reise traf ich
Auch mit einer Sommerweste
In der Post zu Besigheim
Eben zu Mittag zusammen.
Und wir speisten eine Suppe,

Darin rote Krebse schwammen,
Rindfleisch mit französ'schem Senfe,
Dazu liebliche Radieschen,
Dann Gemüse, und so weiter,
Schwatzten von der neusten Zeitung,
Und daß es an manchen Orten
Gestern stark gewittert habe.
Drüber zieht der wackre Herr ein
Silbern Büchslein aus der Tasche,
Sich die Zähne auszustochern;
Endlich stopft er sich zum schwarzen
Kaffee seine Meerschaumpfeife,
Dampft und diskurriert und schaut in-
mittelst einmal nach den Pferden.
Und ich sah ihm so von hinten
Nach und dachte: Ach, daß diese
Lieben, hellen Sommerwesten,
Die bequemen, angenehmen,
Endlich doch auch sterben müssen!

Lammwirts Klagelied

Da droben auf dem Markte
Spazier ich auf und ab,
Den ganzen lieben langen Tag,
Und schaue die Straße hinab.

Es steht ein Regenbogen
Wohl über jenem Haus,
Mein Schild ist eingezogen,
Ein andrer hangt heraus.

Heraus hangt über der Türe
Ein Hahn mit rotem Kamm;
Als ich die Wirtschaft führte,
Da war es ein goldenes Lamm.

Mein Schäflein wohl zu scheren,
Ich sparte keine Müh,
Ich bin heruntergekommen,
Und weiß doch selber nicht wie.

Nun läuft es mit Köchen und Kellnern
Im ganzen Hause so voll,
Ich weiß nicht, wem ich von allen
Zuerst den Hals brechen soll.

Da kommen drei Chaisen gefahren!
Der Hausknecht springt in die Höh.
Vorüber, ihr Rößlein, vorüber,
Dem Lammwirt ist gar so weh!

Der Tambour

Wenn meine Mutter hexen könnt,
Da müßt sie mit dem Regiment,
Nach Frankreich, überall mit hin,
Und wär die Marketenderin.
Im Lager, wohl um Mitternacht,
Wenn niemand auf ist als die Wacht,
Und alles schnarchet, Roß und Mann,
Vor meiner Trommel säß ich dann:
Die Trommel müßt eine Schüssel sein,
Ein warmes Sauerkraut darein,
Die Schlegel Messer und Gabel,
Eine lange Wurst mein Sabel,
Mein Tschako wär ein Humpen gut,
Den füll ich mit Burgunderblut.
Und weil es mir an Lichte fehlt,
Da scheint der Mond in mein Gezelt;
Scheint er auch auf französ'ch herein,
Mir fällt doch meine Liebste ein:
Ach weh! Jetzt hat der Spaß ein End!
– Wenn nur meine Mutter hexen könnt!

Häusliche Szene

Schlafzimmer. Präzeptor *Ziborius* und seine *junge Frau*.
Das Licht ist gelöscht.

„Schläfst du schon, Rike?" – „Noch nicht." – Sag,
        hast du denn heut die Kukumern
Eingemacht?" – „Ja." – „Und wieviel nahmst du mir
        Essig dazu?" –
„Nicht zwei völlige Maß." – „Wie? fast zwei Maß?
        Und von welchem
Krug?, von dem kleinern doch nicht, links vor dem
        Fenster am Hof?"
„Freilich." – „Verwünscht! So darf ich die Probe nun
        noch einmal machen,
Eben indem ich gehofft schon das Ergebnis zu sehn!
Konntest du mich nicht fragen?" – „Du warst in der
        Schule." – „Nicht warten? –
„Lieber, zu lange bereits lagen die Gurken mir da."
„Unlängst sagt ich dir: nimm von Numero 7 zum
        Hausbrauch –"
„Ach wer behielte denn stets alle die Zahlen im
        Kopf!" –
„Sieben behält sich doch wohl! nichts leichter
        behalten als sieben!
Groß, mit arabischer Schrift, hält es der Zettel dir
        vor." –
„Aber du wechselst den Ort nach der Sonne von
        Fenster zu Fenster
Täglich, die Küche pressiert oft und ich suche mich
        blind.
Bester! dein Essiggebräu, fast will es mich endlich
        verdrießen.
Ruhig, obgleich mit Not, trug ich so manches bis
        jetzt.

Daß du im Waschhaus dich einrichtetest, wo es an
                              Raum fehlt,
Destillierest und brennst, schien mir das Äußerste
                              schon.
Nicht gern sah ich vom Stockbrett erst durch Kolben
                              und Krüge
Meine Reseden verdrängt, Rosen und
                              Sommerlevkoin,
Aber nun stehen ums Haus her rings vor jeglichem
                              Fenster,
Halb gekleidet in Stroh, gläserne Bäuche gereiht;
Mir auf dem Herd stehn viere zum Hindernis, selber
                              im Rauchfang
Hängt so ein Untier jetzt, wieder ein neuer Versuch!
Lächerlich machen wir uns – nimm mir's nicht
                              übel!" – „Was sagst du?
Lächerlich?" – „Hättest du nur heut die Dekanin
                              gehört.
Und in jeglichem Wort ihn selber vernahm ich, den
                              Spötter;
Boshaft ist er, dazu Schwager zum Pädagogarch." –
„Nun?" – „Einer Festung verglich sie das Haus des
                              Präzeptors, ein Bollwerk
Hieß mein Erker, es sei alles gespickt mit
                              Geschütz." –
„Schnödes Gerede, der lautere Neid! Ich hoffe mein
                              Stecken-
Pferd zu behaupten, so gut als ihr Gemahl, der Dekan.
Freut's ihn, Kanarienvögel und Einwerfkäfige
                              dutzend –
Weise zu haben, mich freut's, tüchtigen Essig zu
                              ziehn." –
Pause. Er scheint nachdenklich. Sie spricht für sich:

„Wahrlich, er dauert mich schon; ihn ängstet ein
                              wenig die Drohung

Mit dem Studienrat, dem er schon lange nicht
                              traut." –
Er fährt fort:

„Als Präzeptor tat ich von je meine Pflicht; ein
                              geschätzter
Gradus neuerlich gibt einiges Zeugnis davon.
Was ich auf materiellem Gebiet, in müßigen Stunden,
Manchem Gewerbe, dem Staat, denke zu leisten
                              dereinst,
Ob ich meiner Familie nicht ansehnlichen Vorteil
Sichere noch mit der Zeit, dessen geschweig ich
                              voerst:
Aber – den will ich sehn, der einem geschundenen
                              Schulmann
Ein Vergnügen wie das, Essig zu machen, verbeut!
Der von Allotrien spricht, von Lächerlichkeiten – er
                              sei nun
Oberinspektor, er sei Rektor und Pädagogarch!
Greife nur einer mich an, ich will ihm dienen!
                              Gewappnet
Findet ihr mich! Dreifach liegt mir das Erz um die
                              Brust!
- Rike, du lachst! ... du verbirgst es umsonst! ich
                              fühle die Stöße...
Nun, was wandelt dich an? Närrst du mich, törichtes
                              Weib?" –
„Lieber, närrischer, goldener Mann! wer bliebe hier
                              ernsthaft?
Nein, dies Feuer hätt ich nimmer im Essig
                              gesucht!" –
„Gnug mit den Possen! Ich sage dir, mir ist die Sache
                              nicht spaßhaft." –
„Ruhig! Unseren Streit, Alter, vergleichen wir schon.
Gar nicht fällt es mir ein, dir die einzige Freude zu
                              rauben;

Zu viel hänget daran, und ich verstehe dich ganz.
Siehst du von deinem Katheder im Schulhaus so
          durch das Fenster
Über das Höfchen den Schatz deiner Gefäße dir an,
Alle vom Mittagsstrahl der herrlichen Sonne
          beschienen,
Die dir den gärenden Wein heimlich zu zeitigen glüht:
Nun, es erquicket dir Herz und Aug in sparsamen
          Pausen,
Wie das bunteste Brett meiner Levkoi'n es nicht tat;
Und ein Pfeifchen Tabak in diesem gemütlichen
          Anblick
Nimmt dir des Amtes Verdruß reiner als alles hinweg;
Ja seitdem du schon selbst mit eigenem Essig die rote
Dinte dir kochst, die sonst manchen Dreibätzner
          verschlang,
Ist dir, mein ich, der Wust der Exerzitienhefte
Minder verhaßt; dich labt still der bekannte Geruch.
Dies, wie mißgönnt ich es dir? Nur gehst du ein
          bißchen ins Weite.
Alles – so heißt dein Spruch – habe sein Maß und
          sein Ziel." –
„Laß mich! Wenn mein Produkt dich einst zur
          vermöglichen Frau macht –"
„Bester, das sagtest du just auch bei der
          Seidenkultur." –
„Kann ich dafür, daß das Futter mißriet, daß die Tiere
          krepierten?" –
„Seine Gefahr hat auch sicher das neue Geschäft." –
„Namen und Ehre des Manns, die bringst du wohl gar
          nicht in Anschlag?" –
„Ehre genug blieb uns, ehe wir Essig gebraut." –
„Korrespondierendes Mitglied heiß ich dreier
          Vereine." –
„Nähme nur e i n e r im Jahr etliche Krüge dir ab!" –
„Dir fehlt jeder Begriff von rationellem Bestreben!" –

„Seit du ihn hast, fehlt dir abends ein guter Salat."
„Undank! mein Fabrikat durch sämtliche Sorten ist
                              trefflich." –
„Numero 7 und 9 kenn ich, und – lobe sie nicht." –
„Heut, wie ich merke, gefällst du dir sehr, mir in
                              Versen zu trumpfen." –
„Waren es Verse denn nicht, was du gesprochen
                              bisher?" –
„Eine Schwäche des Mannes vom Fach, darfst du sie
                              mißbrauchen?" –
„Unwillkürlich, wie du, red ich elegisches Maß." –
„Mühsam üb ich dir's ein, harmlose Gespräche zu
                              würzen." –
„Freilich im bitteren Ernst nimmt es sich wunderlich
                              aus." –
„Also verbitt ich es jetzt; sprich wie dir der Schnabel
                              gewachsen." –
„Gut; laß sehen, wie sich Prose mit Distichen
                              mischt." –
„Unsinn! Brechen wir ab. Mit Weibern sich streiten
                              ist fruchtlos." –
„Fruchtlos nenn ich, im Schlot Essig bereiten, mein
                              Schatz." –
„Daß noch zum Schlusse mir dein Pentameter tritt auf
                              die Ferse!" –
„Dein Hexameter zieht unwiderstehlich ihn nach." –
„Ei, dir scheint er bequem, nur das Wort noch, das
                              letzte zu haben:
Hab's! Ich schwöre, von mir hast du das letzte
                              gehört." –
„Meinetwegen; so mag ein Hexameter einmal allein
                              stehn." –

Pause. Der Mann wird unruhig, es peinigt ihn offenbar, das Distichon nicht geschlossen zu hören oder es nicht selber schließen zu dürfen. Nach einiger Zeit kommt ihm die Frau mit Lachen zu Hülfe und sagt:

„Alter! ich tat dir zuviel; wirklich, dein Essig
passiert;"
„Wenn er dir künftig noch besser gerät, wohlan, so ist
einzig
Dein das Verdienst, denn du hast, wahrlich kein
zänkisches Weib!" –

Er, gleichfalls herzlich lachend und sie küssend:

„Rike! morgenden Tags räum ich dir die vorderen
Fenster
Sämtlich! und im Kamin prangen die Schinken
allein!"

Der Liebhaber an die heiße Quelle zu B.

Du heilest den und tröstest jenen,
O Quell, so hör auch meinen Schmerz!
Ich klage dir mit bittern Tränen
Ein hartes, kaltes Mädchenherz.

Es zu erweichen, zu durchglühen,
Dir ist es eine leichte Pflicht;
Man kann ja Hühner in dir brühen,
Warum ein junges Gänschen nicht?

Zwei Brüdern ins Album

1

Kastor und Pollux heißen ein Paar Ammoniten (der Vater
Kann sie dir zeigen im Schrank); füglich vergleich ich sie euch,
Emil und Theodor. Denn brüderlich sieht man die schönen
Immer gesellt. Freut euch! heute noch habt ihr euch so.

2

Fällt dir vielleicht in späten Tagen
Wieder ein, dies Stammbuch aufzuschlagen,
Und schaust dann auch dies Blättlein an,
Mit einem lieben Freund etwan,
Da sagst du von mir wohl dies und jenes,
Nicht allzu Schlimmes, noch allzu Schönes:
Er war im ganzen ein guter Mann,
Und uns besonders zugetan.
Ich hoffe denn auch insofern,
Er sitzt in einem guten Stern.
Meine Mutter schickt' ihm einmal durch mich
Einen Gänsebraten säuberlich
Mit einem feinen Salat ins Haus,
Das schmeckte ihm ganz überaus.
Er meinte, das Gänsestopfen hienieden
Sei drum nicht absolut zu verbieten,
Es sei halt für ein Prälatenessen –
Kurz, rühmte den Imbiß ungemessen.
Deswegen ich gern glauben mag,
Es habe sein Herz bis diesen Tag
Weder den Braten, noch mich vergessen.

Auf ein Ei geschrieben

Ostern ist zwar schon vorbei,
Also dies kein Osterei;
Doch wer sagt, es sei kein Segen,
Wenn im Mai die Hasen legen?
Aus der Pfanne, aus dem Schmalz
Schmeckt ein Eilein jedenfalls,
Und kurzum, mich tät's gaudieren,
Dir dies Ei zu präsentieren,
Und zugleich tät es mich kitzeln,
Dir ein Rätsel drauf zu kritzeln.

Die Sophisten und die Pfaffen
Stritten sich mit viel Geschrei:
Was hat Gott zuerst erschaffen,
Wohl die Henne? wohl das Ei?

Wäre das so schwer zu lösen?
Erstlich ward ein Ei erdacht:
Doch weil noch kein Huhn gewesen,
Schatz, so hat's der Has gebracht.

Restauration

nach Durchlesung eines Manuskripts mit Gedichten

Das süße Zeug ohne Saft und Kraft!
Es hat mir all mein Gedärm erschlafft.
Es roch, ich will des Henkers sein,
Wie lauter welke Rosen und Kamilleblümlein.
Mir ward ganz übel, mauserig, dumm,
Ich sah mich schnell nach was Tüchtigem um,
Lief in den Garten hinterm Haus,
Zog einen herzhaften Rettich aus,
Fraß ihn auch auf bis auf den Schwanz,
Da war ich wieder frisch und genesen ganz.

Alles mit Maß

Mancherlei sind es der Gaben, die gütige Götter den Menschen
Zum Genusse verliehn, sowie für die tägliche Notdurft.
Aber vor jeglichem Ding begehr ich gebratenen Schweinsfuß.
Meine Frau Wirtin, die merkt's: nun hab ich alle Tag Schweinsfüß.
Öfters im Geist ahnt mir: jetzt ist kein einziger Schweinsfuß
Mehr in der Stadt zu erspähn; was hab ich am Abende? Schweinsfüß!
Spräche der König nun gleich zum Hofkoch: „Schaffe mir Schweinsfüß!"
Gnade der Himmel dem Mann, denn nirgend mehr wandelt ein Schweinsfuß.
Und ich sagte zur Wirtin zuletzt: „Nun laßt mir die Schweinsfüß!
Denn er schmeckt mir nicht mehr wie sonst, der bräunliche Schweinsfuß."
Aber sie denkt, aus Zartgefühl nur verbät ich die Schweinsfüß,
Lächelnd bringet sie mir auch heute gebratenen Schweinsfuß –
Ei so hole der Teufel auf ewig die höllischen Schweinsfüß!

Pastoralerfahrung

Meine guten Bauern freuen mich sehr;
Eine „scharfe Predigt" ist ihr Begehr.
Und wenn man mir es nicht verdenkt,
Sag ich, wie das zusammenhängt.
Sonnabend, wohl nach elfe spat,
Im Garten stehlen sie mir den Salat;
In der Morgenkirch mit guter Ruh
Erwarten sie den Essig dazu;
Der Predit Schluß fein linde sei:
Sie wollen gern auch Öl dabei.

Frankfurter Brenten.

Mandeln erstlich rat' ich dir,
Nimm drei Pfunde, besser vier,
(Im Verhältnis nach Belieben);
Diese werden nun gestoßen
Und mit ordinärem Rosen-
Wasser feinstens abgerieben.
Je aufs Pfund Mandeln akkurat
Drei Vierling Zucker ohne Gnad',
Denselben in den Mörser bring',
Hierauf ihn durch ein Haarsieb schwing!
Von deinen irdenen Gefäßen
Sollst du mir dann ein Ding erlesen, –
Was man sonst eine Kachel nennt;
Doch sei sie neu zu diesem End'!
Drein füllen wir den ganzen Plunder
Und legen frische Kohlen unter.
Jetzt rühr' und rühr' ohn' Unterlaß,
Bis sich verdicken will die Mass',
Und rührst du eine Stunde voll:

Am eingetauchten Finger soll
Das Kleinste nicht mehr hängen bleiben;
So lange müssen wir es treiben.
Nun aber bringe das Gebrodel
In eine Schüssel (der Poet
Weil ihm der Reim vor allem geht,
Will schlechterdings hier einen Model,
Indes der Koch auf ersterer besteht)!
Darinne drück's zusammen gut;
Und hat es über Nacht geruht,
Sollst du's durchkneten Stück für Stück,
Auswellen messerrückendick
(Je weniger Mehl du streuest ein,
Um desto besser wird es sein).
Alsdann in Formen sei's geprägt,
Wie man bei Weingebacknem pflegt;
Zuletzt, – das wird der Sache frommen,
Den Bäcker scharf in Pflicht genommen,
Daß sie schön gelb vom Ofen kommen!

An Hartlaub
als Dank für geröstete Mandeln.

Heil der Pfanne,
Wo solche schwitzen und gleißen!
Wohl dem Manne,
Der da Zähne hat zu beißen!

Die Limonade ist vergiftet.

Abends zwischen Licht in einem Zimmer von Musikanten.

Erste Scene.

Louise sitzt stumm und ohne sich zu rühren in dem finstern Winkel des Zimmers, den Kopf auf den Arm gesunken. Nach einer großen und tiefen Pause kommt Miller mit einer Handlaterne, leuchtet ängstlich im Zimmer herum, ohne Louisen zu bemerken, dann legt er den Hut auf den Tisch und setzt die Laterne nieder.

Miller. Hier ist sie auch nicht! Hier wieder nicht. – Durch alle Gassen bin ich gezogen, bei allen Bekannten bin ich gewesen, auf allen Thoren hab' ich gefragt – mein Kind hat man nirgends gesehen! (Nach einigem Stillschweigen.) Geduld, armer, unglücklicher Vater! Warte ab, bis es Morgen wird. Vielleicht kommt deine Einzige dann an's Ufer geschwommen. – Gott! Gott! Wenn ich mein Herz zu abgöttisch an die Tochter hing? – Die Strafe ist hart. Himmlischer Vater, hart! Ich will nicht murren, himmlischer Vater, aber die Strafe ist hart! (Er wirft sich gramvoll in einen Stuhl.)

Louise (spricht aus dem Winkel). Du thust recht, armer alter Mann! Lerne bei Zeit noch verlieren.

Miller (springt auf). Bist du da, mein Kind? Bist du? – Aber warum denn so einsam und ohne Licht?

Louise. Ich bin darum doch nicht einsam. Wenn's so recht schwarz wird um mich herum, hab' ich meine besten Besuche.

Miller. Gott bewahre dich! Nur der Gewissenswurm schwärmt mit der Eule. Sünder und böse Geister scheuen das Licht.

Louise. Auch die E w i g k e i t, Vater, die mit der Seele ohne Gehülfen redet!

Miller. Kind! Kind! Was für Reden sind das?

Louise (steht auf und kommt vorwärts). Ich hab' einen harten Kampf gekämpft! Er weiß es, Vater! Gott gab mir Kraft: der Kampf ist entschieden! Vater, man pflegt unser Geschlecht zart und zerbrechlich zu nennen! Glaub' er das nicht mehr! Vor einer

Spinne schütteln wir uns, aber das schwarze Ungeheuer Ve r w e -
s u n g drücken wir im Spaß in die Arme! Dieses zur Nachricht,
Vater! Seine Louise ist lustig!

Miller. Höre, Tochter! ich wollte, du heultest; du gefielst mir
besser.

Louise. Wie ich ihn überlisten will, Vater! Wie ich den Tyrannen betrügen will! – Die Liebe ist schlauer als die Bosheit und kühner – das hat er nicht gewußt, der Mann mit dem traurigen Stern – O! sie sind pfiffig, so lang sie es nur mit dem Kopf zu thun haben; aber sobald sie mit dem Herzen anbinden, werden die Bösewichter dumm – – Mit einem Eid gedachte er seinen Betrug zu versiegeln! Eide, Vater, binden wohl die Lebendigen, im Tode schmilzt auch der Sakramente eisernes Band! Ferdinand wird seine Louise kennen! – Will er mir dies Billet besorgen, Vater? Will er so gut seyn?

Miller. An wen, meine Tochter?

Louise. Seltsame Frage! Die Unendlichkeit und mein Herz haben mit einander nicht Raum genug für einen einzigen Gedanken an I h n – Wann hätt' ich denn wohl an sonst Jemand schreiben sollen?

Miller (unruhig). Höre, Louise! Ich erbreche den Brief!

Louise. Wie er will, Vater! – aber er wird nicht klug daraus werden. Die Buchstaben liegen wie kalte Leichname da und leben nur Augen der Liebe.

Miller (liest). „Du bist verrathen, Ferdinand! – „Ein Bubenstück ohne Beispiel zerriß den Bund unsrer Herzen, aber ein schrecklicher Schwur hat meine Zunge gebunden und dein Vater hat überall seine Horcher gestellt. Doch, wenn du Muth hast, Geliebter! – Ich weiß einen dritten Ort, wo kein Eidschwur mehr bindet und wohin ihm kein Horcher geht." (Miller hält inne und sieht ihr ernsthaft in's Gesicht.)

Louise. Warum sieht er mich so an? Les' er doch ganz aus, Vater!

Miller. „Aber Muth genug mußt du haben, eine finstre Straße zu wandeln, wo dir nichts leuchtet, als deine Louise und Gott. – Ganz nur L i e b e mußt du kommen, daheim lassen alle deine

Hoffnungen und alle deine brausenden Wünsche; nichts kannst du brauchen, als dein Herz. Willst du – so brich auf, wenn die Glocke den zwölften Streich thut auf dem Karmeliterthurm. Bangt dir – so durchstreiche das Wort s t a r k vor deinem Geschlechte, denn ein Mädchen hat dich zu Schanden gemacht." (Miller legt das Billet nieder, schaut lange mit einem schmerzlichen, starren Blick vor sich hinaus, endlich kehrt er sich gegen sie und sagt mit leiser, gebrochener Stimme:) Und dieser dritte Ort, meine Tochter?

Louise. Er kennt ihn nicht? e r kennt ihn wirklich nicht, Vater? – Sonderbar! Der Ort ist zum Finden gemalt. Ferdinand wird ihn finden.

Miller. Hum! Rede deutlicher!

Louise. Ich weiß so eben kein liebliches Wort dafür. – Er muß nicht erschrecken, Vater, wenn ich ihm ein häßliches nenne. Dieser Ort – O warum hat die Liebe nicht Namen erfunden! den schönsten hätte sie ihm gegeben. Der dritte Ort, guter Vater – aber er muß mich ausreden lassen – der dritte Ort ist das Grab.

Miller (zu einem Sessel hinwankend). O mein Gott!

Louise (geht auf ihn zu und hält ihn). Nicht doch, mein Vater! Das sind nur Schauer, die sich um das Wort herum lagern. – Weg mit diesen, und es liegt ein Brautbette da, worüber der Morgen seinen goldenen Teppich breitet und die Frühlinge ihre bunten Guirlanden streuen. Nur ein heulender Sünder konnte den Tod ein Gerippe schelten; es ist ein holder, niedlicher Knabe, blühend, wie sie den Liebesgott malen, aber so tückisch nicht – ein stiller, dienstbarer Genius, der der erschöpften Pilgerin Seele den Arm bietet über den Graben der Zeit, das Feenschloß der ewigen Herrlichkeit, aufschließt, freundlich nickt und verschwindet.

Miller. Was hast du vor, meine Tochter? – Du willst eigenmächtig Hand an dich legen?

Louise. Nenn' er es nicht so, mein Vater! Eine Gesellschaft räumen, wo ich nicht wohl gelitten bin – an einen Ort vorausspringen, den ich nicht länger missen kann – ist denn das Sünde?

Miller. Selbstmord ist die abscheulichste, mein Kind! – Die einzige, die man nicht mehr bereuen kann, weil Tod und Missethat zusammenfallen.

Louise (bleibt starr stehen). Entsetzlich! – Aber so rasch wird es doch nicht gehen. Ich will in den Fluß springen, Vater und im H i n u n t e r s i n k e n Gott den Allmächtigen um Erbarmen bitten!

Miller. Das heißt, du willst den Diebstahl bereuen, sobald du das Gestohlene in Sicherheit weißt – Tochter! Tochter! Gib Acht, daß du Gottes nicht spottest, wenn du seiner am meisten vonnöthen hast. O! es ist weit, weit mit dir gekommen! – Du hast dein Gebet aufgegeben, und der Barmherzige zog seine Hand von dir!

Louise. Ist Lieben denn Frevel, mein Vater?

Miller. Wenn du Gott liebst, wirst du nie bis zum Frevel lieben. – – Du hast mich tief gebeugt, meine Einzige! tief, tief, vielleicht zur Grube gebeugt. – Doch, ich will dir dein Herz nicht noch schwerer machen. – Tochter, ich sprach vorhin etwas. Ich glaubte allein zu seyn. Du hast mich behorcht; und warum sollt' ich's noch länger geheim halten? Du warst mein Abgott! Höre, Louise, wenn du noch Platz für das Gefühl eines Vaters hast – Du warst mein Alles! Jetzt verthust du nichts mehr von deinem Eigenthum. Auch ich habe Alles zu verlieren! Du siehst, mein Haar fängt an grau zu werden. Die Zeit meldet sich allgemach bei mir, wo uns Vätern die Kapitale zu statten kommen, die wir im Herzen unserer Kinder anlegten. – Willst du mich darum betrügen, Louise? Wirst du dich mit Hab' und Gut deines Vaters auf und davon machen?

Louise (erfaßt seine Hand mit der heftigsten Rührung). Nein, mein Vater! Ich gehe als eine große Schuldnerin aus der Welt und werde in der Ewigkeit mit Wucher bezahlen.

Miller. Gib Acht, ob du dich da nicht verrechnest, mein Kind! (Sehr ernst und feierlich.) Werden wir uns dort wohl noch finden? – – Sieh! wie du blaß wirst! – Meine Louise begreift es von selbst, daß ich sie in jener Welt nicht wohl mehr einholen kann, weil ich nicht zu früh dahin eile, wie sie. (Louise stürzt ihm in den Arm, von Schauern ergriffen – er drückt sie mit Feuer an seine Brust und fährt fort mit beschwörender Stimme.) O Tochter! Tochter! gefallene, vielleicht schon verlorene Tochter! Beherzige das ernsthafte Vaterwort! Ich kann nicht über dich wachen. Ich kann dir die Messer nehmen, du kannst dich mit einer Stricknadel tödten. Vor Gift kann ich dich bewahren, du kannst dich mit einer Schnur Perlen erwürgen. – Louise – Louise – nur warnen kann ich dich noch. – Willst du es darauf ankommen lassen, daß dein treuloses Gaukelbild auf der schrecklichen Brücke zwischen Zeit und Ewigkeit von dir weiche? – Willst du dich vor des Allwissenden Thron mit der Lüge wagen: D e i n e t w e g e n, Schöpfer, bin ich da – wenn deine strafbaren Augen ihre sterbliche Puppe suchen? – Und wenn dieser zerbrechliche Gott deines Gehirns, jetzt Wurm wie du, zu den Füßen deines Richters sich windet, deine gottlose Zuversicht in diesem schwankenden Augenblick Lügen straft und deine betrogenen Hoffnungen an die ewige Erbarmung verweist, die der Elende für sich selbst kaum erflehen kann – wie dann? (Nachdrücklicher, lauter.) Wie dann, Unglückselige? (Er hält sie fester, blickt sie eine Weile starr und durchdringend an, dann verläßt er sie schnell.) Jetzt weiß ich nichts mehr – (mit aufgehobener Rechte) stehe Dir, Gott Richter! für diese Seele nicht mehr. Thu', was du willst. Bringe deinem schlanken Jüngling ein Opfer, daß deine Teufel jauchzen und deine guten Engel zurücktreten. – Zieh' hin! Lade alle deine Sünden auf, lade auch diese, die letzte, die entsetzlichste auf, und wenn die Last noch zu leicht ist, so mache mein Fluch das Gewicht vollkommen. – Hier ist ein Messer – durchstich dein Herz, und (indem er lautweinend fortstürzen will) das Vaterherz!

Louise (springt auf und eilt ihm nach). Halt! halt! O mein Vater! – Daß die Zärtlichkeit noch barbarischer zwingt, als Tyrannenwuth! – Was soll ich? Ich kann nicht! Was muß ich thun?

Miller. Wenn die Küsse deines Majors heißer brennen als die Thränen deines Vaters – stirb!

Louise (nach einem qualvollen Kampfe mit einiger Festigkeit). Vater! Hier ist meine Hand! Ich will – Gott! Gott! Was thu' ich? Was will ich? Vater, ich schwöre – Wehe mir, wehe! Verbrecherin, wohin ich mich neige! – Vater, es sey! – Ferdinand – Gott sieht herab! – So zernicht' ich sein letztes Gedächtniß. (Sie zerreißt ihren Brief.)

Miller (stürzt ihr freudetrunken an den Hals). Das ist meine Tochter! Blick' auf! Um einen Liebhaber bist du leichter, dafür hast du einen glücklichen Vater gemacht. (Unter Lachen und Weinen sie umarmend.) Kind! Kind, das ich den Tag meines Lebens nicht werth war! Gott weiß, wie ich schlechter Mann zu diesem Engel gekommen bin! – Meine Louise, mein Himmelreich! O Gott! ich verstehe ja wenig vom Lieben, aber daß es eine Qual seyn muß, aufzuhören – so was begreif' ich noch!

Louise. Doch hinweg aus dieser Gegend, mein Vater! – Weg von der Stadt, wo meine Gespielinnen meiner spotten und mein guter Name dahin ist auf immerdar – Weg, weg, weit weg von dem Ort, wo mich so viele Spuren der verlornen Seligkeit anreden. Weg, wenn es möglich ist! –

Miller. Wohin du nur willst, meine Tochter! Das Brod unsers Herrgotts wächst überall, und Ohren wird er auch meiner Geige bescheren. Ja! laß auch Alles dahingehen – Ich setze die Geschichte deines Grams auf die Laute, singe dann ein Lied von der Tochter, die, ihren Vater zu ehren, ihr Herz zerriß – wir betteln mit der Ballade von Thür zu Thür, und das Almosen wird köstlich schmecken von den Händen der Weinenden.

Zweite Scene.

Ferdinand zu den Vorigen.

Louise (wird ihn zuerst gewahr und wirft sich Millern laut schreiend um den Hals). Gott! Da ist er! Ich bin verloren!

Miller. Wo? Wer?

Louise (zeigt mit abgewandtem Gesicht auf den Major und drückt sich fester an ihren Vater). Er! er selbst – Seh' er nur um sich, Vater – Mich zu ermorden, ist er da!

Miller (erblickt ihn, fährt zurück). Was? Sie hier, Baron?

Ferdinand (kommt langsam näher, bleibt Louisen gegenüber stehen und läßt den starren forschenden Blick auf ihr ruhen, nach einer Pause).

Ueberraschtes Gewissen, habe Dank! – Dein Bekenntniß ist schrecklich, aber schnell und gewiß, und erspart mir die Folterung! Guten Abend, Miller!

Miller. Aber um Gottes willen! Was wollen Sie, Baron? Was führt Sie her? Was soll dieser Ueberfall?

Ferdinand. Ich weiß eine Zeit, wo man den Tag in seine Sekunden zerstückte, wo Sehnsucht nach mir sich an die Gewichte der zögernden Wanduhr hing und auf den Aderschlag lauerte, unter dem ich erscheinen sollte. – Wie kommt's, daß ich jetzt überrasche?

Miller. Gehen Sie, gehen Sie, Baron! – Wenn noch ein Funke von Menschlichkeit in Ihrem Herzen zurückblieb, wenn Sie die nicht erwürgen wollen, die Sie zu lieben vorgeben, fliehen Sie, bleiben Sie keinen Augenblick länger! Der Segen war fort aus meiner Hütte, sobald Sie einen Fuß darein setzten. Sie haben das Elend unter mein Dach gerufen, wo sonst nur die Freude zu Haue war. Sind Sie n o c h nicht zufrieden? Wollen Sie auch in der Wunde noch w ü h l e n, die Ihre unglückliche Bekanntschaft meinem einzigen Kinde schlug?

Ferdinand. Wunderlicher Vater, jetzt komm' ich ja, deiner Tochter etwas Erfreuliches zu sagen!

Miller. Neue Hoffnungen etwa zu einer neuen Verzweiflung? Geh, Unglücksbote! Dein Gesicht schimpft dein Waare.

Ferdinand. Endlich ist es erschienen, das Ziel meiner Hoffnung! Lady Milford, das furchtbarste Hinderniß unsrer Liebe, floh diesen Augenblick aus dem Lande. Mein Vater billigt meine Wahl. Das Schicksal läßt nach, uns zu verfolgen. Unsere glücklichen Sterne gehen auf. – Ich bin jetzt da, mein gegebenes Wort einzulösen und meine Braut zum Altar abzuholen.

Miller. Hörst du ihn, meine Tochter? Hörst du ihn sein Gespötte mit deinen getäuschten Hoffnungen treiben? O wahrlich, Baron! es steht dem Verführer so schön, an seinem Verbrechen seinen Witz noch zu kitzeln.

Ferdinand. Du glaubst, ich scherze? Bei meiner Ehre nicht! meine Aussage ist w a h r, wie die Liebe meiner Louise, und heilig will ich sie halten, wie sie ihre Eide – Ich kenne nichts Heiligeres – Noch zweifelst du? noch kein freudiges Erröthen auf den Wangen meiner schönen Gemahlin? Sonderbar! die Lüge muß hier gangbare Münze seyn, wenn die Wahrheit so wenig Glauben findet. Ihr mißtraut meinen Worten? So glaubt diesem schriftlichen Zeugniß. (Er wirft Louisen den Brief an den Marschall zu.)

Louise (schlägt ihn auseinander und sinkt leichenblaß nieder).

Miller (ohne das zu bemerken, zum Major). Was soll das bedeuten, Baron? Ich verstehe Sie nicht!

Ferdinand (führt ihn zu Louisen hin). Desto besser hat mich d i e s e verstanden!

Miller (fällt an ihr nieder). O Gott! meine Tochter!

Ferdinand. Bleich wie der Tod! – Jetzt erst gefällt sie mir, deine Tochter! So schön war sie nie, die fromme, rechtschaffene Tochter – Mit diesem Leichengesicht – – Der Odem des Weltgerichts, der den Firniß von jeder Lüge streift, hat jetzt die Schminke verblasen, womit die Tausendkünstlerin auch die Engel des Lichts hintergangen hat. Es ist ihr schönstes Gesicht! Es ist ihr e r s t e s   w a h r e s Gesicht! Laß mich es küssen! (Er will auf sie zugehen.)

Miller. Zurück! Weg! Greife nicht an das Vaterherz, Knabe! Vor deinen Liebkosungen konnt' ich sie nicht bewahren, aber ich kann es vor deinen Mißhandlungen.

Ferdinand. Was willst du, Graukopf? Mit dir hab' ich nichts zu schaffen. Menge dich ja nicht in ein Spiel, das so offenbar verloren ist – oder bist du auch vielleicht klüger, als ich dir zugetraut habe? Hast du die Weisheit deiner sechzig Jahre zu den Buhlschaften deiner Tochter geborgt und dies ehrwürdige Haar mit dem Gewerbe eines Kupplers geschändet? – O! wenn das n i c h t ist, unglücklicher alter Mann, lege dich nieder und stirb – Noch ist es Zeit. Noch kannst du in dem süßen Taumel entschlafen: Ich war ein glücklicher Vater! – Einen Augenblick später, und du schleuderst die giftige Natter ihrer höllischen Heimat zu, verfluchst das Geschenk und den Geber und fährst mit der Gotteslästerung in die Grube. (Zu Louisen.) Sprich, Unglückselige! Schriebst du diesen Brief?

Miller (warnend zu Louisen). Um Gottes willen, Tochter! Vergiß nicht! Vergiß nicht!
Louise. O dieser Brief, mein Vater! –
Ferdinand. Daß er in die unrechten Hände fiel? – Gepriesen sey mir der Zufall, er hat größere Thaten gethan, als die klügelnde Vernunft, und wird besser bestehn an jenem Tag, als der Witz aller Weisen. – Zufall, sag' ich? – O die Vorsehung ist dabei, wenn Sperlinge fallen, warum nicht, wo ein Teufel entlarvt werden soll? – Antwort will ich! – Schriebst du diesen Brief?
Miller (seitwärts zu ihr mit Beschwörung). Standhaft, meine Tochter! Nur noch das einzige J a, und Alles ist überwunden.
Ferdinand. Lustig! lustig! Auch der Vater betrogen? Alles betrogen! Nun sieh, wie sie dasteht, die Schändliche, und selbst ihre Zunge nun ihrer letzten Lüge den Gehorsam aufkündigt! Schwöre bei Gott! bei dem fürchterlich Wahren! Schriebst du diesen Brief?
Louise (nach einem qualvollen Kampf, worin sie durch Blicke mit ihrem Vater gesprochen hat, fest und entschieden). Ich schrieb ihn!
Ferdinand (bleibt erschrocken stehen). Louise! – Nein! So wahr meine Seele lebt! du lügst – Auch die Unschuld bekennt sich auf der Folterbank zu Freveln, die sie nie beging – Ich fragte zu heftig – Nicht wahr, Louise? – Du bekanntest nur, weil ich heftig fragte?
Louise. Ich bekannte, was wahr ist.
Ferdinand. Nein, sag' ich! nein! nein! Du schriebst nicht. Es ist deine Hand gar nicht – Und wäre sie's, warum sollten Handschriften schwerer nachzumachen seyn, als Herzen zu verderben? – Rede mir wahr, Louise! – Oder nein, nein, thu' es nicht! du könntest Ja sagen, und ich wäre verloren. – Eine Lüge, Louise! eine Lüge! – O – wenn du jetzt eine wüßtest, mir hinwürfest mit der offenen Engelmiene, nur mein Ohr, nur mein Auge überredetest, dieses Herz auch noch so abscheulich täuschtest – O Louise! Alle Wahrheit möchte dann mit d i e s e m Hauch aus der Schöpfung wandern und die gute Sache ihren starren Hals von nun an zu einem höfischen Bückling beugen! (Mit scheuem bebenden Ton.) Schriebst du diesen Brief?

Louise. Bei Gott! Bei dem fürchterlich Wahren! Ja! –
Ferdinand (nach einer Pause, im Ausdruck des tiefsten Schmerzes). Weib! Weib! – Das Gesicht, mit dem du jetzt vor mir stehst! – Theile mit diesem Gesicht Paradiese aus, du wirst selbst im Reich der Verdammniß keinen Käufer finden – Wüßtest du, was du mir warst, Louise? Unmöglich! Nein! Du wußtest nicht, daß du mir Alles warst! Alles! – Es ist ein armes, verächtliches Wort, aber die Ewigkeit hat Mühe, es zu umwandern; Weltsysteme vollenden ihre Bahnen darin. – Alles! und so frevelhaft damit zu spielen – O es ist schrecklich!

Louise. Sie haben mein Geständnis, Herr von Walter. Ich habe mich selbst verdammt. Gehen Sie nun! Verlassen Sie ein Haus, wo Sie so unglücklich waren.

Ferdinand. Gut! gut! Ich bin ja ruhig – ruhig, sagt man ja, ist auch der schaudernde Strich Landes, worüber die Pest ging – ich bin's. (Nach einigem Nachdenken.) Noch eine Bitte, Louise – die letzte! Mein Kopf brennt so fieberisch. Ich brauche Kühlung. Willst du mir ein Glas Limonade zurecht machen? (Louise geht ab.).

Dritte Scene.

Ferdinand und **Miller**.

(Beide gehen, ohne ein Wort zu reden, einige Pausen lang auf den entgegengesetzten Seiten des Zimmers auf und ab.)

Miller (bleibt endlich stehen und betrachtet den Major mit trauriger Miene). Lieber Baron, kann es Ihren Gram vielleicht mindern, wenn ich Ihnen gesteh', daß ich Sie herzlich bedaure?

Ferdinand. Laß er es gut seyn, Miller! (Wieder einige Schritte.) Miller, ich weiß nur kaum noch, wie ich in sein Haus kam – Was war die Veranlassung?

Miller. Wie, Herr Major? Sie wollten ja Lection auf der Flöte bei mir nehmen? Das wissen Sie nicht mehr?

Ferdinand (rasch). Ich sah seine Tochter! (Wiederum einige Pausen.) Er hat nicht Wort gehalten, Freund! Wir akkordirten R u h e für meine einsamen Stunden. Er betrog mich und verkaufte mir Scorpionen. (Da er Millers Bewegung sieht.) Nein, erschrick nur nicht, alter Mann! (Gerührt an seinem Hals.) Du bist nicht schuldig!

Miller (die Augen wischend.) Das weiß der allwissende Gott!

Ferdinand (auf's Neue hin und her, in düstres Grübeln versunken). Seltsam, o unbegreiflich seltsam spielt Gott mit uns! An dünnen unmerkbaren Seilen hängen oft fürchterliche Gewichte. – Wüßte der Mensch, daß er an diesem Apfel den Tod essen sollte. – Hum! – Wüßt' er das? (Heftiger auf und nieder, dann Millers Hand mit starker Bewegung fassend.) Mann! Ich bezahlte dir dein Bischen Flöte zu theuer – – und du gewinnst nicht einmal – auch du verlierst vielleicht Alles. (Gepreßt von ihm weggehend.) Unglückseliges Flötenspiel, das mir nie hätte einfallen sollen!

Miller (sucht seine Rührung zu verbergen). Die Limonade bleibt auch gar zu lang aus. Ich denke, ich sehe nach, wenn Sie mir's nicht übel nehmen. –

Ferdinand. Es eilt nicht, lieber Miller! (Vor sich hinmurmelnd.) Zumal für den Vater nicht – Bleib' er nur – Was hatt' ich doch fragen wollen? – Ja! Ist Louise seine einzige Tochter? Sonst hat er keine Kinder mehr?

Miller (warm). Habe sonst keins mehr, Baron! – Wünsch' mir auch keins mehr. Das Mädel ist just so recht, mein ganzes Vaterherz einzustecken – hat' meine ganze Baarschaft von Liebe an der Tochter schon zugesetzt.

Ferdinand (heftig erschüttert). Ha! – – Geh' er doch lieber nach dem Trank, guter Miller! (Miller geht ab.)

Vierte Scene.

Ferdinand allein.

Das einzige Kind! – Fühlst du das, Mörder? Das Einzige, Mörder! Hörst du, das Einzige? – Und der Mann hat auf der großen Welt Gottes nichts, als sein Instrument und das Einzige. –

Du willst's ihm rauben? – Rauben? – Rauben den letzten Nothpfennig einem Bettler? Die Krücke zerbrochen vor die Füße werfen dem Lahmen? Wie? Hab' ich auch Brust für das? – – Und wenn er nun hineilt und nicht erwarten kann, die ganze Summe seiner Freuden vom Gesicht dieser Tochter herunter zu zählen, und hereintritt und sie da liegt, die Blume – welk – todt – zertreten muthwillig, die letzte, einzige, unüberschwengliche Hoffnung. – Ha! und er dasteht vor ihr, und dasteht und ihm die ganze Natur den lebendigen Odem anhält, und sein erstarrter Blick die entvölkerte Unendlichkeit fruchtlos durchwandert, Gott sucht und Gott nicht mehr finden kann und leer zurückkommt. – – Gott! Gott! Aber auch mein Vater hat diesen einzigen Sohn – den einzigen Sohn, doch nicht den einzigen Reichthum. – (Nach einer Pause.) Doch wie? Was verliert er denn? Das Mädchen, dem die heiligsten Gefühle der Liebe nur Puppen waren, wird es den Vater glücklich machen können? – Es wird nicht! es wird nicht! Und ich verdiene noch Dank, daß ich die Natter zertrete, ehe sie auch noch den Vater verwundet.

Fünfte Scene.

Miller, der zurückkommt, und **Ferdinand**.

Miller. Gleich sollen Sie bedient seyn, Baron! – Draußen sitzt das arme Ding und will sich zu Tode weinen. Sie wird Ihnen mit der Limonade auch Thränen zu trinken geben.

Ferdinand. Und wohl, wenn's nur Thränen wären! – – Weil wir vorhin von der Musik sprachen, Miller! (Eine Börse ziehend.) Ich bin noch sein Schuldner!

Miller. Wie? Was? Gehen Sie mir, Baron! Wofür halten Sie mich? Das steht ja in guter Hand. Thun Sie mir doch den Schimpf nicht an, und sind wir ja, will's Gott, nicht das Letztemal bei einander.

Ferdinand. Wer kann das wissen? Nehm' er nur. Es ist für Leben und Sterben.

Miller (lachend). O deßwegen, Baron! Auf d e n Fall, denk' ich, kann man's wagen bei Ihnen.

Ferdinand. Man wagte wirklich. – Hat er noch nie gehört, daß Jünglinge gefallen sind – Mädchen und Jünglinge, die Kinder der Hoffnung, die Luftschlösser betrogener Väter. – Was Wurm und Alter nicht thun, kann oft ein Donnerschlag ausrichten. – Auch seine Louise ist nicht unsterblich.

Miller. Ich hab' sie von Gott.

Ferdinand. Hör' er – Ich sag' ihm, sie ist nicht unsterblich. Diese Tochter ist sein Augapfel. Er hat sich mit Herz und Seel' an diese Tochter gehängt. Sey er vorsichtig, Miller! Nur ein verzweifelter Spieler setzt Alles auf einen einzigen Wurf. Einen Waghals nennt man den Kaufmann, der auf E i n Schiff sein ganzes Vermögen ladet. – Hör' er, denk' er der Warnung nach! – – Aber warum nimmt er sein Geld nicht?

Miller. Was, Herr? die ganze allmächtige Börse? Wohin denken Euer Gnaden?

Ferdinand. Auf meine Schuldigkeit. – Da! (Er wirft den Beutel auf den Tisch, daß Goldstücke herausfallen.) Ich kann den Quark nicht eine Ewigkeit so halten.

Miller (bestürzt). Was? Beim großen Gott, das klang nicht wie Silbergeld! (Er tritt zum Tisch und ruft mit Entsetzen.) Wie, um aller Himmel willen, Baron? Baron! Was sind Sie? Was treiben Sie! Baron? Das nenn' ich mir Zerstreuung! (Mit zusammengeschlagenen Händen.) Hier liegt ja – oder bin ich verhext oder – Gott verdamm' mich! Da g r e i f' ich ja das baare, gelbe, leibhaftige Gottesgold. – – Nein, Satanas! Du sollst mich nicht daran kriegen!

Ferdinand. Hat er Alten oder Neuen getrunken, Miller?

Miller (grob). Donner und Wetter! Da schauen Sie nur hin! – Gold!

Ferdinand. Und was nun weiter?

Miller. In's Henkers Namen – ich sage – ich bitte Sie um Gottes Christi willen – Gold!

Ferdinand. Das ist nun freilich etwas Merkwürdiges!

Miller (nach einigem Stillschweigen zu ihm gehend, mit Empfindung). Gnädiger Herr, ich bin ein schlichter, gerader Mann, wenn

Sie mich etwa zu einem Bubenstück anspannen wollen; denn so viel Geld läßt sich, weiß Gott, nicht mit etwas Gutem verdienen!

Ferdinand (bewegt). Sey er ganz getrost, lieber Miller! Das Geld hat er längst verdient, und Gott bewahre mich, daß ich mich mit seinem guten Gewissen dafür bezahlt machen sollte!

Miller (wie ein Halbnarr in die Höhe springend). Mein also! mein! Mit des guten Gottes Wissen und Willen, mein! (Nach der Thür laufend, schreiend.) Weib! Tochter! Viktoria! Herbei! (Zurückkommend.) Aber du lieber Himmel! wie komm' ich denn so auf einmal zu dem ganzen grausamen Reichthum! Wie verdien' ich ihn? lohn' ich ihn? He?

Ferdinand. Nicht mit seinen Musikstunden, Miller! Mit dem Geld hier bezahl' ich ihm, (von Schauer ergriffen hält er inne) bezahl' ich ihm (nach einer Pause, mit Wehmuth) den drei Monate lang unglücklichen Traum von seiner Tochter.

Miller (faßt seine Hand, die er stark drückt). Gnädiger Herr! Wären Sie ein schlechter, geringer Bürgersmann – (rasch) und mein Mädel liebte Sie nicht: erstechen wollt' ich's, das Mädel! (Wieder beim Geld, darauf niedergeschlagen.) Aber da hab' ich ja nun Alles und Sie Nichts, und da werd' ich nun das ganze Gaudium wieder herausblechen müssen? He?

Ferdinand. Laß er sich das nicht anfechten, Freund! – Ich reise ab, und in dem Land, wo ich mich zu setzen gedenke, gelten d i e Stempel nicht.

Miller (unterdessen mit unverwandten Augen auf das Geld hingeheftet, voll Entzückung). Bleibt's also mein? Bleibt's? – Aber das thut mir nur leid, daß Sie verreisen. – Und wart', was ich jetzt auftreten will! Wie ich die Backen jetzt voll nehmen will! (Er setzt den Hut auf und schießt durch das Zimmer.) Und auf dem Markt will ich meine Musikstunden geben und Numero fünfe Dreikönig rauchen, und wenn ich wieder auf den Dreibatzenplatz sitze, soll mich der Teufel holen. (Will fort.)

Ferdinand. Bleib' er! Schweig' er! und streich' er sein Geld ein! (Nachdrücklich.) Nur diesen Abend noch schweig' er und geb' er, mir zu Gefallen, von nun an keine Musikstunden mehr.

Miller (noch hitziger und ihn hart an der Weste fassend, voll inniger

Freude). Und, Herr! meine Tochter! (Ihn wieder loslassend.) Geld macht den Mann nicht – Geld nicht – Ich habe Kartoffeln gegessen oder ein wildes Huhn: satt ist satt, und dieser Rock da ist ewig gut, wenn Gottes liebe Sonne nicht durch den Aermel scheint. – Für mich ist das Plunder. – Aber dem Mädel soll der Segen bekommen; was ich ihr nur an den Augen absehen kann, soll sie haben. –

Ferdinand (fällt rasch ein). Stille, o stille –

Miller (immer feuriger). Und soll mir Französisch lernen aus dem Fundament, und MenuettTanzen und Singen, daß man's in den Zeitungen lesen soll; und eine Haube soll sie tragen, wie die Hofrathstöchter, und einen Kidebarri, wie sie's heißen, und von der Geigerstochter soll man reden auf vier Meilen weit. –

Ferdinand (ergreift seine Hand mit der schrecklichsten Bewegung). Nichts mehr! Nichts mehr! Um Gottes willen, schweig' er stille! Nur noch h e u t e schweig' er stille! Das sey der einzige Dank, den ich von ihm fordre.

Sechste Scene.

Louise (mit der Limonade) und die **Vorigen.**

Louise (mit rothgeweinten Augen und zitternder Stimme, indem sie dem Major das Glas auf einem Teller bringt). Sie befehlen, wenn sie nicht stark genug ist.

Ferdinand (nimmt das Glas, setzt es nieder und dreht sich rasch gegen Millern). O beinahe hätte ich das vergessen! – Darf ich ihn um etwas bitten, lieber Miller? Will er mir einen kleinen Gefallen thun?

Miller. Tausend für einen! Was befehlen? –

Ferdinand. Man wird mich bei der Tafel erwarten. Zum Unglück habe ich eine sehr böse Laune. Es ist mir ganz unmöglich, unter Menschen zu gehen. – Will er einen Gang thun zu meinem Vater und mich entschuldigen? –

Louise (erschrickt und fällt schnell ein). Den Gang kann ich ja thun.

Miller. Zum Präsidenten?

Ferdinand. Nicht zu ihm selbst. Er übergibt seinen Auftrag in der Garderobe einem Kammerdiener. – Zu seiner Legitimation ist hier meine Uhr. – Ich bin noch da, wenn er wieder kommt. – Er wartet auf Antwort.

Louise (sehr ängstlich). Kann denn i c h das nicht auch besorgen?

Ferdinand (zu Millern, der eben fort will). Halt, und noch etwas! Hier ist ein Brief an meinen Vater, der diesen Abend an mich eingeschlossen kam. – Vielleicht dringende Geschäfte. – Es geht in e i n e r Bestellung hin. –

Miller. Schon gut, Baron!

Louise (hängt sich an ihn, in der entsetzlichsten Bangigkeit). Aber, mein Vater! dies alles könnt' ich ja recht gut besorgen! –

Miller. Du bist allein und es ist finstre Nacht, meine Tochter! (Ab.)

Ferdinand. Leuchte deinem Vater, Louise! (Während dem, daß sie Millern mit dem Lichte begleitet, tritt er zum Tisch und wirft Gift in ein Glas Limonade.) Ja! Sie soll dran! Sie soll! Die obern Mächte nicken mir ihr schreckliches J a herunter, die Rache des Himmels unterschreibt, ihr guter Engel läßt sie fahren.

Siebente Scene.

Ferdinand und **Louise.**

Sie kommt langsam mit dem Lichte zurück, setzt es nieder und stellt sich auf die entgegengesetzte Seite vom Major, das Gesicht auf den Boden geschlagen und nur zuweilen furchtsam und verstohlen nach ihm hinüberschielend. Er steht auf der andern Seite und sieht starr vor sich hinaus. (Großes Stillschweigen, das diesen Auftritt ankündigen muß.)

Louise. Wollen Sie mich akkompagniren, Herr von Walter, so mach' ich einen Gang auf dem Fortepiano! (Sie öffnet den Pantalon.)

(Ferdinand gibt ihr keine Antwort, Pause.)

Louise. Sie sind mir auch noch Revange auf dem Schachbrett schuldig. Wollen wir eine Partie, Herr von Walter? (Eine neue Pause.)

Louise. Herr von Walter, die Brieftasche, die ich Ihnen einmal zu sticken versprochen – ich habe sie angefangen – Wollen Sie das Dessin nicht besehen?

(Wieder eine neue Pause.)

Louise. O ich bin sehr elend.

Ferdinand (in der bisherigen Stellung). Das könnte wahr seyn.

Louise. Meine Schuld ist es nicht, Herr von Walter, daß Sie so schlecht unterhalten werden.

Ferdinand (lacht beleidigend vor sich hin). Denn was kannst du für meine blöde Bescheidenheit.

Louise. Ich habe es ja wohl gewußt, daß wir jetzt nicht zusammen taugen. Ich erschrak auch gleich, ich bekenne es, als Sie meinen Vater verschickten. – Herr von Walter, ich vermuthe, dieser Augenblick wird uns beiden gleich unerträglich seyn. – Wenn Sie mir's erlauben wollen, so geh' ich und bitte einige von meinen Bekannten her.

Ferdinand. O ja doch, das thu'! Ich will auch gleich gehn und von den meinigen bitten.

Louise (sieht ihn stutzend an). Herr von Walter!

Ferdinand (sehr hämisch). Bei meiner Ehre! Der gescheiteste Einfall, den ein Mensch in dieser Lage nur haben kann. Wir machen aus diesem verdrüßlichen Duett eine Lustbarkeit und rächen uns mit Hülfe gewisser Galanterien an den Grillen der Liebe.

Louise. Sie sind aufgeräumt, Herr von Walter.

Ferdinand. Ganz außerordentlich, um die Knaben auf dem Markt hinter mir her zu jagen! Nein! In Wahrheit, Louise! dein Beispiel belehrt mich – du sollst meine Lehrerin seyn. Thoren sind's, die von ewiger Liebe schwatzen. Ewiges Einerlei widersteht, Veränderung ist nur das Salz des Vergnügens. – Topp, Louise! Ich bin dabei. – Wir hüpfen von Roman zu Roman, wälzen uns von Schlamm zu Schlamme. – Du dahin – ich dorthin – vielleicht, daß meine verlorne Ruhe sich in einem Bordell wieder finden läßt – Vielleicht, daß wir dann nach dem lustigen Wettlauf, zwei modernde Gerippe, mit der angenehmsten Ueberraschung von der Welt zum Zweitenmal auf einander stoßen, daß wir uns da an dem gemeinschaftlichen Familienzug, den kein Kind dieser Mutter verleugnet, wie in Komödien, wieder erkennen, daß Ekel und Scham noch eine Harmonie veranstalten, die der zärtlichsten Liebe unmöglich gewesen ist.

Louise. O Jüngling! Jüngling! Unglücklich bist du schon; willst du es auch noch verdienen?

Ferdinand (ergrimmt durch die Zähne murmelnd). Unglücklich bin ich? Wer hat dir das gesagt? Weib, du bist zu schlecht, um selbst zu empfinden – womit kannst du eines Andern Empfindungen wägen? – Unglücklich, sagte sie? – Ha! dieses Wort könnte meine Wuth aus dem Grabe rufen! – Unglücklich mußt' ich werden, das wußte sie. Tod und Verdammniß! das wußte sie, und hat mich dennoch verrathen. – Siehe, Schlange! das war der einzige Fleck der Vergebung. – Deine Aussage bricht dir den Hals – Bis jetzt konnt' ich deinen Frevel mit deiner Einfalt beschönigen, in meiner V e r a c h t u n g wärst du beinahe meiner Rache entsprungen. (Indem er hastig das Glas ergreift.) Also leichtsinnig warst du nicht – dumm warst du nicht – du warst nur ein Teufel. (Er trinkt.) Die Limonade ist matt wie deine Seele – Versuche!

Louise. O Himmel! Nicht umsonst hab' ich diesen Auftritt gefürchtet.

Ferdinand (gebieterisch). Versuche!

Louise (nimmt das Glas etwas unwillig und trinkt).

Ferdinand (wendet sich, sobald sie das Glas an den Mund setzt, mit einer plötzlichen Erblassung weg und eilt nach dem hintersten Winkel des Zimmers).

Louise. Die Limonade ist gut.

Ferdinand (ohne sich umzukehren, von Schauern geschüttelt). Wohl bekomm's!

Louise (nachdem sie es niedergesetzt). O wenn Sie wüßten, Walter, wie ungeheuer Sie meine Seele beleidigen!

Ferdinand. Hum!

Louise. Es wird eine Zeit kommen, Walter! –

Ferdinand (wieder vorwärts kommend). O! mit der Z e i t wären wir fertig.

Louise. Wo der heutige Abend schwer auf Ihr Herz fallen dürfte –

Ferdinand (fängt an stärker zu gehen und beunruhigter zu werden, indem er Schärpe und Degen von sich wirft). Gute Nacht, Herrendienst!

Louise. Mein Gott! Wie wird Ihnen?

Ferdinand. Heiß und enge – Will mir's bequemer machen.

Louise. Trinken Sie! Trinken Sie! Der Trank wird Sie kühlen.

Ferdinand. Das wird er auch ganz gewiß – Die Metze ist gutherzig – doch das sind sie alle!

Louise (mit dem vollen Ausdruck der Liebe ihm in die Arme eilend). Das deiner Louise, Ferdinand?

Ferdinand (drückt sie von sich). Fort! fort! Diese sanften schmelzenden Augen weg! Ich erliege. Komm in deiner ungeheuren Furchtbarkeit, Schlange! spring' an mir auf, Wurm! – Krame vor mir deine gräßlichen Knoten aus, bäume deine Wirbel zum Himmel! – so abscheulich, als dich jemals der Abgrund sah – nur keinen Engel mehr – Nur jetzt keinen Engel mehr – Es ist zu spät – Ich muß dich zertreten, wie eine Natter, oder verzweifeln. – Erbarme dich!

Louise. O! daß es so weit kommen mußte!

Ferdinand (sie von der Seite betrachtend). Dieses schöne Werk des himmlischen Bildners – Wer kann das glauben? – Wer sollte das glauben? (Ihre Hand fassend und emporhaltend.) Ich will dich nicht zur Rede stellen, Gott Schöpfer! – Aber warum denn dein Gift in so schönen Gefäßen? – – Kann das Laster in diesem milden Himmelsstrich fortkommen? – O es ist seltsam!

Louise. Das anhören und schweigen zu müssen!

Ferdinand. Und die süße melodische Stimme – Wie kann so viel Wohlklang kommen aus zerrissenen Saiten? (Mit trunknem Auge auf ihrem Blick verweilend.) Alles so schön – so voll Ebenmaß – so göttlich vollkommen! – Ueberall das Werk seiner himmlischen Schäferstunde! Bei Gott! als wäre die große Welt nur entstanden, den Schöpfer für dieses Meisterstück in Laune zu setzen. – – Und nur in der S e e l e sollte Gott sich vergriffen haben? Ist es möglich, daß diese empörende Mißgeburt in die Natur ohne Tadel kam? (Indem er sie schnell verläßt.) Oder sah er einen Engel unter dem Meisel hervorgehen und half diesem Irrthum in der Eile mit einem desto schlechtern Herzen ab?

Louise. O des frevelhaften Eigensinns! Ehe er sich eine Uebereilung gestände, greift er lieber den Himmel an.

Ferdinand (stürzt ihr heftig weinend um den Hals). Noch einmal, Louise! – Noch einmal wie am Tage unsers ersten Kusses, da du Ferdinand stammeltest und das erste Du auf deine brennenden Lippen trat – O eine Saat unendlicher, unaussprechlicher Freuden schien in dem Augenblick wie in der Knospe zu liegen. – Da lag die Ewigkeit wie ein schöner Maitag vor unsern Augen; goldne Jahrtausende hüpften, wie Bräute, vor unserer Seele vorbei. – – Da war ich der Glückliche! – Louise! Louise! Louise! Warum hast du mir das gethan?

Louise. Weinen Sie, weinen Sie, Walter! Ihre Wehmuth wird gerechter gegen mich seyn, als Ihre Entrüstung.

Ferdinand. Du betrügst dich. Das sind ihre Thränen nicht – Nicht jener warme, wollüstige Thau, der in die Wunde der Seele balsamisch fließt und das starre Rad der Empfindung wieder in Gang bringt. Es sind einzelne – kalte Tropfen – das schauerlich ewige Lebewohl meiner Liebe. (Furchtbar feierlich, indem er die Hand auf ihren Kopf sinken läßt.) Thränen um deine Seele, Louise! – Thränen um die Gottheit, die ihres unendlichen Wohlwollens hier verfehlte, die so muthwillig um das herrlichste ihrer Werke kommt. – O mich däucht, die ganze Schöpfung sollte den Flor anlegen und über das Beispiel betreten seyn, das in ihrer Mitte geschieht. – Es ist was Gemeines, daß Menschen fallen und Paradiese verloren werden; aber wenn die Pest unter Engeln wüthet, so rufe man Trauer aus durch die ganze Natur.

Louise. Treiben Sie mich nicht auf's Aeußerste, Walter! Ich habe Seelenstärke so gut wie eine – aber sie muß auf eine menschliche Probe kommen. Walter, das Wort noch und dann geschieden – – Ein entsetzliches Schicksal hat die Sprache unsrer Herzen verwirrt. Dürft' ich den Mund aufthun, Walter, ich könnte dir Dinge sagen – ich könnte – – aber das harte Verhängniß band meine Zunge, wie meine Liebe, und dulden muß ich's, wenn du mich als eine gemeine Metze mißhandelst.

Ferdinand. Fühlst du dich wohl, Louise?

Louise. Wozu diese Frage?

Ferdinand. Sonst sollte mir's leid um dich thun, wenn du mit einer Lüge von hinnen müßtest.

Louise. Ich beschwöre Sie, Walter! –

Ferdinand (unter heftigen Bewegungen). Nein! nein! Zu satanisch wäre diese Rache! Nein! Gott bewahre mich! In j e n e Welt hinaus will ich's nicht treiben. – Louise! Hast du den Marschall geliebt? Du wirst nicht mehr aus diesem Zimmer gehen.

Louise. Fragen Sie, was Sie wollen. Ich antworte nichts mehr. (Sie setzt sich nieder.)

Ferdinand (ernster). Sorge für deine unsterbliche Seele, Louise! – Hast du den Marschall geliebt? Du wirst nicht mehr aus diesem Zimmer gehen.

Louise. Ich antworte nichts mehr.

Ferdinand (fällt in fürchterlicher Bewegung vor ihr nieder). Louise! Hast du den Marschall geliebt? Ehe dieses Licht noch ausbrennt – stehst du – vor Gott!

Louise (fährt erschrocken in die Höhe). Jesus! Was ist das? – – – und mir wird sehr übel. (Sie sinkt auf den Sessel zurück.)

Ferdinand. Schon? – Ueber euch Weiber und das ewige Räthsel! Die zärtliche Nerve hält Frevel fest, die die Menschheit an ihren Wurzeln zernagen; ein elender Gran Arsenik wirft sie um.

Louise. Gift! Gift! O mein Herrgott!

Ferdinand. So fürcht' ich. Deine Limonade war in der Hölle gewürzt. Du hast sie dem Tod zugetrunken.

Louise. Sterben! Sterben! Gott! Allbarmherziger! Gift in der Limonade und sterben. – O meiner Seele erbarme dich, Gott der Erbarmer!

Ferdinand. Das ist die Hauptsache. Ich bitt' ihn auch darum.

Louise. Und meine Mutter – mein Vater – Heiland der Welt! Mein armer, verlorner Vater! Ist keine Rettung mehr? Mein junges Leben und keine Rettung! Und muß ich jetzt schon dahin?

Ferdinand. Keine Rettung, mußt jetzt schon dahin – aber sey ruhig. Wir machen die Reise zusammen.

Louise. Ferdinand, auch du! Gift, Ferdinand! Von dir? O Gott, vergib es ihm – Gott der Gnade, nimm die Sünde von ihm –

Ferdinand. Sieh du nach d e i n e n Rechnungen – Ich fürchte, sie stehen übel.

Louise. Ferdinand! Ferdinand! – O – Nun kann ich nicht mehr schweigen. – Der Tod – der Tod hebt alle Eide auf. – Ferdinand! – Himmel und Erde hat nichts Unglückseligeres als dich! – Ich sterbe unschuldig, Ferdinand!

Ferdinand (erschrocken). Was sagt sie da? – Eine Lüge pflegt man doch sonst nicht auf d i e s e Reise zu nehmen?

Louise. Ich lüge nicht – lüge nicht – hab' nur e i n m a l gelogen mein Lebenlang. – Hu! wie das eiskalt durch meine Adern schauert – – als ich den Brief schrieb an den Hofmarschall –

Ferdinand. Ha! dieser Brief! – Gottlob! Jetzt hab' ich all meine Mannheit wieder.

Louise (ihre Zunge wird schwerer, ihre Finger fangen an gichterisch zu zucken). Dieser Brief – Fasse dich, ein entsetzliches Wort zu hören – Meine Hand schrieb, was mein Herz verdammte – dein Vater hat ihn diktirt.

Ferdinand (starr und einer Bildsäule gleich, in langer todter Pause hingewurzelt, fällt endlich wie von einem Donnerschlag nieder).

Louise. O des kläglichen Mißverstands – Ferdinand – man zwang mich – vergib – deine **Louise** hätte den Tod vorgezogen – aber mein Vater – die Gefahr – sie machten es listig.

Ferdinand (schrecklich emporgeworfen). Gelobet sey Gott! noch spür' ich das Gift nicht. (Er reißt den Degen heraus.)

Louise (von Schwäche zu Schwäche sinkend). Weh! Was beginnst du? Es ist dein Vater –

Ferdinand (im Ausdruck der unbändigsten Wuth). Mörder und Mördervater! – Mit muß er, daß der Richter der Welt nur den Schuldigen strafe. (Will hinaus.)

Louise. Sterbend vergab mein Erlöser – Heil über dich und ihn. (Sie stirbt.)

Ferdinand (kehrt schnell um, wird ihre letzten sterbenden Bewegungen gewahr und fällt in Schmerz aufgelöst vor der Todten nieder.) Halt! Halt! Entspringe mir nicht, Engel des Himmels! (Er faßt ihre Hand an und läßt sie schnell wieder fallen.) Kalt, kalt und feucht! Ihre Seele ist dahin. (Er springt wieder auf.) Gott meiner Louise! Gnade! Gnade dem verruchtesten der Mörder! Es war ihr letztes Gebet! – – Wie reizend und schön auch im Leichnam! Der gerührte Würger ging schonend über diese freundlichen Wangen hin. – Diese Sanftmuth war keine Larve, sie hat auch dem Tod Stand gehalten. (Nach einer Pause.) Aber wie! Warum fühl' ich nichts? Will die Kraft meiner Jugend mich retten? Undankbare Mühe! Das ist meine Meinung nicht. (Er greift nach dem Glase.)

Letzte Scene.

Ferdinand. Der Präsident. Wurm und **Bediente** (welche alle voll Schrecken in's Zimmer stürzen), darauf **Miller** mit Volk und Gerichtsdienern (welche sich im Hintergrunde sammeln).

Präsident (den Brief in der Hand). Sohn, was ist das? – Ich will doch nimmermehr glauben –
Ferdinand (wirft ihm das Glas vor die Füße). So s i e h, Mörder!
Präsident (taumelt hinter sich. Alle erstarren. Eine schreckliche Pause). Mein Sohn, warum hast du mir das gethan?
Ferdinand (ohne ihn anzusehen). O ja freilich! Ich hätte den Staatsmann erst hören sollen, ob der Streich auch zu seinen Karten passe? – Fein und bewundernswerth, ich gesteh's, war die Finte, den Bund unsrer Herzen zu zerreißen durch Eifersucht. – Die Rechnung hat ein Meister gemacht, aber Schade nur, daß die zürnende L i e b e dem Drahte nicht so gehorsam blieb, wie deine hölzerne Puppe.
Präsident (sucht mit verdrehten Augen im ganzen Kreis herum). Ist hier Niemand, der um einen trostlosen Vater weint?
Miller (hinter der Scene rufend). Laßt mich hinein! Um Gottes willen! Laßt mich!
Ferdinand. Das Mädchen ist eine Heilige – für s i e muß ein

Andrer rechten. (Er öffnet Millern die Thür, der mit Volk und Gerichtsdienern hereinstürzt.)

Miller (in der fürchterlichsten Angst). Mein Kind! Mein Kind! – Gift, schreit man, sey hier genommen worden. – Meine Tochter! Wo bist du?

Ferdinand (führt ihn zwischen den Präsidenten und Louisens Leiche). Ich bin unschuldig. – Danke d i e s e m hier.

Miller (fällt an ihr zu Boden). O Jesus!

Ferdinand. In wenig Worten, Vater! – Sie fangen an mir kostbar zu werden. – Ich bin bübisch um mein Leben bestohlen, bestohlen durch S i e. Wie ich mit Gott stehe, zittre ich; – doch ein Bösewicht bin ich niemals gewesen. Mein ewiges Loos falle, wie es will – auf S i e fall' es nicht. – Aber ich hab' einen Mord begangen, (mit furchtbar erhobener Stimme) einen Mord, den d u mir nicht zumuthen wirst, a l l e i n vor den Richter der Welt hinzuschleppen. Feierlich wälz' ich dir hier die größte, gräßlichste Hälfte zu: wie du damit zurecht kommen magst, siehe du selber. (Ihn zu Louisen hinführend.) Hier, Barbar! Weide dich an der entsetzlichen Frucht deines Witzes, auf dieses Gesicht ist mit Verzerrung dein Name geschrieben und die Würgengel werden ihn lesen. – Eine Gestalt wie diese ziehe den Vorhang von deinem Bette, wenn du schläfst, und gebe dir ihre eiskalte Hand. – Eine Gestalt wie diese stehe vor deiner Seele, wenn du stirbst, und dränge dein letztes Gebet weg – Eine Gestalt wie diese stehe auf deinem Grabe, wenn du auferstehst – und neben Gott, wenn er dich richtet. (Er wird ohnmächtig. Bediente halten ihn.)

Präsident (mit einer schrecklichen Bewegung des Arms gegen den Himmel). Von mir nicht, von mir nicht, Richter der Welt, fordre diese Seelen, von d i e s e m! (Er geht auf Wurm zu.)

Wurm (auffahrend). Von mir?

Präsident. Verfluchter, von dir! Von dir, Satan! – Du, du gabst den Schlangenrath – Ueber d i c h die Verantwortung – Ich wasche die Hände.

Wurm. Ueber mich? (Er fängt gräßlich an zu lachen.) Lustig! Lustig! So weiß ich doch nun auch, auf was für Art sich die Teufel bedanken. – Ueber mich, dummer Bösewicht? War es m e i n

Sohn? War i c h dein Gebieter? – Ueber mich die Verantwortung? Ha! bei diesem Anblick, der alles Mark in meinen Gebeinen erkältet! Ueber mich soll sie kommen! – Jetzt w i l l ich verloren seyn, aber d u sollst es mit mir seyn. – Auf! Auf! Ruft Mord durch die Gassen! Weckt die Justiz auf! Gerichtsdiener, bindet mich! Führt mich von hinnen! Ich will Geheimnisse aufdecken, daß denen, die sie hören, die Haut schauern soll. (Will gehen.)

Präsident (hält ihn). Du wirst doch nicht, Rasender?

Wurm (klopft ihm auf die Schultern). Ich werde, Kamerad! Ich werde! – Rasend bin ich, das ist wahr – das ist dein Werk – so will ich auch jetzt handeln wie ein Rasender. – Arm in Arm mit d i r zum Blutgerüst! Arm in Arm mit d i r zur Hölle! Es soll mich kitzeln, Bube, mit d i r verdammt zu seyn! (Er wird abgeführt.)

Miller (der die ganze Zeit über, den Kopf in Louisens Schoß gesunken, in stummem Schmerz gelegen hat, steht schnell auf und wirft dem Major die Börse vor die Füße). Giftmischer! Behalt' dein verfluchtes Geld! – Wolltest du mir mein Kind damit abkaufen? (Er stürzt aus dem Zimmer.)

Ferdinand (mit brechender Stimme). Geht ihm nach! Er verzweifelt. – Das Geld hier soll man ihm retten. – Es ist meine fürchterliche Erkenntlichkeit. Louise! – Louise – Ich komme. – – Lebt wohl. – – Laßt mich an diesem Altar verscheiden. –

Präsident (aus einer dumpfen Betäubung zu seinem Sohn). Sohn! Ferdinand! Soll kein Blick mehr auf einen zerschmetterten Vater fallen? (Der Major wird neben Louisen niedergelassen.)

Ferdinand. Gott dem Erbarmenden gehört dieser letzte.

Präsident (in der schrecklichsten Qual vor ihm niederfallend). Geschöpf und Schöpfer verlassen mich. – Soll kein Blick mehr zu meiner letzten Erquickung fallen? –

Ferdinand (reicht ihm seine sterbende Hand).

Präsident (steht schnell auf). Er vergab mir! (Zu den Andern.) Jetzt euer Gefangener! (Er geht ab, Gerichtsdiener folgen ihm. Der Vorhang fällt.)

Das Mahl zu Heidelberg

Von Wirtemberg und Baden
Die Herren zogen aus;
Von Metz des Bischofs Gnaden
Vergaß das Gotteshaus;
Sie zogen aus zu kriegen
Wohl in die Pfalz am Rhein,
Sie sahen da sie liegen
Im Sommersonnenschein.

Umsonst die Rebenblüte
Sie tränkt mit mildem Duft,
Umsonst des Himmels Güte
Aus Aehrenfeldern ruft:
Sie brannten Hof und Scheuer,
Daß heulte Groß und Klein;
Da leuchtete vom Feuer
Der Neckar und der Rhein.

Mit Gram von seinem Schlosse
Sieht es der Pfälzer Fritz:
Heißt springen auf die Rosse
Zwei Mann auf einen Sitz.
Mit enggedrängtem Volke
Sprengt er durch Feld und Wald,
Doch ward die kleine Wolke
Zum Wetterhimmel bald.

Sie wollen seiner spotten,
Da sind sie schon umringt,
Und über ihren Rotten
Sein Schwert der Sieger schwingt.

Vom Hügel sieht man prangen
Das Heidelberger Schloß,
Dorthin führt er gefangen
Die Fürsten sammt dem Troß.

Zu hinterst an der Mauer
Da ragt ein Thurm so fest,
Das ist ein Sitz der Trauer,
Der Schlang' und Eule Nest;
Dort sollen sie ihm büßen
Im Kerker trüb und kalt,
Es gähnt zu ihren Füßen
Ein Schlund und finstrer Wald.

Hier lernt vom Grimme rasten
Der Wirtemberger Utz,
Der Bischof hält ein Fasten,
Der Markgraf läßt vom Trutz.
Sie mochten schon in Sorgen
Um Leib und Leben sein.
Da trat am andern Morgen
Der stolze Pfälzer ein.

„Herauf, ihr Herrn, gestiegen
In meinen hellen Saal!
Ihr sollt nicht fürder liegen
In Finsternis und Qual.
Ein Mahl ist euch gerüstet,
Die Tafel ist gedeckt,
Drum wenn es euch gelüstet,
Versucht, ob es euch schmeckt."

Sie lauschen mit Gefallen,
Wie er so lächelnd spricht,
Sie wandeln durch die Hallen
An's goldne Tageslicht.
Und in dem Saale winket
Ein herrliches Gelag,
Es dampfet und es blinket,
Was nur das Land vermag.

Es satzten sich die Fürsten;
Da mocht' es seltsam sein:
Sie hungern und sie dürsten
Beim Braten und beim Wein.
„Nun, will's euch nicht behagen?
Es fehlt doch, deucht mir, nichts?
Worüber ist zu klagen?
An was, ihr Herr'n, gebricht's?

„Es schickt zu meinem Tische
Der Odenwald das Schwein,
Der Neckar seine Fische,
Den frommen Trank der Rhein!
Ihr habt ja sonst erfahren,
Was meine Pfalz beschert!
Was wollt ihr heute sparen,
Wo keiner es euch wehrt?"

Die Fürsten sah'n verlegen
Den andern jeder an,
Am Ende doch verwegen
Der Ulrich da begann:
„Herr, fürstlich ist dein Bissen,
Doch eines thut ihm Noth,
Das mag kein Knecht vermissen:
Wo ließest du das B r o t?"

„Wo ich das Brot gelassen?"
Sprach da der Pfälzer Fritz,
Er traf, die bei ihm saßen,
Mit seiner Augen Blitz;
Er that die Fensterpforten
Weit auf im hohen Saal,
Da sah man aller Orten
In's off'ne Neckarthal.

Sie sprangen von den Stühlen,
Und blickten in das Land,
Da rauchten alle Mühlen
Rings von des Krieges Brand;
Kein Hof ist da zu schauen,
Wo nicht die Scheune dampft,
Von Rosses Huf und Klauen
Ist alles Feld zerstampft.

„Nun sprecht, von wessen Schulden
Ist so mein Mahl bestellt?
Ihr müßt euch wohl gedulden,
Bis ihr besä't mein Feld,
Bis in des Sommers Schwüle
Mir reifet eure Saat,
Und bis mir in der Mühle
Sich wieder dreht ein Rad."

„Ihr seht, der Westwind fächelt
In Stoppeln und Gesträuch;
Ihr seht, die Sonne lächelt,
Sie wartet nur auf euch!
Drum sendet flugs die Schlüssel,
Und öffnet euren Schatz,
So findet bei der Schüssel
Das B r o t den rechten Platz!"

Hans Koch von Ebingen

Hans Koch, der feste Bürger, sitzt
Zu Stuttgart in der Landschaft,
Ein guter Sinn und Seckel schützt
Die Ehre seiner Standschaft.
Er weiß, er hat ein eignes Haus,
Drum macht er sich so viel nicht draus,
Weg von der Brust zu sprechen.

Ein milder Herr der Ludwig ist,
Liebt seine Unterthanen,
Doch auch den Wein zu jeder Frist,
Und zecht, wie seine Ahnen.
Und weil er will des Volkes Heil,
So nehmen auch die Stände Theil
An manchem guten Mahle.

Einst sitzen sie bei ihm zu Tisch,
Hans Koch an seiner Seite;
Es ruft der Fürst: „Getrunken frisch!
Kraft braucht's zu neuem Streite!"
Da wehret sich ein jeder Stand,
Prälaten und das ganze Land,
Zur Eintracht stimmt der Becher.

Herrn Hans verschwimmet Stand und Rang
Im weiten Meer des Weines;
„O Herre," spricht er, gar nicht bang,
„Versprechet mir ein Kleines!
Wie mir's bei Euch gefallen hat,
Führt Euch der Weg durch meine Stadt,
Laßt's Euch bei mir gefallen!"

O weh, das kecke Wort verstört
Und schlägt die Zecher nieder,
Und ein Gehorsamsfieber fährt
Den Herrn durch alle Glieder.
Da tröstet sie des Herzogs Blick,
Er winkt mit gnädigem Genick:
„Wie sollt ich's Euch versagen!"

Und friedlich nach dem frohen Schmaus
(Der Herr gab seinen Segen)
War bald der heiße Landtag aus,
Gieng jeder seiner Wegen,
Nach Ebingen der alte Hans,
Er mästet Schwein, er stoppt die Gans,
Er eicht alle Fäßer.

Nach kaum zween Monden führt die Fahrt
Auf Hohentwiel den Fürsten;
Bei Ebingen im Tannenhart
Fängt es ihn an zu dürsten;
Da klopft es an des Hansen Thür:
„Lieb- und Getreuer, komm herfür,
Jetzt sollst du Wort mir halten!"

Und wie sich thun die Thüren auf,
Ist schon der Tisch gedecket,
Dem Fürsten und dem Dienerhauf
Das Festmahl weidlich schmecket,
Der Herzog lehrt's den ganzen Hof,
Der Ritter trank, der Knappe sof,
Der Jagdhund kaut' am Troge.

„Ei Koch, ei Koch! ihr seid ein Koch!
Ihr backet gute Krapfen!
Und wächst ein feines Weinlein doch
An euren Tannenzapfen.
Heil eurem Haus und ewig Ehr!
Nur Eines fehlt: was ist er leer,
Der Platz zu meiner Rechten?"

„Das Beste kommt, o Herr, zuletzt!"
Spricht Hans mit tiefem Neigen.
„Mit bess'rem Wein den Tisch besetzt!
Ihr Geiger, spielt den Reigen!"
Da thut sich auf ein Seitenthor,
Ein rosig Mägdlein tritt hervor,
Den Brautschmuck in den Haaren.

„Ei schauet," ruft Herr Ludwig, „schaut!"
Er ruft's mit Wohlgefallen.
„So lang bargst du die schöne Braut,
Die Tochter in den Hallen?"
Da nimmt Herr Hans das süße Kind,
Das goldgeschmückte, führt geschwind
Dem Herzog es zur Seite.

„Ein Witwer seid Ihr, Gott erbarm!
Mein Haus ist ohne Schulden!
Schmuck ist mein Mägdlein, ist nicht arm,
Sie bringt Euch tausend Gulden!
Herr! Euer ist die schöne Braut,
Für dieses Mahl Euch angetraut
Zu Euren rechten Handen!"

Der Herzog sieht sich an die Maid,
Ja, sie ist ohne Tadel.
Ihr reiner Leib im seidnen Kleid,
Er ist von Gottes Adel.
Drum schämet auch der Fürst sich nicht,
Sich mit dem schönen Kind verspricht
Auf dieses Mahles Freuden.

Er steckt ihr an ein Fingerlein
Von lauteren Demanten,
Er setzt sie an die Seite sein,
Beim Schall der Musikanten,
Und mit des reichen Mahls Beschluß
Darf sie dem Bräutigam den Kuß
In Ehren nicht verwehren.

Drauf sattelt man dem Herrn das Roß,
Er dankt von ganzer Seele,
Er lädt den Vater auf sein Schloß
Auf Gaumen und auf Kehle;
Nur auf dem Landtag, bittet er,
Da soll fortan der werthe Schwäh'r
Den Schwiegersohn bedenken.

Theelied

Ihr Saiten, tönet sanft und leise,
Vom leichten Finger kaum geregt!
Ihr tönet zu des Zärtsten Preise,
Des Zärtsten, was die Erde hegt.

In Indiens mythischem Gebiete,
Wo Frühling ewig sich erneut,
O Thee, du selber eine Mythe,
Verlebst du deine Blütenzeit.

Nur zarte Bienenlippen schlürfen
Aus deinen Kelchen Honig ein,
Nur bunte Wundervögel dürfen
Die Sänger deines Ruhmes sein.

Wenn Liebende zum stillen Feste
In deine duft'gen Schatten fliehn,
Dann rührest leise du die Aeste
Und streuest Blüten auf sie hin.

So wächsest du am Heimatstrande,
Vom reinsten Sonnenlicht genährt.
Noch hier in diesem fernen Lande
Ist uns dein zarter Sinn bewährt.

Denn nur die holden Frauen halten
Dich in der mütterlichen Hut;
Man sieht sie mit dem Kruge walten
Wie Nymphen an der heil'gen Flut.

Den Männern will es schwer gelingen
Zu fühlen deine tiefe Kraft;
Nur zarte Frauenlippen dringen
In deines Zaubers Eigenschaft.

Ich selbst, der Sänger, der dich feiert,
Erfuhr noch deine Wunder nicht;
Doch, was der Frauen Mund beteuert,
Ist mir zu glauben heil'ge Pflicht.

Ihr aber möget sanft verklingen,
Ihr, meine Saiten, kaum geregt!
Nur Frauen können würdig singen
Das Zärtste, was die Erde hegt.

Metzelsuppenlied

So säumet denn, ihr Freunde, nicht,
Die Würste zu verspeisen,
Und laßt zum würzigen Gericht
Die Becher fleißig kreisen!
Es reimt sich trefflich Wein und Schwein,
Und paßt sich köstlich Wurst und Durst;
Bei Würsten gilt's zu bürsten.

Auch unser edles Sauerkraut,
Wir sollen's nicht vergessen;
Ein Deutscher hat's zuerst gebaut,
Drum ist's ein deutsches Essen.
Wenn solch ein Fleischchen weiß und mild
Im Kraute liegt, das ist ein Bild
Wie Venus in den Rosen.

Und wird von schönen Händen dann
Das schöne Fleisch zerleget,
Das ist, was einem deutschen Mann
Gar süß das Herz beweget.
Gott Amor naht und lächelt still
Und denkt: „Nur daß, wer küssen will,
Zuvor den Mund sich wische!"

Ihr Freunde, tadle keiner mich,
Daß ich von Schweinen singe!
Es knüpfen Kraftgedanken sich
Oft an geringe Dinge.
Ihr kennet jenes alte Wort,
Ihr wißt: es findet hier und dort
Ein Schwein auch eine Perle.

Festschmaus im Pfahldorf.

Inzwischen waren vereinigte Kräfte längst beschäftigt, den Festschmaus vorzubereiten. Tische und Bänke waren im nahen Haine schon aufgeschlagen, Köche und Köchinnen an einer Reihe von Feuern in voller Tätigkeit. Wir glauben uns verpflichtet, den Speisezettel zu geben; *menu* dürfen wir ja nicht sagen, die Pfahlmänner hätten sich geschämt, das welsche Wort zu gebrauchen, wenn sie es gekannt hätten, sie verabscheuten alle unnötige Entlehnung aus fremden Sprachen. „Speiszettel" ist natürlich auch nur poetische Lizenz; das Kunstwerk der Komposition dieses Schmauses stand klar entfaltet nur vor dem Geiste des Oberkochs Sidutop, minder klar, in gewissem Helldunkel vor dem Innern seines Gefolges von Köchen und Köchinnen, und das Publikum befand sich in blindem Autoritätsglauben, man wartete, man vertraute unbedingt und dachte, es werde schon recht werden; nur Angus, der Druide, hatte durch Hilfe Urhixidurs einen hellen Einblick in das wohlgegliederte Ganze gewonnen. Dieses Ganze überblicke man nun und man wird nicht mehr glauben, daß die Pfahlbewohner schlecht gegessen haben! Diese irrige Vorstellung zu widerlegen, das ist es, was wir für Pflicht halten, darum geben wir in formell präzisierter Ordnung hiemit die Gedankenreihe Sidutops, wie sich solche an jenem Abend in der Körperwelt verwirklichte. Um diesen logischen Zusammenhang nicht zu unterbrechen, lassen wir die Erläuterung einzelner Punkte, die vielleicht dem Leser dunkel sein dürften, in Anmerkungen folgen.

Zuvor ist nur noch von der Beleuchtung zu melden. In dieser Festnacht sollte es nicht an den Pechfackeln genügen, die rings um die Tische, in hohe Pfähle eingelassen, ihr rötliches Licht verbreiteten; zwischen je zweien derselben loderte in irdenem Becken eine zarte Flamme von Kienholz und an den Stämmen der nächsten Eichen hingen Kränze von Schüsselchen, worin ölgetränkte Dochte brannten. Knaben waren aufgestellt, sorgsam diese dreierlei Lichtquellen zu unterhalten, deren Harzgerüche sich angenehm mit dem Dufte mischten, der aus den Kochkesseln emporstieg. – Und nun mag denn die Beschreibung ihres reichen Inhalts folgen.

SPEISZETTEL.

I. *Voressen.*

1. Schlehen *in Obstweinessig und Buchelöl.* (Zur Appetitschärfung.)
2. Mark *verschiedener Art.*
   a. Aus Knochen des Rinds.
   b. Aus Knochen des Keilers.
   c. Aus Knochen des Bären.
   d. Aus Knochen des Wisents.
   e. Aus Knochen des Elchs.
3. Kuttelfleck, *gesotten.*
4. Früchte, *eingemacht in Obstweinessig und Honig*
   a. Preiselbeeren.
   b. Himbeeren.
   c. Heidelbeeren.
   d. Erdbeeren.
   e. Birnen und Äpfel gemischt.

Begleitendes Getränke: *Methbock.*

II. *Essen.*

1. *Eingang.*

a. Suppe mit Speckknödeln.
b. Suppe mit Leberknödeln.
c. Gesottene Krebse.
d. Forellen, *blau gesotten.*
e. Aal mit Salbeiblättern, *gebraten*
f. Kibitzeneier.
g. Saure Nieren.

2. *Mittelpunkt.*

In zwei Abschnitten, deren erster wiederum eine Art Vorstufe für den zweiten, den Blütenpunkt, bildet.

Abschnitt A.

a. Rindfleisch, *gesotten.*
b. Zuspeisen:
   α. Rettich, als Salat angemacht mit Metessig und Buchelöl.
   β. Brunnenkresse mit Gelbrüben, ebenso angemacht.
   χ. Ochsenmaulsalat, ebenso.
   δ. Boragen, ebenso.
c. Deckelschnecken mit Zwiebeln, *gedämpft.*
d. Gemüse mit Beilagen.
   α. Bohnen mit Bärenschinkenschnitten.
   β. Erbsen mit Landjägern.
   χ. Rüben mit Schübling.
   δ. Sauerkraut mit Blunse und geräuchertem Fleisch des Murmeltiers.
e. Kuttelfleck, *gedämpft.*

Abschnitt B.

a. Zahmbraten und Zahmgesulztes.
   α. Kalbs-,
   β. Lamms-,
   χ. Rindsbraten
   δ. Gesulzte Spansau
b. Wildbraten von Vierfüßlern.
   α. Wildschwein in Brühe von Blut und Mehl mit Thymian, Kümmel, Wachholderbeeren, Zwiebeln u. Pilzen gewürzt.
   β. Hase, gespickt.
   χ. Wisentbraten.
      αα. In größeren Stücken, als: Lummelbraten, Ziemer.
      ββ. Rippen.
   χχ. Schwanz, gebeizt.
   δ. Elchbraten in den Formen αα und ββ
c. Geflügel.
   α. Wildente.
   β. Wildtaube
   χ. Rebhun.
   δ. Zwei Schnepfen.
   ε. Auerhahn, gebeizt.
d. Kuttelfleck *in Sauerbrühe.*
e. Salate.
   α. Eier u. wilder Lattich, angemacht wie die Zuspeisen II, 2, A, b, α. β. χ. δ.
   β. Meerrettig mit Sauerampfer, ebenso.
   χ. Schlehen mit Zwiebeln und Kümmel, ebenso.

Getränke zu II: Einfacher *Meth und Obstwein.*

III. *Nachtisch.*

1. Natürliches Obst
   a. Stachelbeeren.
   b. Brombeeren.
   c. Himbeeren.
   d. Zwetschgen.
   e. Äpfel.
   f. Birnen.
2. Gedämpftes Obst., *Schnitzli.*
3. Backwerk.
   a. Riniturleckerli.
   b. Hutzelbrot.
   c. Wähen, d. h. Kuchen mit verschiedenem Obst.
   d. Mohnkrapfen.
   e. Krone des Ganzen: Eine Pastete drei Fuß hoch.
      α. Inhalt: Füllsel von Zahmgeflügelstücken, Milken, Mausschlegeln und Eidechsenschwänzen.
      β. Form: Rund, mit Blumen garniert, Honigüberguß mit Safran gefärbt. Spitze: Plastische Gruppe aus Mehl mit Honig, in polychromer Behandlung darstellend: Die Feen Selinurs umschmeicheln den Drachen Grippo; Fülle weiblicher Grazie, im Kontrast mit dem dämonisch Häßlichen doppelt wirksam.

Getränke: Außer *Metbock – Stachelbeerwein.*

Anmerkungen.

Ad I, 2. Daß die Menschen der Steinzeit große Liebhaber von Mark waren, geht aus der Menge gespaltener Knochen hervor, die man in ihren Niederlassungen findet. In der Kunst des Spaltens hatte zwar jedermann Übung, doch auch hier war bereits eine gewisse Teilung der Arbeit eingedrungen. So exakt, so glattweg verstand es nicht jeder zu machen, wie der Techniker in diesem Fach, der Knochenschlitzer, der hinten in der Feldküche schon seit ein paar Stunden seine Virtuosität in diesem Zweige der feineren Arbeit entfaltete. Den Knochen senkrecht stellen, den Feuersteinmeißel haarscharf auf die Axe ansetzen, einen mathematisch geraden Schlag mit dem Holzhammer darauf führen; es ging wie gehext; wer ihm zusah, konnte nur wünschen, es möchten verwickelte politische Fragen einen solchen Schlitzkünstler finden, wie es der wackere Meister Binuschnidur war.

Ad I, 2, e. Elch oder Ellen (nicht: „Elenn", noch weniger „Elend"; Ellen hieß Kraft, also: das Krafttier, der besonders starke Hirsch) war nicht selten, obwohl weit seltener, als der gewöhnliche Hirsch und das Reh, die auf unserer Liste fehlen, weil sie für ein Festessen zu gewöhnliche Speise waren. Das Tier ist von ochsenartig starkem Leibe, auch der Geschmack seines Fleisches schwebt in einer feinen Mitte zwischen ochsenhaft und hirschähnlich.

Ad I, 3. Die Beliebtheit des edlen Gerichts Kuttelfleck erkennt der geneigte Leser daraus, daß es nicht nur hier, sondern auch unter II, 2, A, e, ferner II, 2, B, d auftritt. Eine der Gassen von Robanus hieß zu Ehren dem Hause, worin die Gekröse kochfertig zubereitet wurden, Kuttelgasse. Starke Spuren dieser Beliebtheit bemerkt man noch heutzutage bei den Enkeln der Pfahlbewohner jener Gegenden, wie sich der Durchreisende bei Lesung der Speisezettel selbst feinerer Garküchen überzeugen kann.

Ad I, 4. Das Früchte-Einmachen verstand zwar auch die Hausfrau, aber auch in diesem Gebiete gab es schon Techniker, gab es Fachmänner. Wir werden den Künstler nennen, wenn unsere Erläuterungen erst bei seinem Meisterwerk angelangt sein werden. Nicht genannt ist die damals höchst beliebte Speise Haselnuß, denn sie trat nicht eingemacht auf, sondern wurde einfach im Naturzustand immer mit dem Brot aufgetragen und mit ihm gegessen, um ihm feineren Beischmack zu geben. – Eine Zeile ohne Einteilungszeichen nennt als begleitendes Getränke des Voressens: Metbock. Es war sehr starker Doppelmet, bestimmt, in zierlichen Holzkelchen zum Voressen nur genippt zu werden, um den Appetit zu schärfen; eine diätetische Bemessung, an die man sich doch nicht ängstlich zu halten pflegte.

Ad II, 1, d, e. Es mag Verwunderung erregen, daß außer Forellen und Aal keine Fische auftreten. Die Erklärung ist einfach: die Pfahlbewohner aßen jahraus jahrein so viel Fische jede Sorte, daß sie bei Festmahlzeiten wenig Wert auf diese Speise legten. Nur die Forelle und der Aal genossen ein Vorrecht, jene nicht bloß wegen der Feinheit ihres Geschmacks, sondern wegen der großen Schwierigkeit, sie zu fangen. Dieses blitzschnelle und höchst vorsichtige Flossentier ließ sich ja durch die plumpe beinerne Angel nicht täuschen, in die Reusen, so grob wie sie damals waren, äußerst selten verlocken, gleich selten mit der Hand fangen, wenn sie schlummernd in den Höhlungen am Ufer schwamm, und nur ab und zu gelang es einem sehr geschickten Schützen, – nicht, den Fisch zu treffen, aber den Pfeil so unter ihm durchzuschießen, daß er aus seinem Waldbach ans Ufer geschnellt wurde. Den Aal mit Salbei umwickelt zu braten, war eine neue Erfindung und man wußte den Wert dieser leckeren Zubereitung allerdings zu würdigen.

Ad II, 2, b, δ. Boragen: *Borago officinalis*, mit bläulichen Blumen, haarigen Blättern, jetzt fast für Unkraut geltend, hat einen sehr angenehm häringähnlichen Geschmack. Durch ihren Genuß gaben sich die Pfahlmänner die Vorahnung der Gaumenfreude, die der ihnen noch unbekannte Meerfisch im eingepökelten Zustande uns späteren Geschlechtern bereitet.

Ad II, 2, A, d, α. Es darf nicht unterdrückt werden, daß die Bohnen unentfasert auf den Tisch kamen. Die Schüsseln mit diesem Gerichte sahen daher aus wie eine borstige Perücke. Pietät gegen die Altvordern hat diesen Brauch bis heute in der bürgerlichen Küche jener Gauen fromm erhalten.

Ad II, 2, A, d, β. Erbsen mit Landjägern: Die Erbsen, wie man sich denken kann, nicht zerrieben, große gelbe Gattung, hart wie Bleikugeln. Die Verdauung war eben eine vortreffliche. „Mit Landjägern." Der Verfasser bedarf Nachsicht. Diese Würste hießen damals wegen ihrer gediegenen Härte Lederwürste; er hat den modernen Namen vorgezogen, um dem Kenner das Objekt rascher zu vergegenwärtigen. Der Ursprung der letzteren Benennung ist von der Philologie noch nicht erforscht. Schreibt man den Landjägern etwa besonders gute Zähne zu? Oder vergleicht man die länglich hagere, flache Gestalt der Wurst mit der Dürrheit, welcher die Figur der Landjäger durch ihre Streifstrapazen wohl häufig verfällt?

Ad II, 2, A, d, χ. Rüben mit Schübling. Schübling heute noch in ganz Süddeutschland bekannte Wurst, nahe Verwandte der Knackwurst. Fischart beehrt sie mit Aufführung, wo er Gargantuas Speisekammer beschreibt.

Ad II, 2, A, d, δ. Daß das beliebte Sauerkraut schon jenen Zeiten bekannt war, ergibt sich keineswegs nur aus dem sicheren Schluß, den man aus der Gemütlichkeit der Zustände ziehen darf, sondern auch aus verbürgter Überlieferung. „Blunse": was wir jetzt Blutwurst nennen, war unbekannt; in die Blutwurst gehört außer Blut Gewürze mit Speckwürfeln; dies wäre jenen körnigen Menschen zu künstlich erschienen, auch wenn sie Gewürze gekannt hätten. Die Blunse, ein Darmhautrund einfach mit Blut gefüllt, entsprach besser der Biederkeit ihres Wesens. Doch verschmähten sie nicht, durch Hinzunahme geräucherten Murmeltierfleischs der Zunge gleichzeitig einen schärferen Reiz zu bieten.

Ad II, 2, B, a, δ. Gesulzte Spansau: besonders beliebt, hatte einen gebratenen Apfel zierlich im Maul stecken.

Ad II, 2, B, b, α. Wir haben nur hier die Brühe erwähnt, weil sie bei dieser Speise extrafein war, und fügen bei dieser Gelegenheit eine sprachliche Bemerkung bei. Wir sagen jetzt Sauce, weil wir uns des guten Worts Brühe dadurch beraubt haben, daß wir es verächtlich von unsauberer Flüssigkeit gebrauchen. Diese Einschränkung hatten sich die Pfahlbewohner noch nicht beikommen lassen, daher sich auch nicht in die Lage gebracht, für ein ganz ausreichendes eigenes Wort ein Fremdwort zu entlehnen.

Ad II, 2, B, b, β. Hase, gespickt. Es war nur einer. Lampe war damals außerordentlich selten; er hatte zu viele Feinde, deren nicht die geringsten die Adler und Geier waren, die auch als Räuber der kleinen Lämmer den Hirten nicht wenig zu schaffen machten. Das Exemplar, in einer Schlinge gefangen, war etwas alt, desto neuer die Kunst des Spickens, die sich am zähen Stoff siegreich bewährte. Der seltene Bissen, der nicht für alle sein konnte, war den Gemeindeältesten vorbehalten.

Ad II, 2, B, b, χ. Wir gestehen, daß der Wisentbraten, obwohl von einem Stier in den besten Jahren, ziemlich hart war, allein das andere Fleisch war nicht viel weicher. Die Pfahlbürger liebten das Weiche, Kätschige nicht, die prächtigen Zähne jener Geschlechter hatten Jahrhunderte hindurch den schädlichen Einflüssen der Seenebel bis dahin noch fest widerstanden und insofern war Arthurs Behauptung in seiner Rede ein Vorgriff. Zu ββ ist zu wissen, daß die Pfahlleute den Namen: Kotelette noch nicht kannten. Hat doch der Berichterstatter mitzuteilen, daß manches Jahrtausend später, nämlich in seiner Knabenzeit, noch kein Mensch Kotelette, alle Welt nur Ripplein sagte. Jenes waren nun freilich keine Ripplein, sondern Rippen. Sie waren mit Speckstückchen und Petersilie höchst appetitlich belegt, und wurden zuerst nur als Schaustücke, dann zerlegt zum praktischen Gebrauch aufgesetzt. Der Wisentschwanz (χχ) galt als großer Leckerbissen; auf ein genußreiches Benagen folgte ein genußreicheres Aussaugen. Das war denn natürlich nicht für alle, sondern Vorrecht des Druiden; dies Hauptstück wurde also ihm allein vorgesetzt und kunstgerecht machte er sich an die Arbeit.

Ad III, 2. „Schnitzli" war ein Lieblingsgericht, wie schon früher angedeutet. Das Wort wurde in engerer und weiterer Bedeutung gebraucht, in jener bedeutete es Apfelschnitze, gedämpft mit Speckwürfelchen, und so ist der Ausdruck hier gemeint. Es darf nicht verschwiegen werden, daß die Schnitze nicht geschält waren. Auch diese Speise pflegen in Ehrfurcht vor alter Sitte heute noch die späten Enkel der Pfahlbürger als Nachtisch gern auf ihre Tafel zu setzen.

Ad III, 3, a. Riniturleckerli. Leckerli sind die heute noch wohlbekannten Leb- oder Honigkuchen. Sie wurden besonders schmackhaft in der Stadt Rinitur, dem jetzigen Basel, bereitet. Die Pfahlniederlassungen waren nicht so außer Verkehr, daß nicht wandernde Händler ein Produkt der Küche, worin eine Gemeinde die andere überflügelt hatte, weit ringsum verbreitet hätten. Bald aber wurde dieses Backwerk nachgeahmt und der Name bezeichnete nicht mehr die Herkunft, nur die Güte.

Ad III, 3, b. Hutzelbrot. Welcher Kenner der deutschen Literaturgeschichte weiß nicht, daß Schiller noch in späten Jahren dies Gebäck aus gedörrten Birnen, Mehl, Zibeben, Mandeln von einer schwäbischen Köchin sich bereiten ließ, Gästen zu versuchen gab und verlangte, daß sie es loben? Man sieht nur aus unserem Berichte, daß es uralt ist und sich von jenen Gegenden über den Podamursee nach Schwaben verbreitet haben muß. Die Stelle der Mandeln vertraten damals Haselnüsse, die der Zibeben Brombeeren.

Ad III, 3, c. „Wähen": uralter Name für Kuchen; Ableitung dunkel.

Ad III, 3, e, α. Der Leser hat wohl längst die Frage auf den Lippen, wo denn das Zahmgeflügel bleibe? Hier, bei diesem Gipfel der Küchenkunst, bei der Pastete, hat er die Antwort. Im Bauch dieses Prachtgebäudes befanden sich butterweich gebettet die Mäglein, Leberlein, Herzlein von Hühnern, Enten, Gänsen, nicht minder Flügel, Schlegel, Pfaffenschnitze, und zwar vereinigt mit „Milken" (was wir jetzt Brieschen nennen, die drüsenartigen Knollen am Halse des Kalbs) und mit Mausschlegeln. Mausbraten wird jetzt infolge törichten Vorurteils vernachlässigt. Warum sollte eine Maus unappetitlicher sein als eine Ente, eine Sau? Mausfleisch, insbesondere Schlegelstück, verbindet in feiner Einheit Wildfleischgeschmack mit dem zarten Geschmacke des Nußkerns. Etwas salzig Prickelndes enthält dagegen der Eidechsenschwanz, man möchte sagen, er bewirke ein gewisses wuseliges Gefühl auf der Zunge. – Zu β: „Form", nämlich zu der plastischen Gruppe, welche den Deckel des reichen und wohlgefälligen Ganzen bildete, haben wir nur die Eine Bemerkung, und auch diese nur für Kenner der Kunstgeschichte: Die Stilgebung des Künstlers stand auf einer Stufe ganz parallel mit dem Stile der Metopen von Selinunt.

Der Name des Künstlers darf so wenig im Dunkel bleiben, als der des Kochs und des Knochenspalters. Er hieß Schababerle und nannte sich Hofzuckerbäcker. Es gab freilich in Robanus keinen Hof, aber der Mann schuf und bildete an festlichen Tagen für die Tafel des Druiden und dieser ließ es gerne zu, daß er sich darum den Titel beilegte. Es ist nachzubringen, daß auch Sidutop auf denselben Grund hin ähnlich verfuhr; er nannte sich Hofkoch oder Hochwürdlicher Koch; den Knochenspalter Binuschnidur nicht zu vergessen: er betitelte sich gern Hofknochspalter oder Seiner Hochwürden Leibschlitzer.

Wir überlassen nun die tatlustige Gesellschaft im Glanze dreifacher Beleuchtung dem Genusse dieser Herrlichkeiten. Es ist lustig, im grünen Haine umstrahlt von feenhaftem Lichte zu speisen, und unsere Pfahlmänner bedrängte es wenig, daß die drei langen Tafeln eigentlich keine Tafeln, sondern aus quergelegten Prügeln nicht allzu eben hergestellte Flächen waren; lagen doch Bastdecken darüber gebreitet, welche das so ziemlich ausglichen und den Schüsseln einige Standfestigkeit gönnten. Nur die Männer sehen wir vereinigt; das Frauenvolk mußte zu Hause bleiben; ihnen wurden je nach einem Gang des Festschmauses die übrig gebliebenen Brocken zugetragen, woraus sich denn auch die Frage beantwortet, ob denn der Speiszettel für die bloße Hälfte der Gemeinde nicht zu reichlich sei. Die schönere saß in den geräumigeren Häusern des Dorfes zusammen, unter heiteren Gesprächen auf die willkommenen Abhübe wartend, und zwar an solchen Abenden beim Tee. Chinesischer war das freilich nicht, vielmehr ein Sud aus Schlüsselblumen, Holder und Schlehblüte, der mit Met ausreichend versüßt wurde.

O hin zu dir! zu dir! Nur einen Bissen reiche mir!

Faust: Doch ist es jedem eingeboren,
  Daß sein Gefühl hinan und vorwärts strebt,
Wenn vor dem Geist in Stille reif gegoren
Mit holdem Dampf ein Sauerkräutchen schwebt,
Wenn zart geräuchert neben Schweines Rüssel
Ein Wurstpaar dampfet in der wackern Schüssel,
Hienebst – verzeih! Ich muß ein wenig schmatzen –
Bayrische Knödel oder Schwabenspatzen,
Dazu ein Tröpfchen edles, firnes Naß
Vom Keller aus dem Lagerbiergelaß –

Gesang der Geister. Schwindet beengende,
  Mönchisch bedrängende,
  Traurige Wände,
  Weichet behende
  Traulichen Räumen
  Freundlicher Küche!
  Schüsseln umsäumen,
  Blanke, die Ränder,
  Pfannen die Ständer;
  Quillet hervor,
  Steiget empor,
  Holder Gerüche
  Reizparadies.
  Denn an dem Herde
  Flinker Gebärde
  Stehet die nette
  Köchin Babette,
  Drehet das fette
  Gänschen am Spieß. –

  Weitre Gewahrung
  Zeiget daneben
  Salzigen Harung,

Welcher soeben
Neben Kartöffelein,
Die sie gerädelt fein,
Stehet parat,
Kleingeteilt aufzugehn,
Angemacht aufzustehn
Im ölgenetzeten,
Essigdurchsetzeten,
Räsen Salat.

Doch in Kamines Schoß
Drängen sich klein und groß
Bis zu dem Firste,
Locken und winken
Rauchige Schinken,
Zungen und Würste,
Ziehn um die niedliche,
Um die gemütliche,
Die appetitliche
Köchin, die drehende,
Sorglich besehende,
Schwebenden Kranz.
Fertig nun findet sie,
Ziehet vom Spieße die
Brätelnde, schmorende,
Nasebetorende,
Goldschimmerhäutliche,
Brodelnde, bräutliche,
Rundliche Gans.

Wie sie sich beuget,
Wie sie sich neiget
Über die Schüssel,
Klirren bewegt,
Rasseln die Schlüssel,
Lange und kurze,

Blinkend am Ringe
Stählerner Zwinge,
Die sie am Schurze
Amtsgemäß trägt.

Doch der gewaltigste
Unter denselbigen
Öffnet aufs baldigste
Zu dem gewölbigen
Keller die Tür;
Dort aus dem kluftigen,
Dunkeln Gelaß
Luget herfür
Strotzend von duftigen,
Alten und reinen
Tiroler Weinen,
Strotzend von hopfigem,
Malzgehalttropfigem
Kraftelixiere
Lagernder Biere
Faß an Faß. –

Faust O, o, o!
O das ist nicht von Stroh!

Ach, laß mich fort, du bete nur und bleibe!
Ich breche auf und stürze in die Kneipe!
Was ist die Himmelsfreud'? Ein leerer Traum,
Verglichen mit der Kneipe trautem Raum!
Fühlt' ich nicht immer ihren Wert?
Bin ich der Schlucker nicht, der Schlechtbehauste,
Der Unmensch, den am magern Herd
Der grimme Durst, der dürre Hunger zauste?
Und seitwärts du, mit wohlerzognen Sinnen
In dieser Hütte dürft'gem Möbelzelt
Und all dein häusliches Beginnen

Umfangen von der engen Küchenwelt?
Dich, deinen Frieden muß ich untergraben,
Du, Kneipe, willst und sollst dies Opfer haben!
Hilf, Teufel, mir die Angst verkürzen!
Was muß geschehn, mag's gleich geschehn!
Genießen will ich noch des Lebens Würzen
Und meinethalb zugrunde gehn!

O hin zu dir! zu dir!
Nur einen guten Bissen reiche mir!
Nur einen guten Tropfen
Aus Malz und Hopfen!
Nur einen einzigen Pokal
Von dunkelrotem Spezial!
Nur einen! Reiche mir aus deinen Fluten
Nur einen kühlen Becher der Erquickung,
Ach, ich vergeh' in diesen Lechzegluten!
Errette mich vom Qualtod der Erstickung!

Früchte

    Rosig glühn
    Aus dem Grün
Pfirsiche, dort nickt die Traube
Purpurn aus dem Rebenlaube.

    Lieblich winkt
    Golden blinkt
Hier die Birne, dort die Quitte
Aus des dunklen Laubes Mitte.

    Dunkelblau
    Und vom Thau
Noch befeuchtet liegt die Pflaume
Hingestreut am Wiesensaume.

Der Lenz ist gekommen und die Freude ist eingezogen in diesem Lande. Eingezogen in seine Dörfer und Fluren. Eingezogen in seine Edelhöfe und Hochzeitshäuser. Die Kirschenbäume und Apfelbäume die ich meine, von ungezählten Mücken, Käfern und Bienen umschwärmt. Ueberall Wonne, Seligkeit und Friede; überall Sattwerden.

Großer Gott! Tagtäglich sehe ich vor Augen die großen Suppenhäuser der Menge, und höre die Tischglocken und die Tischgebete, und vernehme die laute Stimme des Speisemeisters, und allenthalben, wohin mein Auge fällt, verkümmerte, halbverhungerte Menschen.

Blühender Kirschbaum

Ungezählte frohe Hochzeitsgäste.
Groß und kleine, einfach und betreßte;
Herrn und Frauen, Edelfräulein, Ritter,
Ungezählte Väter wohl und Mütter;
Ungezählte Kinder, Großmatronen,
Jägerinnen viel und Amazonen,
Freche Dirnen wohl mit Ernsten, Frommen
Auf dem Edelhof zusammenkommen.

Ungezählte bräutlich schöne Zimmer,
Da und dort wohl mädchenhafter Flimmer,
Ungezählte ros'ge Hochzeitsbetten
Und daneben heimlich traute Stätten;
Rosenfarbig ausgeschlagne Stübchen
Für die Harfnerinnen und Schönliebchen;
Ungezählte Schalen mit Getränken,
Ungezählte Köche wohl und Schenken,
Ungemessner Raum zu freiem Walten
In dem Hochzeitshause ist enthalten.

Ungezähltes Kommen oder Gehen,
Abschiednehmen, Kehren, Wiedersehen,
Essen, Trinken, Tanzen, Liebesgrüßen,
Liebgewordnes wohl umarmen müssen;
Ungezähltes inniges Umfassen,
Götterfreies wohl gewähren lassen;
Ungezähltes Leid und Selbstvergessen
In dem luft'gen Saale, – – währenddessen
Ungezählte selige Minuten
An dem Freudenheim vorüberfluthen.

Das Kartoffelland

Vor mir steht in Blüte
Ein Kartoffelland;
Bürschlein, Achtung! hüte
Deinen Unverstand!

In des Krautes Knollen
Ist ein Geist gebannt,
Der ein schwächlich Wollen
Kräftig übermannt.

Auf den Kartoffeläckern drüben am Berge wandelte einst ein Geistlein. Es war, wie die Leute sagten, der Schenkwirth des Dorfes, „Branntweinhannes" geheißen, weil er das ganze Jahr auf Tode und Leben Kartoffelschnaps brannte. – Denn des Morgens in aller Hergottsfrühe kamen schon die Bauern und tranken, bis sie hirndipplich waren. – Nun müsse er als Geist auf seinen eigenen einstigen Kartoffeläckern die Köpfe umhertragen, die er mit seinem Giftwasser hohl gemacht habe und da geschehe ihm auch ganz Recht. Aber die Köpfe seien nun so zerbrechlich geworden wie Glas, und er dürfe sie bei Leibe nicht fallen lassen; sonst könne er am Ende gar nicht mehr erlöst werden. Ein Jahr lang müsse er jeden tragen, dann dürfe er zur Ruhe eingehen.

Das Kartoffelgeistlein

Siehst du es wandeln, als wärs ein Zwerg,
Das Geistlein auf dem Kartoffelberg?

Unheimlich gar ist es, hat krumme Bein',
Und wandelt Abends beim Dämmerschein.

He, Geistlein! He, Geistlein! He, sage mir,
Was wandelst du auf dem Felde hier?

Muß wandeln, o Menschlein! schon lange Zeit,
Obgleich ichs schon lange gebüßt und bereut.

Wahrhaftig! wahrhaftig! Du armer Tropf,
Trägst unterm Arme ja einen Kopf.

Und wankest und schwankest so hin und her,
Als ob du trügest am Kopf so schwer?

Ja freilich! Ja freilich! Drum muß ich sacht
An diesen Köpfen gar tragen bei Nacht.

Ja freilich! Ja freilich! schon lang ich trag'
An diesen Köpfen bei Nacht und Tag.

Wer bist du? wer warst du, da du gelebt,
Eh du als Geistlein herumgeschwebt?

Ein Wirth, der war ich, im Dorf da drin,
Auf meinen Namen mich nicht besinn'.

Und lange und lange, Jahr aus, Jahr ein,
Schenkt' meinen Gästen ich fleißig ein.

Am Ende da trugen sie mich hinaus –
Als ich erwachte: ha, welch ein Graus!

Da lagen die Köpfe von Dem und Dem
Auf einem Haufen, zuhand, bequem.

Doch hohl von innen, zerbrechlich baß;
Und Einer auf einem Stuhle saß:

Die Köpfe hier hast du all' hohl gemacht,
Zerbrechlich nun sind sie, drum trag' sie sacht!

Ein Jährlein jeden du trägest nun,
Und bist du fertig, so magst du ruhn!

Doch merk' dirs: zerbrichst du den Kopf des Wichts,
Eh's Jahr vorüber, so gilt es nichts!

So trag' ich, so trag' ich und habe acht,
Daß von den Schädeln mir keiner zerkracht.

Zerbrochen hab' ich noch Keinen nun,
Neun Köpfe noch hab' ich, dann darf ich ruhn.

Potztausend! da liegt er! o weh, er klafft!
Nun hab' ich ein Jährlein umsonst geschafft.

Der Todtenkopfschwärmer

Das Geistlein ist nun wohl schon lange erlöst, aber scheints doch nicht ganz, denn es hat einen Leib mit Flügeln bekommen, und muß als Todtenkopfschwärmer noch, wer weiß, wie lange? ein Todtenkopf mit sich herumtragen. Warum wohl? wer weiß es? Vielleicht, weil es einen zerbrochen und dann verheimlicht hat. – –

Mein Nachbar aber sagt, dieser Todtenkopfschwärmer sei ein böser Geist gewesen, der Alkohol geheißen habe und von einem fremden reisenden Weisen und großen Gelehrten in eine Flasche hineinverzaubert hier zurückgelassen worden sei. – Die Kinder des Wirthes aber hätten die Flasche vom Ofenbrett herabgeworfen, und so sei der Geist wieder hinausgekommen.

Zweite Abteilung:

Kellertexte

Motto

Der Wirtemberger

Der Name Wirtemberg
Schreibt sich von Wirt am Berg –
Ein Wirtemberger *ohne Wein*,
Kann das ein Wirtemberger sein?

Friedrich Schiller.

Isolde Kurz.	*Das Pulver tut seine Schuldigkeit.*
Anna Schieber.	Aus Kindertagen.
Karl Gerok.	Die reifende Traube. Die Weinberghalde „Zum Sünder". Auf Urbanstag. Im guten Jahr 1884.
Justinus Kerner.	An das Trinkglas eines verstorbenen Freundes. Mein Kristallglas. An ein grünes Glas von Duller.
Hermann Kurz.	Sankt Urbans Krug. Trinklied im Frühling. Im Weinberg.
Nikolaus Lenau.	In der Schenke. Das große Faß in der fürstlichen Kellerei zu Oehringen. Der einsame Trinker. Trinksprüche.
Eduard Mörike.	Das lustige Wirtshaus. Des Schloßküpers Geister zu Tübingen.

Friedrich Schiller.	*Herr Bruder, was wir lieben!* Punschlied. Punschlied, im Norden zu singen.
Ludwig Uhland.	Trinklied. Von den sieben Zechbrüdern. Die Geisterkelter. Das Glück von Edenhall. Rebenblüte.
Friedrich Theodor Vischer.	Spiritistisches Trinklied. An die Trockenen. Trinklied.
Christian Wagner.	Ein später Gast.

Das Pulver tut seine Schuldigkeit

Ganz Florenz war in Bewegung, als an einem lachenden Apriltag des Jahres 1482 Graf Eberhard von Württemberg, genannt der Bärtige, mit einer stattlichen Zahl von Räten, Edlen und Knechten seinen Einzug hielt.

Zwar war es den Florentinern nicht ungewohnt, fremde Gäste in ihren Mauern zu beherbergen, wurde ja der glänzende Hofhalt des Mediceers fast nie von Besuchern leer, und dieser Reiterzug erregte die Aufmerksamkeit des schaulustigen Völkchens nur deshalb so stark, weil man wußte, daß er weit von jenseits der Alpen aus einem kalten, finstern Barbarenland komme, dessen Lage und Beschaffenheit sich tief im Nebel der geographischen Begriffe verlor. Die Menge stand viele Reihen tief in den geschmückten Straßen, durch welche die Reiter kommen mußten, denn es war denselben ein mächtiger Ruf vorangegangen, daß sie Cyklopen von ungeheuerlichem Ansehen seien, mit langen, feuerroten Haaren und lodernden Augen, deren Blick man nicht ertragen könne. Von dem Führer aber ging die Rede, er habe einen Bart, der zu beiden Seiten über den Bug des Pferdes niederwalle und das Tier wie mit einem Mantel verhülle.

Jetzt erschien der Zug in einer engen, von hohen Palästen gebildeten Gasse, die sich in halber Länge zu einer dreieckigen Piazzetta erweiterte.

Vorüber zogen die wallenden städtischen Gonfalonen, die Bläser mit ihren langen silbernen Trompeten, woran unter weißem Federbüschel das Wappen der Republik schwankte, und die lustigen Pfeifer mit der roten Lilie auf der Brust – doch als nun an der Spitze der Reiter die kleine, hagere Gestalt des Grafen Eberhard in Sicht kam, dessen Bartwuchs zwar von stattlicher, doch nicht von unerhörter Länge war, da malte sich Enttäuschung auf den meisten Gesichtern.

„Das ist der Anführer der Barbaren – er ist ja kleiner als der Magnifico! – Und wie einfach er sich trägt!" hieß es im Volke, denn der erlauchte Lorenzo war mit den Herren vom Magistrat und vielen Edlen, alle reich in damaszierten Samt gekleidet und mit den Insignien ihrer Würde geschmückt, dem fürstlichen Gaste vor das Stadttor entgegengeritten und führte ihn jetzt auf einem großen Umweg nach seiner Wohnung.

Nun drängten sich die weiter hinten Stehenden auch vor. – „Und nach Rom ziehen sie? Zum heiligen Vater? Sind sie denn Christen?" murmelte es durcheinander. – „Nein, die hätte ich mir viel merkwürdiger vorgestellt."

Das gleiche mochte das schöne Mädchen auf der rosenumrankten, mit Teppichen behängten Loggia denken, das zwischen zwei älteren Herren stand und den Zug aufmerksam musterte. Sie hatte dazu den allergünstigsten Standpunkt, da die langgestreckte Säulenhalle mit der schmalen Seite nach der Straße ging und mit der Längsseite die Piazzetta, auf welcher sich der Zug zu stauen begann, einfaßte.

„Nun siehst du, Kind," sagte der betagtere von den beiden Herren, ein bartloser Mann mit regelmäßigen Zügen und dichten, noch schwarzen Augenbrauen, dem die Kapuze, welche zu seinem roten Lucco gehörte, vom Kopf geglitten war, daß das wallende Silberhaar frei floß – „siehst du, daß es Menschen sind wie wir, ohne Hörner und Klauen."

„Puh, was sie für Bärte haben," sagte das schöne Kind naserümpfend.

„Unseren Schönheitsbegriffen entspricht das allerdings nicht," antwortete der Vater mit gelassener Würde. Er sprach langsam und bewegte sich so schön, daß sein Lucco bei jeder Wendung des Körpers malerische Falten warf. – „Aber es sind sehr brave Leute. Betrachte dir den jungen Mann da vorn im schwarzen Habit – das scheint mein Freund, der gelehrte Kapnion zu sein, mit dem ich schon seit Jahren im Briefwechsel stehe, wenn ihn auch die Augen meines Leibes noch nie zuvor erblickt haben. Eine Leuchte der Wissenschaft und würde es wahrlich verdienen, die Sonne Virgils seine Amme zu nennen."

„Er wird Euch wohl die Handschrift bringen, nach der Ihr so lange suchen ließt, Vater?"

„Wenn der kostbare Kodex noch vorhanden ist, so möchte er leichtlich einen andern Liebhaber gefunden haben," mischte sich der dritte, ein hagerer Mann mit schmalem, vergilbtem Gesichte, ein, der den enthaarten Schädel durch ein flachanliegendes, schwarzseidenes Mützchen geschützt hielt.

„Ich dürfte ihn darum nicht einmal schelten, Marcantonio," entgegnete der schöne Greis mit Sanftmut. „Ist es doch ein Wettkampf, in dem alle Waffen gelten."

„Die armen Leute!" rief das Mädchen in jugendlichem Mitgefühl, „es mag ihnen wohltun, sich an unserer freundlichen Sonne zu wärmen. Darum zogen sie auch immer so gerne von ihren schneebedeckten Alpen zu uns herunter. Es muß kalt sein, sehr kalt in diesem Germanien."

„Ja, es ist ein kaltes, unwirtliches Land," antwortete der Alte. „Und wenn ich denke, wie viele unserer glorreichen Väter noch dort gefangen liegen und in ihren dunkeln Burgen und feuchten Klöstern der Befreiung entgegenschmachten!" setzte er mit einem Seufzer hinzu.

Zum Verständnis unserer Leser sei es gesagt, daß der alte Herr mit diesen Vätern die römischen Autoren meinte, welche die Nacht des Mittelalters hindurch in sauberen Abschriften von den deutschen Mönchen erhalten und gehütet worden waren und jetzt, seit dem Wiederaufblühen der klassischen Studien, scharenweise in ihr Geburtsland zurückwanderten.

Aber während der Vater sich nach der Straße hinabbeugte und mit sehnsüchtigen Augen dem gelehrten Kapnion, vulgo Johann Reuchlin, folgte, hing der Blick des Töchterleins an einem jugendlichen Reiter, der hinter dem Zuge zurückgeblieben war, um sein ungestümes Pferd zu bändigen, das sich stellte und auf dem Pflaster der Piazzetta Funken schlug. Er regierte das heftige Tier nur mit der Linken, während er mit der freien rechten Hand einen starken Lorbeerzweig, den er unterwegs gepflückt hatte, über das Gesicht hielt, um sich vor der ungewohnten Sonne zu schützen, die blitzend auf seinem blanken Stahlgehenke und den Metallplatten seines ledernen Kollers spielte.

Als sein Auge das an eine Säule gelehnte, mit Rosenranken spielende Mädchen traf, senkte er langsam wie zum Gruße den Lorbeerzweig und ließ ein gebräuntes, angenehmes Gesicht, blondem Kraushaar umrahmt, sehen. Da überkam das Mädchen der Mutwille, daß sie ein Rosenzweiglein brach und dem hübschen Barbaren zuwarf. Dieser erhob sich in den Bügeln, ließ den Lorbeer fallen und haschte geschickt das Röslein, worauf er sich dankend verneigte. Noch ein rascher Blick aus den blauen, leuchtenden Augen, und gleich darauf war der Reiter fast unter der Mähne des Rappen verschwunden, der unter seinem Schenkeldruck hoch aufstieg und ihn dann mit wenigen Sätzen dem Zuge nachtrug.

„Gar nicht übel für einen Barbaren," lächelte der alte Herr, der sich eben umgewandt hatte, wohlwollend, „was meinst du, Kind?"

Das Mädchen schwieg, sie hätte um alles in der Welt nicht gestehen mögen, wie sehr ihr der Reiter gefallen hatte, aber während sie alle drei von der Loggia zurücktraten, legte sie sich im stillen die Gewissensfrage vor, ob es wohl möglich sei, einen Barbaren zu lieben. ...

Marcantonio wischte sich den kalten Schweiß von der Stirne. Er erkannte mit furchtbarer Klarheit, daß sein Ruf, seine Ehre, sein Dasein, alles, alles zusammenbrach, wenn er nicht ebenso rasch und kühn wie verschlagen handelte. Er betrachtete den jungen Mann mit verstohlenen Blicken, die einem Todesurteil gleichkamen, und überlegte im Weiterschreiten, wie er sich am besten seines ahnungslosen Todfeindes entledige. Die Akademie! Lorenzo! Mehr brauchte er nicht zu denken, um jede Gewissensregung im Keim zu ersticken.

Schnell erwog sein findiger Geist alle Möglichkeiten mit ihrem Für und Wider. Daß der Jüngling allein gekommen, war schon ein günstiger Umstand, Herrn Bernardos früher Schlummer bot eine andere sichere Handhabe zu Marcantonios Rettung.

Es galt vor allem, den Junkherrn aus der Nähe des Wohnhauses zu entfernen, und dann – Zeit gewonnen, alles gewonnen, dachte Marcantonio, indem er den ermüdeten Gast unter einem Rebendach nach dem Olivenwäldchen führte, das sich einen sanften Hügel hinanzog und in den Bezirk des Gutes mit eingeschlossen war. Sie hatten einen hohen Brückenbogen zu überschreiten, der über einen tief eingebetteten, jetzt fast vertrockneten Wildbach weg die beiden Hälften des Gutes verband, deren eine Seite mit dem Wohnhaus und dem Garten zu Terrassen geebnet war, während die andere als Olivenhain mit angrenzenden Ackerfeldern und Wiesengrund die ursprüngliche hügelige Gestalt beibehalten hatte. Dort stand auf einem Vorsprung in gleicher Höhe mit der Villa, aber durch den Wildbach auf die Entfernung eines Steinwurfs von derselben getrennt, ein ehemaliges Bauernhäuschen, das einmal bei Gelegenheit eines ländlichen Festes von Marcantonio mit einem hölzernen Anbau versehen worden war und jetzt zuweilen bei Überfüllung des Wohnhauses einem überzähligen Gast als Nachtherberge diente. Deshalb war in dem einzigen Zimmer des oberen Stockes immer ein Lager bereit, eine Strohmatte deckte den Boden, eine andere bildete den Fenstervorhang gegen die Sonnenglut. Die unteren Räume waren früher Ställe gewesen und wurden jetzt nebst dem hölzernen Schuppen als offene Heuböden benutzt, so viel sich in der anbrechenden Dunkelheit erkennen ließ.

In dieses Häuschen, dessen Außenseite ganz von wilden Rosen umwuchert war, führte Marcantonio seinen späten Gast unter vielen Entschuldigungen, daß er ihm für heute kein besseres Quartier anbieten könne.

Er entzündete ein zierliches Kettenlämpchen auf dem Tisch und öffnete die Türe, die nach der hölzernen Veranda führte, um frischere Luft einzulassen, aber draußen schien es ihm nicht minder schwül als innen. Er wollte dem Fremdling noch ein Mahl aufnötigen, aber dieser lehnte alles ab und bat nur um ein Glas Wasser für seinen immer brennenderen Durst.

Da ließ es sich Marcantonio nicht nehmen, selbst nach dem Trunk zu gehen. Veit untersuchte währenddessen nach seiner Gewohnheit den neuen Raum, er warf das Schwert zu Boden und trat auf die hölzerne Veranda hinaus, die unter seinem Tritt erbebte und einen Regen zerflatternder Rosenblätter auf ihn niedersandte. Unter seinen Füßen fiel der Abhang felsig und steil wohl zwanzig Schuh tief nach dem Wildbach hinunter, der

Marcantonios Anwesen in zwei Teile zerriß. Drüben dunkelte das Wohnhaus in unklaren Umrissen, nur einen kleinen, steinernen Balkon, dem seinigen fast gegenüber, konnte er noch mit Deutlichkeit erkennen. Ob wohl hinter dieser Türe die Geliebte schlief? Es freute ihn, diesen Gedanken sich auszumalen und wie sie morgen früh an der steinernen Balustrade lehnen werde. Er warf eine Kußhand hinüber, dann schob er die Strohmatte von dem einzigen Fenster zurück und öffnete auch dieses, um sich zeitig durch die Sonne wecken zu lassen. Hier stand auf einem bemoosten Felsenhang über des Junkers Haupte eine hohe finstere Zypresse wie ein schwarzer Riesenfinger, der ihn warnend fortzuwinken schien.

Jetzt kam Marcantonio mit einer Kanne Wein und zwei silbernen Bechern zurück. Er schwenkte die Becher mit Malvasier aus, den er auf die Veranda sprengte, und trank dem Junker auf das Glück seiner Ehe zu, aber er selbst nippte nur, während Veit den Wein auf einen Zug hinunterstürzte, und durch den raschen Trunk nur durstiger geworden, noch einen zweiten Becher leeren mußte. Beim Schein der Lampe fiel ihm auf, wie bleich sein Wirt war: er schien jählings gealtert, und seine Brust keuchte. Kein Wunder, denn die Schwüle in dem Gemach war fast erstickend. Veit eilte wieder auf die Veranda hinaus und drückte seinen blonden Krauskopf trunken und liebeselig gegen das kühle Laubgeschlinge.

Marcantonio folgte ihm und sagte mit einer Anwandlung von Mitleid: „Wie wäre es, Herr Ritter, wenn Ihr mir noch heute den Kodex zeigtet, damit ich Euch gleich morgen mit meinem schwachen Urteil zur Seite stehen kann?"

„Verzeiht," war des Junkers unumwundene Antwort, „ich habe geschworen, ihn durch niemand berühren zu lassen, ehe ich ihn in Herrn Bernardos eigene Hände gebe. Des Tages ruht er sicher auf meiner Brust, bei Nacht lege ich ihn unter mein Kopfkissen," fügte er lachend hinzu.

Marcantonio Rucellai war ein reinlicher Mann und liebte es nicht, seine Hände mit Blut zu beflecken. Er würde auch gerne des Jünglings Leben geschont haben, hätte er nur eine andere Möglichkeit gesehen, ihn unschädlich zu machen. Er bebte innerlich vor der Tat zurück, ja, er wäre bereit gewesen, das Manuskript mit dem Opfer seines Vermögens zu erkaufen, aber er sah wohl, daß an einen gütlichen Ausweg nicht zu denken war.

Er schüttelte seinem Gast die Hand.

„Einen langen, festen Schlaf und süße Träume unter meinem Dach," wünschte er und entfernte sich, indem er die Türe nach der Treppe angelehnt ließ.

Veit wurde es plötzlich zu Mut, als ob tausend kleine Flämmchen über seinen Körper huschten. Er riß das Wams auf, zog die Papierrolle heraus, die ihn jetzt belästigte, und warf sie achtlos auf den Tisch. Seine Gedanken verwirrten sich, das Zimmer ging mit ihm im Kreise, und er mußte sich mit wankenden Knien an den Pfosten der Verandatüre klammern. Sonderbar, daß zwei armselige Becher Wein eine so berauschende Wirkung auf ihn übten! Junker Veit war sich doch bewußt, auch beim Glase seinen Mann zu stellen.

„Aber freilich, dieser Griechenwein, der unter Florentinischer Sonne reift, ist auch ein anderer Held als unser zahmes Neckargewächs," dachte er. „Ein Glück, daß s i e mich nicht so sehen kann."

Und erschrocken zog er sich in das Innere des Zimmers zurück, als wäre zu fürchten, daß die Augen der Geliebten ihn noch durch die Dunkelheit in so unwürdigem Zustand erblicken könnten.

Der Junker erwachte nicht, als sich die Gestalt seines Wirtes leise und vorsichtig zu der offenen Türe hereinschob. Marcantonio trug ein blankes, langes Messer in der Hand und ließ einen raschen Blick durch das ganze Gemach gleiten. Seine Züge zeigten in dem blassen Licht des Lämpchens den Ausdruck erbarmungsloser Entschlossenheit.

Er näherte sich leise dem Kopfende des Lagers, das dem Eingang abgekehrt war, und schob vorsichtig die linke Hand unter das Kissen, indem er zugleich mit der Rechten das Messer über dem Schläfer gezückt hielt, um bei der leisesten Bewegung zuzustoßen. Doch Junker Veit lag wie ein Toter, nur die Flut und Ebbe seines halbentblößten Busens verkündete Leben in der ausgestreckten Gestalt.

„Das Pulver tut seine Schuldigkeit," sagte sich Marcantonio, „aber wo hat er den Kodex?"

Er wagte es sogar, ihm die Hand unter das Wams zu schieben, nachdem er leise das Schwert entfernt hatte, aber er zog sie leer hervor.

Der Zorn über die vergebliche Mühe verscheuchte das aufkeimende Mitleid mit dem ahnungslos Schlummernden.

„Junger Tor," sagte er grimmig, „Gott weiß, ich verlangte nicht nach deinem Leben, auch nicht um Lucrezias willen, hättest du nur das Buch gutwillig hergegeben! Aber du hast es selbst gewollt."

Er zog einen Strohwisch aus dem Busen, entzündete ihn an der Lampe, nachdem er leise die Matte am Fenster wieder herabgelassen hatte, und schob ihn unter die Lagerstatt.

„So bin ich rein von Blut," murmelte er zufrieden. „Fahre nun in Flammen gen Himmel, samt deinem Cicero!"

Leises Knistern in dem von der Sommerhitze spröden Strohteppich sagte ihm, daß das Feuer schon sein Werk begann. Er zog sich rasch zurück, verschloß die Türe von außen und warf noch im Vorübereilen einen glimmenden Strohhalm auf gut Glück in den Heuschuppen.

„Zur Sühne für den armen Donato," murmelte er, „den das Barbarenvolk wie einen Hund erschlagen hat."

Als er am Fuß des Hügels stand, sah er von oben schon den Qualm zum Himmel steigen, und der Brandgeruch drang ihm in die Nase.

„Der Olivenhain wird verloren sein," sagte er sich und empfand es fast als eine Beruhigung seines Gewissens, daß er sein eigenes Gut zugleich dem Verderben preisgab.

„Es ist am besten so," dachte er noch, indem er nach Hause schlich. „Morgen wird es heißen, daß er in der Trunkenheit die Lampe umgestoßen habe."

Zu derselben Stunde stöhnte Lucrezia unter dem Bann eines schweren Alpdrückens auf ihrem Lager. Sie war stets ein gehorsames Kind gewesen und hatte ihre Ehre dareingesetzt, des Vaters Befehl willig nachzukommen, als er sie mit dem deutschen Junker verlobte. Daß ihr das leicht geworden, hatte sie sich zum besonderen Verdienst angerechnet und nicht geahnt, wie schwer ein väterliches Gebot fallen kann, wenn es dem eigenen Herzen widerspricht. Als sie nun vor wenigen Tagen die Wendung ihrer Zukunft erfuhr, da hatte sie wohl schüchterne Berufung auf ein früheres Versprechen gewagt, war aber von dem Vater nachdrücklichst bedeutet worden, daß sie dem Geschick und ihm für diesen Tausch zu ganz besonderem Dank verpflichtet sei.

Bernardo hatte seine Kinder stets in strenger Zucht gehalten, und Lucrezia fürchtete seinen lächelnden Ernst und die glatte Unbeugsamkeit mehr, als wenn er ein Wüterich gewesen wäre. Also hatte sie auch diesmal ihr Köpfchen geneigt, aber nicht in willigem Gehorsam, sondern erschrocken und wehrlos wie ein Lamm, das zum Schlachthaus geführt wird. Sie fühlte wohl in ihrem Grausen vor dem gelehrten Bräutigam, der mit dem pergamentenen Schädel selber einem alten Kodex glich, etwas wie ein heiliges Naturrecht durch, aber wie sich auflehnen, sie allein, ohne Hilfe, gegen den Druck einer eisernen Welt? Ja, wenn der blonde Fremde zurückkehrte und sie wieder in seine starken Arme faßte, dann würde sie keine Furcht mehr kennen. Sie mußte sich ihn denken, wie er etwas breitspurig herankam mit dem schweren Reitertritt und dem ehrlich leuchtenden Blick seiner blauen Augen. Ach, damals hatte sie nicht gewußt, wie glücklich er sie machte. Jetzt würde sie sich selig preisen, wenn sie nur mit Ihm ziehen dürfte in jene finsteren, sonnenlosen Wälder, wo die Gebeine ihres Oheims moderten, und dort in einer Höhle mit ihm leben. Doch Tag für Tag sah sie das Geschick näher heranrücken und klammerte sich der fliehenden Zeit ans Gewand, die sie erbarmungslos dem Entsetzlichen entgegentrug.

Überwältigt von Kummer und Scirocco hatte sie sich in dem schwülen Zimmer zur Ruhe gelegt, das auch durch die weitgeöffnete Balkontüre keine Luft empfing. Aus den Stallungen stiegen schwere Dünste auf, mischten sich mit dem Geruch welkender Blumen im Garten und vermehrten ihre Betäubung. Das häusliche Getriebe war verstummt, der dunkle Himmel, der durch die Balkontüre zu ihr niedersah, hatte keinen Stern, und es deuchte ihr, als sehe sie einen finsteren Magier mit großen dunklen Fittichen, die sich im Fluge nicht bewegten, geräuschlos über den Himmel hinziehen; es war der menschgewordene Scirocco, der wie durch bösen Blick die Natur lähmte und sie willenlos erschlafft in seine feuchten widerlichen Arme zwang. Nun streckte er diese Arme auch gegen sie aus, und jetzt erkannte sie, daß er Marcantonios Züge trug. Sie stöhnte unter seinem Druck, aber ihre kraftlosen Glieder konnten ihn nicht zurückstoßen. Da klang Veits Stimme in ihre umschläferten Ohren, so hatte sie ihn schon oft zu vernehmen geglaubt, aber heute vernahm sie ihn wirklich, nur vermochten die ersehnten Laute sie nicht aus dem Zauberschlaf des Glutwindes zu erwecken, sondern mischten sich in das Spiel, das ihre Träume trieben. Die Stimme, die einen Augenblick näher gekommen war, verlor sich wieder in der Ferne, der Retter fand nicht den Weg zu ihr, er ließ sich zur Seite locken, sie sah ihn ferner und ferner hinschwinden, aber sie konnte weder rufen noch die Arme nach ihm ausbreiten.

Mit Anstrengung öffnete sie die schweren Lider und sah im Waldhäuschen drüben ein rötliches Licht. Aber gleich begann die Phantasie ihr Spiel von neuem und verwob auch dieses Licht in ihren Traum. Da fuhr mit einem Male eine zischende Feuerschlange nieder, die sie auch mit geschlossenen Lidern wahrnahm, und fast gleichzeitig ein übergewaltiger Donnerschlag, der das ganze Haus in seinen Grundmauern rüttelte. Das Mädchen sprang mit beiden Füßen aus dem Bette, der Donner war das große Erlösungswort gewesen, das den Bann des Scirocco sprengte. Denn jetzt kam auch Leben in die Natur, die Lüfte rangen sich los, die Welt atmete befreit auf, während neue Blitze folgten. Im Hause schlugen Türen und Fenster, mehrere Stimmen wurden zugleich laut, die Pferde wieherten in den Ställen.

Die Jungfrau griff nach einem Gewand, das sie hastig umwarf, und trat ohne Furcht auf den Balkon, um dem prächtigen Gewitter zuzusehen, das in wilden Blitzen niederging, sich aber schon ein wenig entfernt hatte. Seltsam, drüben im Waldhäuschen brannte noch immer das rote Licht, aber es schien größer geworden, ja, es wuchs von Sekunde zu Sekunde. Jetzt tauchten andere Lichter daneben auf, feurige Zungen leckten empor und ließen auf Augenblicke die Umrisse des Häuschens aus der Dunkelheit hervortreten. Das Mädchen starrte lautlos auf das überraschende Schauspiel, denn nun erhellte sich das Häuschen auch von innen, und in dem roten Glutmeer, das langsam aufstieg, sah sie eine dunkle menschliche Gestalt. Wie ein Blitz trat es vor ihren Geist, daß sie soeben geträumt hatte, der Geliebte werde von dem Zauberer im Waldhäuschen gefangen gehalten.

„Guido!" schrie sie mit durchdringender Stimme, die weit in die schlafende Landschaft hinaushallte, und streckte die Arme aus, als könnte sie ihn durch den leeren Raum herziehen. Die Gestalt war plötzlich näher gerückt, sie stand wie in freier Luft, aber ganz von roten Flammen umzüngelt. Aufs neue schrie sie: „Guido! Guido!" aber jetzt wurde ein polterndes Krachen vernehmbar, das ganze Flammengerüste versank auf einmal in schwarze Nacht, und dichter Qualm verhüllte die Stätte.

Länger ertrug es Lucrezia nicht; ohne ihrer bloßen Füße zu achten, flog sie die Treppe hinab und durch das geöffnete Haustor ins Freie. Auf sandigem Weg eilte sie den Abhang hinunter nach dem Wildbach, dessen tiefeingerissenes Ufer von einem dichten Rohrwald bedeckt war. Sie brach durch das Gezweig, obgleich ihr der Wind den Rauch entgegentrug. Aber oben leckten noch wilde Gluten, die sich jetzt mehr nach abwärts wandten, und bei dem Feuerschein erkannte Lucrezia eine dunkle Gestalt am anderen Rande des Flußbetts. Sie arbeitete sich hinüber, mehrmals strauchelnd, weil das trockene Steingeröll ihre zarten Füße verletzte und ihnen keinen festen Halt bot. Sie erkannte jetzt den Junker, der am Boden lag, sie hätte ihn auch mit geschlossenen Augen erkannt, denn sie fühlte seine Gegenwart, und ihre Schüchternheit überwindend schlang sie beide Arme um ihn und suchte ihn emporzurichten. Doch er seufzte nur und schien nicht bei Besinnung zu sein. Da tauchte sie den Zipfel ihres Gewandes in den schwachen Wasserfaden, der noch inmitten des vertrockneten Bettes hinschlich, und netzte ihm die rauchgeschwärzte Stirn.

Sie erholte sich und nannte ihren Namen.

„Ich sah dich stehen und winken," stammelte er, „da sprang ich herab und verdanke dir mein Leben." Er versuchte aufzustehen, aber ein heftiger Schmerz bewies ihm, daß eine Kniescheibe verletzt und an kein Gehen zu denken war. Mittlerweile wurde der Qualm immer dichter und drohte beide zu ersticken. Mit röchelnder Stimme beschwor er sie, ihn zu verlassen und sich zu retten, aber sie schüttelte den Kopf, und nachdem sie mehrmals mit äußerster Anstrengung versucht hatte, den schweren Mann in ihren Armen aufzuheben, setzte sie sich ergeben nieder, zog seinen Kopf auf ihren Schoß und sagte zärtlich: „So sterben wir zusammen."

Aber der Himmel hatte Erbarmen mit dem jungen Paar, denn der Wind drehte sich und jagte die Flammen mit dem größten Teil des Rauches hügelabwärts und seitlich gegen das Olivendickicht hinüber. ...

Unter den Strahlen einer milden Septembersonne zog Lucrezias Brautgeleite durch das nördliche Tor von Florenz die Bologneser Straße hinauf. Die Hochzeit war mit einem auch den prunkliebenden Florentinern ungewohnten Pompe gefeiert worden, denn der große Municeer hatte selbst die Ordnung des Festes übernommen und sein Patenkind zur Kirche geleitet, um zugleich in dem fremden Ritter seinen neuen Freund Eberhard zu ehren. Kein Mißton trübte das Fest, wenn auch Bernardos gelehrte Freunde den Untergang der kostbaren Handschrift bei dem Brand des Waldhäuschens schmerzlich beklagten.

Bis Bologna ging der festliche Zug; dort nahm die Braut unter reichlichen Tränen, die aber über ein von Glück strahlendes Gesicht flossen, auf ewig von ihren Landsleuten Abschied. In einfachem Reisegewand ritt das schöne Paar, nur von wenigen Knechten begleitet, seine Straße weiter. Junker Veit hatte sein junges Weib auf dem Glauben gelassen, daß sie mit ihm in ein finsteres

Barbarenland ziehe, und freute sich ihrer froh enttäuschten Miene, wenn er ihr die segensreichen Fluren seiner Heimat mit den gewaltigen Lärchen- und Fichtenwäldern zeigen würde, nicht so schön zwar wie die Pinien und Zypressen ihres Sonnenlandes, aber noch schön genug für ein Auge, das liebt.

Aus Kindertagen.

Ich bin wieder einmal die alten Wege gegangen. Den Landolinsberg hinauf gegen die Burg hin und den grünen Weg entlang. Mich dünkt, er sei nicht mehr so grün, wie einst. Ich kann mir noch Zeiten denken, da schlugen die Büsche und Bäume hoch über einem zusammen und man war ganz ins Grüne hineingetaucht. Bis sich dann auf einmal die Wölbung auftat und das Neckartal vor einem lag und alles in Licht und Sonne und Farbe und Duft schwamm, die Stadt, die liebe, alte Stadt mit ihren Türmen und Giebeln und Gassen und der Neckar und die jenseitigen Höhen. Wenn dann eine Uhr zu schlagen anhub und eine nach der andern folgte, die auf dem neuen Rathaus, und die auf dem alten Rathaus, auf der beim Zwölfuhrschlag der Adler mit den Flügeln schlug, und auf der Stadtkirche und dem Schelztor und dem Pliensautor, und die hellen und dunkleren Töne da oben in der Luft verzitterten. Und wenn dann noch die Vesperglöckchen nacheinander läuteten, das helle, flinke auf der Burg drüben zuerst und man wußte: in fünf Minuten kannst du drunten sein, da, wo der Giebel des Vaterhauses hart an die alte Stadtmauer anstößt.

Ich kann doch nicht verlangen, daß alles noch gleich sei, wie damals. Das alte Schützenhäuschen kann ich nicht mehr finden, das dem Weinbergschützen zum Unterstand diente. Und in die Weinberge hinein, die sonst dort hinanstiegen, haben sie eine Villenstraße gebaut. Sie haben recht, es ist da schön zu wohnen. Und der grüne Weg ist viel breiter als früher und hat schöne Anlagen mit Sitzbänken. Ich kann es nicht anders verlangen, aber ich bin doch lieber weitergegangen. Es wohnt jeder einmal im Paradiese, und es muß jeder einmal hinaus und den Acker bauen, der Dornen und Disteln trägt. So lang man drin ist, weiß man's nicht, und wenn man davon weiß, dann ist man – drin gewesen. Und man sucht den Ort, aber er ist nicht mehr. Dann muß man still sein und sich in sich selbst bergen, denn da allein ist er noch zu finden. Da grünen noch die alten Bäume und reifen die Früchte, die später nirgends mehr so frisch und süß zu finden sind, da wandeln die

Gestalten, die längst dahin sind, da ist alles unverloren aufgehoben und es liegt noch ein Goldglanz darüber, das ist der Edelrost, den die Jahre dazu tun.

Der Weinberg, in dem der Mattheiß einst seine Reben beschnitt, ist auch nicht mehr. Zwar, als ich vorüberging, wehte der süße Duft der Rebenblüte fein und stark aus dem Garten, der an seiner Stelle liegt, zu mir herüber. Aber es ist nur ein Wandelgang, mit Wein bewachsen, der den Garten oben abschließt, und zwischen den Lücken schimmern dunkle Blumenbeete und die weißen Wände eines neuen Hauses gegen die Straße herauf.

So muß ich versuchen, die Erinnerung, die mit dem Duft der blühenden Reben und dem grünen Weg und dem Mattheiß zusammenhängt, aus mir herauszuholen und sie noch einmal ans Tageslicht zu bringen, ehe sie der Vergessenheit anheimfällt, wie alles, was seine Zeit auf Erden gehabt hat.

Zwar der Anfang liegt mir nicht offen; es ist ein lichter Nebel darüber gebreitet, wie über einen Maimorgen. Man sieht nur die Umrisse, die nach und nach schärfer und bestimmter werden, während der Nebel sich lichtet, bis auf einmal Häuser und Bäume dastehen und ein Fluß aufglitzert und Gestalten, die man kennt, dazwischen hingehen.

Ein Morgen dämmert mir zuerst herauf, wenn ich an den Mattheiß denke. Er war im Weinberg, draußen vor der Stadt. Wie ich aber dahin gekommen bin, weiß ich nicht mehr zu sagen. Es war sonnig und doch kühl dabei und ich weiß noch, daß in dem leuchtenden Blau des Himmels große, zusammengeballte, weiße Wolken hingen, die langsam fortsegelten und daß ich zu dem Mattheiß sagte, ich möchte auf so einer Wolke in den Himmel hineinschwimmen. Der Mattheiß sah mich an und schüttelte mit dem Kopf, denn er konnte nicht begreifen, daß man sich so etwas wünschen mochte. Er war groß, grobknochig und hager und kam, wie der Volksmund sagt, „oben herein", das heißt, er trug den Kopf und die Schultern stark vornübergebeugt. Das kam wohl davon, daß er viele Jahre seines Lebens die schweren Butten voll Erde den steilen Weinbergshang hinaufgetragen hat. Aus seinem schwarzbebarteten Gesicht heraus aber sahen ein paar gute, blaue Augen in die Welt hinein und auf mich nieder, als er sagte: „Auf was für Gedanken kommst du aber auch. Auf einer Wolke! tätest ja herunterfallen. In den Himmel kommst du auch so noch, heißt das, wenn du brav bist."

Aber so tief wollte ich die Sache nicht genommen wissen. Mir war nur beim Anblick der leuchtenden Segler da oben die Sehnsucht aufgestiegen, die auch schon in einem Kinderherzen Platz hat, und die die Arme breiten möchte in lichte, unbekannte Fernen voll Glanz und Herrlichkeit. Nun kam ich wieder auf die Erde herunter.

Der Mattheiß hantierte schon wieder mit seiner Schere an den Reben herum. Ich war seither auf einem Weinbergsmäuerchen gesessen, jetzt kam ich heran und sah ihm zu. Die Schere klappte eintönig weiter, und wo sie zugriff, da fielen saftstrotzende Triebe auf die Erde und hingen schwere, klare Tropfen an den Wunden der Reben. Die lösten einander ab und klatschten auf dem Boden auf und der Boden trank sie in sich hinein.

„Mattheiß?, warum tust du so?" wollte ich wissen. „Warum läuft das Wasser da heraus und warum schneidest du alles das Holz weg?" Und der Mattheiß gab mir Auskunft wie ein Schulmeister und auch wie ein Philosoph, und ich meine, damals habe mein Kinderherz zum erstenmal gespürt, wenn auch unklar, daß es auf der Welt Wunden und Schmerzen und Tränen gebe, die sein müssen und die man einem nicht ersparen könne. Ich hielt mein Halstüchlein an eine solche tropfende Wunde, denn der Mattheiß hatte mir gesagt, daß das geweint sei, was die Reben jetzt tun, und ich meinte, ich müsse den funkelnden Regen aufhalten. Aber das Wasser drang hindurch und ich mußte mein Tüchlein in die Sonne breiten zum Trocknen und so lang es trocknete, ersah ich mir eine Freude, die das flüchtige Leid schnell vergessen ließ. Am unteren Ende des steilen Hanges stand ein Syringenbaum in voller Blüte, und ich brach von dem niedrigsten Ast ein paar prächtige lila Blütendolden und begann eines jener zerbrechlichen Kränzlein zu flechten, die man hie und da mit Rührung und Staunen noch nach Jahren in seinen alten Schulbüchern getrocknet findet, die aber an der Sonne so schnell vergehen, wie die Stunde, in der sie geschaffen wurden.

    Mattheiß war ein alter Metzgerknecht, der neben dem Beruf her seines Herrn Weinberg bearbeitete. Den Herrn sah ich auch ein paarmal. Er war klein und dick und kurzatmig und hatte rote, entzündete Äuglein, die wie zwei schmale Schlitze in dem runden, rötlichen Gesicht standen. Als ich eines Tages bei meinem Freund auf der Weinbergsmauer saß und mit ihm sein Vesper teilte, Blutwurst und Schwarzbrot, und wir im allervergnüglichsten Gespräch waren, da kam der Herr an einem Stock mit kurzen, eiligen Schritten dahergesteckelt und schnaubte gefährlich, als es aufwärts ging, und sah mich mit seinen kleinen Äuglein verwundert an. Er war gar kein böser Mann, nicht im mindesten, aber es war mir unbehaglich, daß er nun so umhersuchte und die Traubenstöcke besah, die schön angesetzt hatten, und daß er meinen Freund Mattheiß dies und jenes zu tun anwies, und daß er mich schließlich in einen meiner bloßen Arme kniff und – he – he – he hervorhustete, indem er mit Wetzstahl und Messer, die er unter der Schürze hängen hatte, eine üble Musik vollbrachte: „die sind gut fett, die."

    Das alles schien mir eine Einmischung in unser stilles, schönes Weinbergsleben zu sein und besonders in meines Freundes Königreich. Denn ich hatte ihm den Weinberg schon lange zugeteilt als seinen Ort, an dem er regiere und walte und daheim sei, und an den ich zu ihm kommen konnte als in sein Eigentum.

    „Ja, was denkst du auch," sagte der Mattheiß, als ich ihm meine Entrüstung und meine ganze Anschauung vortrug. „Was denkst du auch. Ich – und einen eigenen Wengert. Das wär noch schöner. Ich bin ein armer Dienstbot. Das bin ich meiner Lebtag gewesen." Es tat mir etwas weh, als er das so ruhig hinsagte. Ich hätte ihm etwas schenken mögen, ein Stück Land oder ein Haus oder Rosse und Wagen. Aber ich hatte nichts, das ich verschenken konnte. Da sagte er, und deutete mit dem Hauenstiel hinüber, wo die weißen Kreuze und Grabsteine des Friedhofs in der Sonne schimmerten und die dunklen Cypressen wie ernste Wächter standen: „guck, Kind, da kriegt einmal ein jeder sein Plätzle. So groß er's braucht und nicht größer, auch nicht kleiner. Der Wengert – so lang ich drin schaffe, gehört mir jeder Traubenstock, und mitnehmen kann ihn der Herr nicht und der Knecht auch nicht."

Er war ein Philosoph, mein Freund Mattheiß, ein Lebenskünstler. Das verstand ich damals nicht. Aber irgend etwas in mir, eine Unruhe, ein Drang kam zur Ruhe. Es war nicht unrecht, wie es war, es war recht. Dem Mattheiß war es recht. Da war es mir auch recht.

Was das weiche Wachs eines Kindergehirns alles aufbewahrt! Hie und da sind Lücken. Ich weiß nicht mehr, wo unsere Freundschaft anfing und es ist niemand, der es mir sagen könnte. Aber sie war. Ich wurde damit geneckt, vom Vater und von den Brüdern, und ich ließ es mir gefallen. Wenn er mir, was ein paarmal vorkam, mit dem Metzgerkarren begegnete, auf dem ein geschlachtetes, zerhauenes Stück Vieh lag, dann ging er mich nichts an. Dann sah ich ihn, der eine blutige Schürze trug und der in großen, groben Schuhen mit schlürfenden Schritten hinter dem Karren herging, von der Seite an wie einen Fremden. So muß ich denken, daß er mir draußen im Weinberg etwas von sich gab, das er nur dort zu geben hatte, ein Stück Leben, eine Weisheit und Güte, die sich dort draußen auftat, wo die Natur um ihn und um mich herum war mit Sonne und Winden, mit Himmelblau und mit ziehenden Wolken, mit tropfenden, blühenden, früchtetragenden Reben.

Einmal schickte er mir einen Gruß in die Ferne. Das war, als ich zur Herbstzeit in der Vakanz verreist war. Da trat viel Neues in mein Leben, Menschen, Gärten, Wälder und Berge, Eichhörnchen und junge Raben, eine Schaukel zwischen zwei Bäumen, auf der man hoch in die Lüfte fliegen konnte, Buben und Mädchen und ein Luftkegelspiel. Ich lebte ganz in der Gegenwart und ich glaube nicht, daß irgend ein Gedanke in diesen Tagen den Mattheiß auch nur gestreift hat.

Da kam eines Morgens eine große Holzschachtel aus der Heimat an mich mit der Post, und als ich die Schnüre löste und den

Deckel aufhob, da lachten mich aus grünen und purpurnen Blättern heraus die schönsten Trauben an. Blauschwarze, großbeerige Portugieser, und hellgrüne, durchsichtige Gutedel, und die gelblichen, süßen Muskateller, die die würzigsten von allen sind. Da war ich mit einem Schlag eine reiche, wichtige Persönlichkeit geworden, die Gaben auszuteilen hatte, und es ging an ein großes Schmausen und Sichfreuen. Es war aber ein Blatt auf den Boden gefallen, liniertes Papier aus einem alten Schreibheft, das hob eine Magd auf und gab es mir, denn es war ein Brief an mich, in großen, ungelenken, groben Schriftzügen von meinem alten Freund geschrieben. Er dachte an mich, und weil die Trauben reif waren und ich nicht da, schickte er mir diesen Gruß, „ehrlich bezahlt an den Herrn," wie er deutlich schrieb. Ich hatte den Brief lange Zeit aufgehoben, nun ist er nicht mehr vorhanden, ich weiß auch nur noch den Schluß ganz wörtlich. Er lautete: „Ewig dein getreuer Matthias Holzapfel, Knecht bei Metzger Hammer in der Apothekergasse."

Das kam mir damals sehr schön und sehr rührend vor, und vielleicht war es mir einen Augenblick, als müsse ich jetzt gleich geschwind zu meinem Freund hinlaufen und mich zu ihm auf die niedrige Mauer setzen.

Aber als ich heimkam und mich meine Mutter fragte, ob ich ihm auch gedankt habe, da hatte ich's nicht getan. Es ist so eine Sache ums Danken bei Kindern. Sie haben das Herzlein voll, wenn ihnen jemand etwas Liebes tut, und wenn man ihnen dann ins Gesicht sieht, so kann man's aus den Augen herauslesen, daß da etwas lebt und überfließt. Aber zum Sagen kommt's nicht so leicht, und wenn man's von ihnen verlangt, daß sie's sagen, dann ist der Herzensdank gewöhnlich vorbei, ausgelöscht. Aber das tat meine liebe Mutter nicht. Sie sagte nur: „Er hat ein paarmal nach dir gefragt. Er ist ein Guter."

Die reifende Traube

Schau, wie im goldengrünen Laube,
Vom Blätterdache leicht verhüllt,
Die purpurne Burgundertraube
Sich Tag für Tag mit Feuer füllt;
Schau, wie sich schwellend Beer' an Beere
Stets fester ineinander drängt
Und tiefgebeugt von eigner Schwere
Die edle Frucht zu Boden hängt.

Einst in den ersten Maientagen,
Als noch das Träubchen jung und grün,
Da hat es hoch den Kopf getragen
Und streckte sich gen Himmel kühn,
Mit seiner kleinen, grünen Lanze
Fürwitzig stach es in die Luft
Und sog sich satt am Sonnenglanze
Und goß umher den Blütenduft.

Doch was sie damals eingetrunken
Von Himmelstau und Sonnenschein,
Nun kocht es, still in sich versunken,
Die Traube aus zu süßem Wein,
Und wenn dereinst dem grünen Holze
Der junge Kamm verwegen schwoll:
Die reife Frucht, entwöhnt vom Stolze
Senkt sich zur Erde demutsvoll.

Die Weinberghalde „Zum Sünder".

Die Morgensonne, sie flimmert so hell,
Das Sünderglöcklein, es wimmert so grell,
Es kommen die Leute zu Haufen
Durch Stuttgarts Gassen gelaufen.

Dem Rugger gilt es, dem jungen Blut,
Schad ist's um des Junkers adligen Mut,
Mit seinen gelbkrausen Haaren,
Mit seinen zwanziger Jahren.

Er trug den Kopf auf den Schultern so keck,
Auch trug er das Herz auf dem rechten Fleck,
Doch der Zorn und der Wein und die Minne
Sie brachten ihn leider vom Sinne.

Im Adelberghof gab's fröhlichen Schall,
Da schlugen die Junker und Knappen den Ball,
Es standen die Jungfern und Frauen
Am Gatter, das Spiel zu beschauen.

Und die schönste darunter, des Loselins Kind,
Die hat der Rugger im Herzen geminnt,
Der wollt' er im Spiele vor allen
Als rüstiger Kämpe gefallen.

Doch der Weißenburger, der zierliche Fant,
Der schlug den Ball mit geschickterer Hand,
Macht dreimal den Rugger zu Schanden,
Daß er schlecht vor der Liebsten bestanden.

Und die schalkische Schöne mit rosiger Hand
Lustpatschte dem Sieger, dem Rugger zur Schand,
Drob ist ihm vor grimmigem Grollen
Das Herz im Leibe geschwollen.

Hinschmiß er den Ball und den Schläger ins Eck
Und hob sich in zornigem Mute vom Fleck,
Lief hin, beim Wirte zur Ilgen
Im Weine den Gift zu vertilgen.

Da sieht er vom Fenster die zierliche Maid
Durchs Gäßlein gehn in des Junkers Geleit,
Ihr lustiges Lachen und Scherzen
Das grub ihm wie Messer im Herzen.

Stumm trank er, da kam auch sein Spielkumpan:
„Sei kein thörichter Wenzel und klinge mit an!"
Weg stieß der Erboste die Kannen
Und stürmte verwildert von dannen.

Und am Pförtlein paßt er mit nackender Wehr,
Der Junker kam pfeifend die Stiege daher,
Kein Wort hat der Rugger gesprochen,
Die Klinge durchs Herz ihm gestochen.

Drei Tage, so saß man zum Blutgericht,
Da bekannt' er die That und leugnete nicht.
Sie haben das Stäblein gebrochen,
Das Haupt ihm vom Halse gesprochen.

„Und muß ich denn sterben, ihr lieben Herrn,
Um Eins noch bitt' ich, das gönnet mir gern:
Nicht am Markt, – auf grünender Heiden
Laßt den bittern Tod mich erleiden!

Am Gabelberg liegt mir mein Ahnengut,
Da laßt mich verspritzen mein junges Blut,
Wo mein Vater den Wingert gebauet,
Wo vom Berge die Stadt man erschauet.

Zwar steil ist der Steig und der Weg ist lang,
Drum gönnt mir die Labe zum letzten Gang,
Vom eignen Gewächse, vom Roten
Sei dreimal ein Trunk mir geboten.

Und sterb' ich, der letzte vom alten Geschlecht,
So stift' ich den Wingert zum ewigen Recht,
Daß jeglichem Sünder vom Roten
Der Letztrunk werde geboten." –

Und wie sie ihn führten zum Thore hinaus,
Da trank er zum ersten am Thorwartshaus,
Zum zweiten am Steig in der Mitten
Und oben am Berge zum dritten.

Drauf kniet er, ihn segnet der Beichtiger ein,
Dann setzt er sich nieder aufs Mäuerlein
Wo sein Vater den Wingert gebauet,
Wo vom Berge die Stadt man erschauet.

Die Sonne am Himmel, sie flimmert so hell,
Das Glöcklein im Thale, es wimmert so grell,
Und die Stadt und der Berg und die Auen
Sie sind so wonnig zu schauen.

Und der Rugger schauet zum letztenmal
Hinunter die Halde ins grünende Thal:
O du Stadt, o du Welt, o du Leben,
Valet nun muß ich dir geben!

Und er wendet sein Haupt zu dem Volk im Rund,
Sagt den Freunden Ade mit zuckendem Mund:
Ihr Brüder, nun geht es ans Scheiden,
Den bittern Tod muß ich leiden!

Und er schauet zum leuchtenden Himmel hinauf:
Herr Christ, nun nimm mich zu Gnaden auf;
Und opfr' ich den Leib dir im Sterben,
So laß nicht die Seele verderben!

Vorbeugt er den Hals und das Richtschwert blitzt
Und wirft ihm sein Haupt in den Schoß wie er sitzt,
Und langsam ist er wie trunken
Ins Gras und die Blumen gesunken.

Im Weinberg droben am Mäuerlein
Noch kündet die Mär ein verwitterter Stein,
Und auf Kinder und Kindeskinder
Benennt man die Halde „zum Sünder".

Wer hat uns das Liedlein vom Rugger gemacht?
Ein Schreiber von Stuttgart hat es erdacht,
Saß gestern droben am Steine
– Mutterseelenalleine. –

Auf Urbanstag.
25. Mai

Im hohen Mond der Wonne,
Wenn bald die Rosen glühn
Und bald am Kuß der Sonne
die Reben duftend blühn,
Da singen wir und heben
Ein fröhlich Loblied an
Dem Schutzpatron der Reben,
Dem heiligen U r b a n.

Ich sah ihn jüngst im Bilde,
Der Mann gefiel mir wohl,
Der Heilge führt im Schilde
Gar lieblich sein Symbol:
Statt Säge, Rad und Zangen
Und andrem Marterzeug
In Händen thät ihm prangen
Ein grüner Rebenzweig.

Auch hört ich von ihm sagen,
Daß er, von Gott gesandt,
Dereinst in alten Tagen
Erschien im Schwabenland,
Und brachte wilden Heiden
Das Wort vom Himmelreich
Und pflanzt' auf öden Haiden
Den edlen Wein zugleich.

Da galt es auszuroden
Manch wilden Stamm und Schoß,
Daß aus geschlachtem Boden
Die zarte Rebe sproß;

Da galt es auszumerzen
Manch finstern Heidenwahn,
Daß in erneuten Herzen
Die Wahrheit fände Bahn.

Da ward der Wald gelichtet
Vom scharfen Schlag des Beils,
Der finstre Wahn vernichtet
Vom süßen Wort des Heils;
Nun duften grüne Reben
An sonniger Bergeswand
Und fromme Münster heben
Sich rings im deutschen Land.

Drum beide soll man ehren
Um ihre Gotteskraft,
Der Kirche heil'ge Lehren,
Des Weines goldnen Saft;
Ist uns das Wort gegeben,
Die Seelen zu erneun,
So soll der Wein daneben
Des Menschen Herz erfreun.

Dies Liedlein ist erklungen
Zu Sankt Urbanus Ehr,
Dem Winzer wards gesungen
Zugleich zu Lust und Lehr,
Daß er die Woche thue
Was seinen Reben frommt,
Doch auch am Tag der Ruhe
Zur Kirche fleißig kommt.

Im guten Jahr.
1884.

„Ein Segensjahr, nur eins noch wie vor Zeiten
    Möcht' ich auf Erden schau'n,
Wo goldne Monde sanft vorübergleiten,
    Ob den beglückten Au'n –

Dann wollt' ich gern als ein zufriedner Zecher
    Vom Erdentisch aufstehn
Und froh des Nachgeschmacks vom letzten Becher
    Dankbar von hinnen gehn."
        Frommer Wunsch
        (Blumen und Sterne)

Und endlich kam's, ein Segensjahr wie keines
    Seit lang gekommen war,
Ein Jahr des Korns, des Obstes und des Weines,
    Ein rechtes Jubeljahr.

Uns schenkte schon die holde Frühlingssonne
    Den Wonnemond im März
Und weckte neu zu hoffnungsvoller Wonne
    Das wintermüde Herz.

Ein Sommer drauf, der glorreich, glanzumflossen
    Am Himmel Meister blieb
Und alle Wetter mit den Lichtgeschossen
    Siegreich zu Paaren trieb.

Und nun im Herbst wie füllt ein fröhlich Leben
Mit Jubel Berg und Thal,
Wie schießt ins Faß das edle Blut der Reben
In purpurrotem Strahl!

Hab Dank, mein Gott, du füllest mir den Becher
Noch einmal gnädig voll,
Und willig geh' ich, ein zufriedner Zecher,
Vom Tische, wann ich soll.

Und doch fast wird dem Gast beim frohen Mahle
Zu früh der Becher leer,
Dem guten Wirt beut bittend er die Schale
Und spricht: „es schmeckt nach mehr".

Ja dieser Wein, der jetzt noch als ein neuer
Im Fasse schäumt und gärt,
Was wird er sein, wenn erst zu mildem Feuer
Sein Geist sich abgeklärt.

Mich dünkt, er müßte nochmals mich verjüngen
Mit seiner Wunderkraft,
Mir ahnt's, mir könnte manches noch gelingen,
Dieweil im Mark noch Saft.

Wie schön die Welt doch immer noch im Grunde,
Nun hab ich's neu geseh'n,
Und schade wär' es, vor der letzten Stunde
Verzagt von hinnen geh'n.

Drum, guter Gott, zum Schluß noch eine Bitte,
Vergieb sie gnädig mir:
Ich bliebe gern, wenn's deine Weisheit litte,
Noch eine Weile hier.

An das Trinkglas eines verstorbenen Freundes.

Du herrlich Glas, nun stehst du leer,
Glas, das er oft mit Lust gehoben;
Die Spinne hat rings um dich her,
Indes den düstern Flor gewoben.

Jetzt sollst du mir gefüllet sein
Mondhell mit Gold der deutschen Reben!
In deiner Tiefe heil'gen Schein
Schau ich hinab mit frommem Beben.

Was ich erschau in deinem Grund,
Ist nicht Gewöhnlichen zu nennen,
Doch wird mir klar zu dieser Stund',
Wie nichts den Freund vom Freund kann trennen.

Auf diesem Glauben, Glas so hold!
Trink ich dich aus mit hohem Mute.
Klar spiegelt sich der Sterne Gold,
Pokal, in deinem teuren Blute.

Still geht der Mond das Tal entlang,
Ernst tönt die mitternächt'ge Stunde,
Leer steht das Glas, der heil'ge Klang,
Tönt nach in dem kristallnen Grunde.

Mein Kristallglas.
An Nikolaus Lenau

Ein Glas, das ist mein Lieben;
Schon sind es zehen Jahr,
Daß es mir treu geblieben
Voll Scharten, dennoch klar:
Viel Risse, Ehrenzeichen,
Die Fahne zeigt im Wind,
Den Rissen zu vergleichen
Des Glases Scharten sind.

Oft ward es angestoßen
Mit Sang und Klang die Rund',
Daß spritzte, rot wie Rosen,
Der Wein aus seinem Grund,
Drob ist es nicht zersprungen,
Es schließt in sich noch gut
Den Alten und den Jungen,
Gleich wie ein Herz das Blut.

Treu wie mein lichtes Lieben
Ist selbst die Sonne nicht,
Im Winter noch, dem trüben,
Gibt's Wärme mir und Licht.
Im Winter, wie im Lenze
Füllt sich's mit goldnem Wein
Und hüllt in Rosenkränze
Den Schmerz des Trinkers ein.

Seh' ich in seine Tiefe
Wird es gar seltsam mir,
Als ob ein Freund mir riefe:
Herz! Herz! ich bin bei dir!
Dies Glas hat mir gegeben
Ein Freund im Trennungsschmerz,
Zerspringt's mit meinem Leben,
Legt mir's im Sarg aufs Herz.

An ein grünes Glas von Duller.

Mein grünes Glas, mein Dullerglas!
Wenn nun verwelkt liegt Blatt und Gras,
All Grünes von der Erde wich,
Greif' ich nach dir und fülle dich.

Da schaut aus dem smaragdnen Grund
Der Erdball wieder grünend rund
Und durch das Grüne blitzt der Wein
Wie durch Gezweig der Sonne Schein.

Und leer' das Glas ich, füllt die Luft
Ein Duften wie Waldblumenduft,
Und schlag' ans Glas ich, tönt ein Klang
Wie durch Walddunkel Vogelsang.

Doch nicht allein zur Winterszeit
Es oft aufs Herze eisig schneit,
Auch Sommers kommt wohl manch ein Tag,
Glas, wo ich in dich schauen mag.

Mein Dullerglas! dich laß ich nicht,
Bis gänzlich voll mein Herz zerbricht,
Zersprungen ist es, ach! schon lang'!
Gibt nicht wie du mehr hellen Klang.

Hell aber klinge lang' noch du!
Und decket Gras mich Müden zu,
Nehm' Duller wieder dich nach Haus
Und denke mein, trinkt er dich aus.

Sankt Urbans Krug.
Ein Schwank aus dem Vagantenleben des 16. Jahrhunderts.

An einem heißen Spätsommertage wanderten drei fahrende Schüler durch das Höllental, dessen enge Schlucht zwischen senkrechten Felsenwänden am rauschenden Wasser hin kühl zu begehen war. Sie bedurften der Kühlung im tiefen Talgrunde unter dem grauen Gestein und den überhängenden Tannenforsten, denn sie waren alle drei seltsamlich bepackt. Der vorderste, weißköpfig, wie man es sonst nur an Kindern sieht, ehe ihnen die Haare im Erwachsen dunkler werden, dazu über seine Jahre beleibt und reichlichen Schweiß vergießend, trug einen gebratenen Hammelsschlegel, abwechselnd bald gesenkt, bald wie einen Spieß über die Schulter gelegt. Der zweite, schwarzhaarig und mit klugen, dunklen Äuglein um sich herblinzelnd, folgte mit einer großen Flasche Weins, die er mit frischem Moos umwunden hatte.

Der dritte, ein etwas schief gebauter kleiner Mensch mit zweierlei Augen, trug das zum Wein und Fleisch gehörige Brot, aber auch noch eine andere Last. Die beiden, die sich zufällig in der Herberge getroffen und Kundschaft miteinander gemacht, waren auf eine sonderliche Weise zum dritten Genossen gekommen. Als sie dort mit ihrer Beute abzogen, führte sie bald hernach der Weg an einem Galgen vorbei, der nicht weit von der Straße auf einer Anhöhe stund. Es wäre ja ein Wunder gewesen, wenn man nicht von Meile zu Meile einen angetroffen hätte, und noch ein größeres, wenn derselbe leer gewesen wäre. „Heda, komm' mit!" rief der Weißkopf dem derzeitigen Bewohner zu. „Verziehet nur einen Augenblick, liebe Gesellen, ich bin gleich bei euch!" erscholl es auf diese Einladung vom Galgen her. Die beiden Vaganten, über solchen Spuk am hellen lichten Tage unmäßig erschrocken, liefen aus Leibeskräften davon und hätten den Raub schier weggeworfen, als sie Tritte, so schnell wie die ihrigen, hinter sich herkommen hörten. Der Weißköpfige hatte zuerst Reißaus genommen und den Schwarzen mit seiner Furcht angesteckt, der sich des Davonlaufens allmählich zu schämen begann und, an der jähen Steige angelangt, gern haltgemacht hätte, um seinen Wein nicht zu verschütten. Aber als er sich umsah, kam ihm eine Figur nachgerannt, die ihn aufs neue in die Flucht trieb. Der Kleine hatte nämlich, als ihn sein Weg in die Nähe des Galgens brachte, an dem Gehängten ein paar noch gute Beinkleider – jede Hose nach herrschendem Brauch für sich besonders befestigt – wahrgenommen und sich derselben zu bemächtigen gesucht. Da es ihm jedoch nicht gelang, sie von den stark geschwollenen Beinen herunter zu streifen, so hatte er diese kurzweg abgeschnitten und war eben hinter einem Gebüsch am Galgen beschäftigt, den Kern wegzuwerfen und die Schale zu behalten, als jener Zuruf von der Straße her geschah. Er glaubte ihn an sich selbst gerichtet und beabsichtigte keineswegs mit seiner Antwort so großen Schrecken zu erregen; wie er aber die beiden laufen sah, so wurde es ihm selbst unheimlich, er befestigte geschwind die beiden noch immer bekleideten Beine mit einem Nestel aneinander, warf sie über den Kopf, daß sie zu beiden Seiten vom Halse herunterbaumelten, und lief den Flüchtlingen nach, als ob der Tote, dem er doch für alle Fälle das Gehen niedergelegt hatte, hinter ihm herkäme.

Soeben öffnete sich vor ihnen das Felsentor der Hölle, und sie schritten aus der Schlucht in die schöne Talebene, die das Himmelreich geheißen ist. Eine offene lachende Gegend, die das Herz weit und leicht macht beim Herauskommen aus der düstern Enge, lag in sonnigem Grün vor ihnen, anmutige Höhen zogen nach dem Rhein hinaus; in geringer Entfernung winkte Freiburg, dessen Münsterspitze über eine Anhöhe herübersah, und im fernen Hintergrunde dämmerte der blaue Zug der Vogesen.

So wenig unser Kleeblatt ein bewußtes Auge für dieses Landschaftsgemälde hatte, so nahm es den Anblick doch mit unwillkürlichem Wohlbehagen in sich auf. Der Weißkopf zumal, der hier im Freien keine lauernde Gefahr mehr fürchtete, überließ sich dem Gefühle der Ruhe, das die heitere Umgebung vor allem den Wanderern einflößte. Er warf sich in den Schatten einer Linde, unter welcher ein Quell durch Steinbrocken nach dem Flüßchen sickerte. „Hier ist gut wohnen," sagte er, die Hammelskeule neben sich legend. „Seid ihr nicht auch müde?"

Der Schwarze stellte die Flasche sorgfältig in das Wasser, warf sich neben ihn und begann zur Antwort mächtig zu gähnen, worauf der Kleine dem Beispiel der beiden anderen folgte und, sich ebenfalls seiner Last entledigend, den Kopf im Grase begrub.

„Wollen wir nicht ein wenig schlafen?" fuhr der erste fort. „Der Tag liegt noch lang genug vor uns! Ein Schläfchen hilft die alte Zehrung vollends verdauen, und beim Aufwachen wird Essen und Trinken um so besser schmecken. Hört an, es gilt eine Wette. Jeder soll nachher erzählen, was ihm geträumt hat, und wer den besten Traum sagen kann, der soll das Bestteil vom Schmause haben."

Seine beiden Gesellen hießen den Vorschlag gut und legten sich zum Schlafen zurecht. Der Schwarze schnarchte alsbald überlaut, setzte aber zuweilen aus, so daß dazwischen die tiefen Atemzüge der beiden anderen Schläfer hörbar wurden. Er dämpfte seine Orgeltöne mehr und mehr und ließ sie zuletzt ganz verstummen. Dann öffnete er abwechselnd das eine und das andere Auge, und als er sich nach längerem Blinzeln überzeugt hatte, daß die beiden fest schliefen, richtete er sich geräuschlos auf, zog sein Messer und langte nach dem Hammelsschinken. Vergnüglich in die Landschaft schauend, begann er ein Stück um das andere abzuschneiden und zu verzehren. Dabei blickte er von Zeit zu Zeit mit großer Gemütsruhe auf seine Genossen, ob sie noch nicht erwachen wollten. Er schien es ihnen nicht zu mißgönnen, vielmehr hielt er dann und wann ein wenig inne, als ob er ihnen Frist lassen wollte, ihre Rechte geltend zu machen. Da sie sich aber nicht rührten, so setzte er sein Geschäft in langsamer Eile fort. Nach einiger Zeit betrachtete er kopfschüttelnd, was Arbeit er gemacht. Das Stück war nicht nur sehr verunstaltet, sondern auch seinem Bestande nach so verringert, daß es ihm wohl spöttisch dünken mochte, zwei männlichen Fassungsvermögen solch armseligen Rest als Atzung zuzumuten. Er fuhr fort, bis auf allen Seiten der bloße Knochen des Messers spottete; dann legte er ihn leise in das Gras. Hierauf holte er die Flasche aus dem Keller, den er ihr bereitet hatte, und tat einen tiefen Zug. Neidlos wartete er auch jetzt wieder, ob keiner der beiden anderen Anspruch auf die Gottesgabe machen würde. Da es aber nicht geschah, so setzte er die Flasche wieder an den Mund und nach einer Weile abermals. Daß er jetzt strenger arbeitete denn vorhin, kam wohl nicht von Mißgunst her, sondern von der magnetischen Kraft der Flasche, die immer von neuem zum Munde wollte. Der Inhalt schwand zu einem Reste zusammen, mit welchem zwei Durstige zu reizen grausam gewesen wäre; nach einem langen, bedächtigen Blicke auf die beiden Schläfer gab er menschenfreundlich der Flasche einen Schwung, und bald rollte ihm der letzte Tropfen in die Kehle hinab. Darauf barg er die leere Flasche sacht im Grase bei dem kahlen Schöpsenknochen.

Etwas müde, aber höchst behaglich legte er sich nun ins Gras zurück und starrte eine Weile nach dem blauen Himmel. Da ihn aber das Gähnen jetzt ernstlich überkam, besorgte er, er möchte einschlafen, und in diesem Zustande einer leicht vorherzusehenden Gefahr preisgegeben sein. Er kitzelte sich daher mit einem Grashalm in die Nase, worauf er sofort heftig niesen mußte. Beim ersten Posaunenstoße fuhren die beiden Schläfer empor, und er richtete sich gleichfalls wieder auf.

„Ein gutes Zeichen!" sagte er, von mehrmaligem Niesen unterbrochen. „Dieses Niesen bedeutet mir, daß in meinem Traume Wahrheit ist. Nun laßt zuvörderst hören, was e u c h geträumt hat."

Der Weißkopf rieb sich die Augen. „Ich habe einen gar feinen und lustigen Traum gehabt," sagte er. „Vielleicht tat's der Name des Ortes, wo ich geschlafen bin, oder war's vielleicht höhere Eingebung. Kaum hatte ich mich niedergelegt, so sah ich eine goldene Leiter, die bis in den Himmel reichte. Daran stiegen die Engel auf und nieder, die nahmen meine Seele und führten sie ins Himmelreich. Da saß ich auf einem goldenen Stuhl und sah so viel Freuden, desgleichen kein Auge je gesehen und kein Ohr gehört hat. Ich will's euch noch ausführlicher beschreiben. Aber zuvor wollen wir die Wette lösen. Sagt selbst, ist mein Traum nicht wert, daß ich das Beste von unserer Wegzehrung bekomme?"

„Gemach!" versetzte der Schwarze. „Wir wollen erst unsere Träume austauschen. Was hat dir geträumt?" fragte er den Kleinen.

„Das Widerspiel von unseres Gesellen Traum", antwortete dieser. „Mag sein, daß mir der Ort, von dem wir herkommen, im Traume nachgegangen ist. Kaum daß ich schlief, so kamen Teufel mit eisernen Haken, die zogen mir die Seele aus dem Leibe und führten sie in die Hölle. Da mußte ich auf scharfen Schermessern sitzen, und sie sagten zu mir, das daure bis zum jüngsten Gericht, dann werde meine Sache noch einmal vorgenommen. Bald darauf hörte ich ein scharfes Blasen und dachte, es sei die Gerichtsposaune, aber es war dein Niesen, Bruder, wofür ich dir Dank sage, denn es hat mich aufgeweckt und aus der ewigen Qual erlöst. Den Preis kann ich nicht ansprechen, aber ich bin zufrieden, wenn ich mein bescheiden Teil hinnehmen darf."

„Jetzt kommt mein Traum an die Reihe," sagte der Schwarze. „Der trifft merkwürdig mit den eurigen zusammen. Als ich eingeschlafen war, stand ein Engel vor mir und sprach: ‚Steh' auf und komm mit mir'. – ‚Herr', sprach ich, ‚ich getraue mir's nicht; denn was würde derweil aus dem Hammelsschlegel und der Weinflasche werden?' – ‚Es soll ihnen nichts widerfahren,' sprach er, ‚komm nur und siehe, wo deine Gesellen sind.' Da führte er mich zu der Himmelstüre, und ich sah hinein und sah einen großen Glanz, und in dem Glanze saßest du auf einem goldenen Sessel, wie du gesagt hast, und wurdest von den Engeln mit Manna, Milch und Honig gespeist. Darauf führte er mich ans Höllentor und ließ mich in einen Feuerofen sehen, und da sah ich dich, wie du auf den scharfen Schermessern saßest, und wie die Teufel dir siedendes Pech und Schwefel eingaben. Da sprach der Engel zu mir: ‚Nimm wahr, deine Gesellen sind versorgt, ein jeglicher in seiner Art, und haben zu beißen und zu brechen genug.' Und er führte mich wieder an diesen Ort zurück und sprach fürder: ‚Genieße, was dir Gott beschieden hat, denn deine Gesellen gönnen's dir gern und wollen keinen Teil mehr daran haben in ihrer Seligkeit und ihrer Pein'. Da tat ich, wie er mich geheißen hatte, und siehe, wie ich aufwachte, war mein Traum bereits in Erfüllung gegangen."

Hiermit schob er das hohe Gras auseinander, in welchem das blanke Schöpsenbein und die leere Flasche trübselig beieinander lagen.

Der Weißkopf sprang wütend in die Höhe. „Daß dich Gottes Marter schände, du leichtfertiger, lügenhafter Fleischbösewicht!" schrie er. „Du hast in deinen verdammten Hals gelogen! Ich bin im Himmelreich nicht gespeist worden, keinen Bissen hab' ich gekriegt! Gib das gestohlene Gut heraus!"

„Das wär' ein unsauberer Handel," meinte der Kleine lachend, der ungeachtet seines sichtbaren Hungers – denn er preßte sich die Seiten zusammen – mit Blicken ungeheuchelter Bewunderung an dem wohlbedachten Träumer hing.

Der Weißkopf aber fuhr mit dem Pallasch heraus und drang auf den Schwarzen ein, der ebenfalls vom Leder zog. Doch ehe sie handgemein werden konnten, hatte der Kleine, der sich auf die Seite des Schwarzen schlug, seine beiden Totenbeine aus dem Grase aufgerafft und drohte sie wie Keulen über dem Haupte des Angreifers zu handhaben. Als dieser sich in der Minderheit sah, stellte er die Feindseligkeiten ein, versah sich seines Vorteils, spießte mit einem glücklichen Stoß das Brot, das der Schwarze in seinem Überflusse verschmäht hatte, zückte es an sich, trug es so auf der Spitze der Klinge von hinnen und lief schimpfend und wetternd ins Tal hinaus.

Der Kleine machte Miene, ihm das Brot wieder abzujagen, aber der Schwarze sagte gleichmütig: „Laß ihn laufen."

„Fahr hin in Gottes Haß, du verfluchter Franzos!" rief der Kleine dem Flüchtigen nach. Der Verlust des Brotes, auf das er sich Rechnung gemacht, hatte ihn mehr verdrossen als die Einbuße an Fleisch und Wein, bei welchen er doch jedenfalls der letzte gewesen wäre.

„Du hast trotz deiner zweierlei Augen ein redlich Gemüt, Bruder," sagte der Schwarze zu ihm. „Halte du dich fest zu mir, und du wirst sehen, daß wir uns miteinander durchschlagen. Dein Magen, bedünkt mich's, ist heut' noch ziemlich leer?"

Der Kleine nickte.

„Dann hat dein Kopf um so mehr Raum zu Anschlägen. Und dennoch trägst du irgendwo am Leib ein Häuflein Örter und Schillinge in einen Lappen eingewickelt."

Der Kleine nickte abermals. „Du mußt einen Wahrsagergeist haben, Bruder," sagte er.

„Nein," erwiderte der Schwarze, „ein fröhlich Fältlein an deinem Auge hat mir verraten, daß du nicht so völlig Kahlmäuser bist, wie ein ungeübter Blick dich schätzen würde. Wohlan, die Handvoll Silberlinge soll dir Essen und Trinken schaffen genug, jedoch nicht unmittelbar, sondern als Brutpfennig, den wir auf Gewinn anlegen. Laß mich nur machen und folge mir, wie ich dich anleiten werde, dann können wir morgen den Gewinn teilen: zwei Teile mir und den dritten dir, so du's zufrieden bist und für billig hältst, was mir billig dünkt; denn in meinem Kopfe ist der Rat gewachsen, und ohne mich würdest du hier herum, wo du der Leute Art nicht kennst, wenig ausrichten."

Mit Freuden verstand sich der Kleine zu allem, was der andere ihm auferlegen wollte, nur wünschte er zuvor seine Galgenbeute zu schälen, um nicht den unnützen Teil derselben müßig weiter schleppen zu müssen.

„Nein, nein," sagte der Schwarze, „es wird jetzt allmählich spät, und wir dürfen uns nicht länger aufhalten. Hast du die Last so lange tragen können, so trage sie auch noch ein wenig länger. Auf die Nacht findest du noch Zeit genug, dich ihrer in Gemächlichkeit abzutun." – Mit diesen Worten nahm er die leere Flasche aus dem Grase auf und setzte sich in Bewegung.

Der Kleine lud sich ohne Murren die beiden Totenbeine über die Schulter und folgte dem Mentor, der in der kurzen Zeit seine ganze Anhänglichkeit gewonnen hatte. An einer Schenke, zu welcher sie gelangten, legte er sein Gehänge ab, zog er die wohlverborgenen Sparpfennige hervor, ging hinein und kehrte bald mit einem mächtigen Steinkruge voll Weines zurück. Der Schwarze nahm ihm denselben hilfreich ab, während er sich wieder belud, und sie verließen die Straße auf einem Seitenpfade, aber nicht, um an einer abgelegenen Ruhestelle sich gütlich zu tun. Vielmehr wanderten sie wohl eine Stunde lang, im Tragen des schweren Kruges abwechselnd, ohne Aufenthalt ruhig fort, bis sie mit sinkender Nacht zu einem einsamen Bauernhofe gelangten. „Auf dieser Einzechte," sagte der Schwarze, „werden wir, hoff' ich, einen guten Handel machen." Er wiederholte ihm noch einmal die Anleitung, die er ihm unterwegs gegeben hatte. „Wenn alles gut abläuft," fügte er hinzu, „so melde dich an der Türe um ein Nachtlager; ich werde dir dazu behilflich sein."

Er gab ihm den Weinkrug und ging mit der leeren Flasche dreist aufblickend in die zu ebener Erde gelegene Stube, wo die Leute beim Lichtspan zusammensaßen.

„Bin so frei, unangeklopft einzutreten," sagte er, „damit man nicht glaube, es sei etwas Unholdiges um den Weg."

„Was soll's?" rief der Bauer ziemlich barsch, indem er sich aus seinem Halbschlaf am runden Tisch im Herrgottswinkel vor der Wandnische mit dem Hausaltärchen aufrichtete.

„O ihr Menschen, hütet euch vor Sünd' und Laster!" antwortete der Eintretende auf diese Frage und begann sofort eine lange Litanei zu beten, wobei alle Anwesenden andächtig zuhörten.

„Woher geht die Reise?" fragte der Bauer in gelinderem Tone.

„Grad aus dem Venusberg, wo ich mit dem edlen Tannhäuser und mit Dietrich von Bern und dem alten Hildebrand manchen Tag zusammen gewesen bin."

„Was? der Dietrich von Bern und der alte Hildebrand sind auch in selbigem Berg?"

„Freilich, und der getreue Eckard und noch viele andere werte Helden, mit denen ich nach goldenen Kegeln geschoben habe mit goldenen Kugeln."

„Das ist grausig!" rief die Bäuerin.

„Habt ihr sonst noch was gelernt am Venusberg?" fragte der Bauer.

„O ja, ich kann Tote beschwören, kann im Kristall, wie auch im Wasser und Feuer künftige Dinge schauen, kann dem Menschen aus seiner Hand wahrsagen, und kann das Sieb laufen lassen, auf daß offenbar wird, wenn einer etwas gestohlen hat."

„Vor dem Totenbeschwören graut mir," sagte der Bauer, „aber die Kunst mit dem Sieb wär' mir eben recht, dann könnten wir doch herausbringen, wo unser Kalb hingekommen ist."

„Gern," erwiderte der Schüler. „Aber diese Kunst kann nur morgens früh nüchtern vorgenommen werden. Wenn ich Euch also dienen soll, müßt Ihr mir ein Nachtlager geben, um das ich Euch ohnehin habe bitten wollen; denn aus diesem Grund bin ich eingetreten, weil ich auf meiner Pilgerschaft, die ich mir zur Buße für meine Sünden im Venusberg auferlegte, mich in der Dunkelheit hieher verirrt habe."

Bauer und Bäuerin sahen einander mit stummen Blicken beratschlagend an, während der Fremde, der Erfüllung seines Gesuches schon so gut wie gewiß, die leere Flasche gleichmütig auf den Tisch setzte.

„Was ist's denn mit der Flasche da?" fragte der Bauer, ohne vorerst auf das Anliegen des Gastes zu antworten.

„Das Fläschlein hat mir Frau Venus geschenkt," sagte der Schüler, „und damit ihm von dem heidnischen Wesen nichts ankleben möge, hab' ich hernach noch den Urbanssegen darüber sprechen lassen."

„Was hat sie denn für eine Tugend?"

„Das sollt Ihr gleich sehen," sagte der Schüler, „aber rühre sich keines von seinem Platze, so lieb ihm sein Leben ist." – Er nahm die Flasche, stellte sie vor das Fenster und murmelte einen unverständlichen Spruch. Dann schloß er das Fenster, kehrte ihm den Rücken zu und blieb eine Zeitlang mit gekreuzten Armen stehen. Dann forderte er Bauer und Bäuerin, Sohn und Tochter und die jüngeren Kinder lachend nacheinander auf, die Flasche hereinzuholen, aber niemand hatte den Mut. Endlich ging er selbst wieder zum Fenster, öffnete, griff hinaus und brachte die Flasche gefüllt herein. Alles sperrte Mund und Augen auf, als er sie auf den Tisch setzte und ein starker, lieblicher Weinduft sich aus ihr verbreitete. Er forderte einen Becher, schenkte ein und reichte ihn dem Bauer. Der aber schüttelte den Kopf und meinte, das sei Hexenwerk, dem er nicht traue. Auf das Zureden des Schülers sprach die Bäuerin ein langes Gebet über der Flasche und dem

Glase und bekreuzte sich mehrmals, worauf der Bauer erst zu trinken wagte.

Er nahm erst einen kleinen Schluck, dann einen starken, roch in das Glas und sagte: „Das ist, schätz' ich, vom Besten."

„Allemal," erwiderte der Schüler. „Das hab' ich durch Sankt Urbans Segen gewonnen, daß das Fläschlein immer vom besten Jahrgang spendiert, der just gewachsen ist."

„Da wär's also Vierziger!" rief der Bauer mit steigender Verwunderung.

„Ganz gewiß wird's Vierziger sein," sagte der Schüler. „Ihr werdet ihn ja kennen."

„Nein," entgegnete der Bauer, „versucht hab' ich ihn nie, weder da er neu war, noch in den sieben Jahren, seit er alt und älter geworden ist. Aber verdienen hab' ich ihn helfen. Der Neununddreißiger, von welchem gereimt worden ist: ‚Tausend fünfhundert dreißig und neun galten die Fässer mehr als der Wein,' der mußte geschwind weggetrunken werden, um dem Vierziger Platz zu machen, denn im August gab es schon neuen. Unser gnädiger Junker aber, der einer von den Gewitzten ist, schenkte den Seinigen umsonst aus und zwang uns, ihn in der Fron zu trinken. Alle Wochen mußten wir zweimal vors Schloß und Käs' und Brot mitbringen, daß es einen Durst gab, und dann schlucken aus Leibeskräften. Das saure Zeug stieg einem doch jedesmal zuletzt in den Kopf, und dann gab's Händel und Schlägereien genug, die vor den Junker als Gerichtsherrn kamen, so daß er an Bußgeldern mehr gewann, als wenn er seinen Sauren verkauft hätte."

Der Schüler schlug ein helles Gelächter auf. „Wohlan," sagte er, „so laßt Euch die Gottes- und St. Urbansgabe schmecken, da Ihr sie in jedem Betrachte sauer verdient habt."

Der Zuspruch erwies sich jedoch als überflüssig, denn der Bauer hatte während seiner Erzählung nicht gefeiert, und die große Flasche war leer. Als der Schüler dies gewahrte, nahm er sie, stellte sie wieder vor das Fenster und wiederholte sein Sprüchlein, worauf er die Flasche abermals gefüllt hereinbrachte. Der Bauer ließ sie jetzt freigebiger unter den Seinen kreisen, die sich trotz ihres fortwährenden Erstaunens allmählich an das

Wunder gewöhnten und gegen den Wundertäter zutraulich wurden. Daß er über Nacht behalten wurde, verstand sich nun von selbst. Die Bäuerin versprach ihm eine gute Streu in der Stube zu machen. Auch wollte sie ihm zu so später Zeit noch eine Platte voll Küchlein bereiten, der Gast ließ es aber nicht zu. „Fasten gezieme sich besser," sagte er mit erbaulichem Tone, „und wenn er auch sein verwöhntes Fleisch noch nicht ganz abgetötet habe, so wolle er es wenigstens heute nicht mehr mit Wohlleben kitzeln." Die gleiche Kasteiung bewies er gegen den Wein und tat nur hie und da auf heftiges Zusprechen des Bauern mit einem kleinen Zuge Bescheid.

Zum drittenmal brachte er die Flasche, die bald wieder leer war, gefüllt auf den Tisch. „Jetzt aber," sagte er, „ist St. Urbans Kraft für heut' erschöpft, und wenn man sie noch mehr anstrengen wollte, so würde sie ganz nachlassen; bis morgen abend ist sie wieder frisch, wie die Kuh, die von der Weide kommt, und kann dreimal nacheinander gemolken werden."

„Das ist doch ein Schatz, der noch über das Ölkrüglein der Witwe geht," sagte der Bauer. „Guter Gesell, der wird Euch um kein Geld feil sein."

„O freilich," entgegnete der Gast. „Es ist ja noch ein Rest von meinem Sündenleben, den ich gern los sein möchte; denn vom Erlös eine fromme Stiftung zu machen, das wäre mir die Krone meiner Buße."

„Wie meint Ihr denn die Flasche zu geben?"

„Hundert Gulden, deucht mir, sollte nicht zu viel sein."

„Hundert Gulden," sagte der Bauer, sich hinter dem Ohr kratzend. „Das ist schwer' Geld. Freilich hätt' ich so viel dafür, als ob mir der Keller für alle Zeiten gefüllt wäre –"

„Ja, und brauchtest nicht alles selber zu trinken," meinte die Bäuerin, „sondern könntest es verkaufen und Geringeren dafür trinken."

„Und hättet jahraus, jahrein den gleichen Jahrgang," fiel der Schüler ein.

Bauer und Bäuerin sahen eine Weile wie träumend vor sich hin. S i e berechnete offenbar in Gedanken, was sie aus dem

Erlös des Weines kaufen, und wie sie das Erkaufte zu neuem Gewinn verwerten solle, während e r vielmehr auf Mittel und Wege sinnen mochte, einen billigen Teil vom Wundergewächs der Flasche seiner eigenen Kehle zuzuwenden.

„Das Labsal ist's wert," sagte er endlich laut. „Aber hundert Gulden habe ich jetzt nicht zur Hand," fuhr er mit zäher Miene fort. „Zwanzig könnt' ich Euch auf Abschlag geben, Freund, wenn Ihr's zufrieden wäret, und den Rest wollt' ich dann später nach Vermögen erlegen."

Der Schüler ließ sich nicht anmerken, daß ihm sein Geschäft zu vier Fünfteilen mißlungen war, sondern willigte ein. Der Bauer wurde immer vergnügter und ließ die Flasche tüchtig kreisen, so daß bald außer dem Schüler alles ziemlich bezecht war.

Da erhob sich vor der Türe ein Gesang, etwas näselnd und tremulierend:

„Ich komm' aus fremden Landen her
Und bring' euch viel der neuen Mär',
Der neuen Mär bring' ich so viel –"

„Alle guten Geister –!" hatte die Bäuerin beim ersten Ton, der in die Stube gedrungen war, gerufen. Der Gast aber ließ den Sänger nicht weiter kommen. Mit einem Mute, den die Erschrockenen sehr bewunderten, ging er zur Türe, riß sie auf und rief noch barscher, als vorhin der Bauer, was es gebe und wer da sei. Eine kleine Figur kam auf der Schwelle zum Vorschein und bat schüchtern um ein Nachtlager. Der Schwarze handhabte das Hausrecht mit allem Gewicht eines eingebürgerten Hausfreundes, fragte den Kleinen höchst gestreng über sein Tun und Treiben aus und kanzelte ihn weidlich ab, daß er ehrliche Leute so spät in ihrer Ruhe störe. Der Kleine gab auf alles ehrerbietige und unterwürfige Reden, so daß sich der Schwarze endlich besänftigt zurückwandte. „Es ist ein demütig Blut," sagte er, „und ein friedfertig Gemüt, wir wollen ihn nicht in die Nacht hinausstoßen. Gebt ihm zu essen, was ihr etwa übrig habt, und macht ihm eine Streu neben der meinigen, daß ich ihn für alle Fälle unter meiner Obhut habe. Tritt ein, guter Gesell, du bist in ein barmherzig Haus gekommen."

Der Bauer ließ ein zustimmendes Brummen hören, und die jüngeren Mitglieder der Familie schütteten zwei Lager in der Stube nebeneinander auf, während die Bäuerin aus der Küche die Reste vom abendlichen Imbiß holte, die sich der zweite Ankömmling, weniger zurückhaltend als der erste, trefflich munden ließ. Vom Wein bekam er aber nichts, denn der Bauer, der ihn in Sicherheit zu bringen gedachte, setzte die schon sehr erschöpfte Flasche an den Mund und leerte sie mit einem resoluten Zuge.

Bald befiel ihn ein mächtiges Gähnen, das sofort Weib und Kinder ansteckte. Der Bauer erhob sich und schwankte der Kammer zu. „Ihr müßt mit noch einem Schlafgesellen vorlieb nehmen," sagte er etwas lallend zu den beiden Gästen und verschwand. Die Bäuerin folgte ihm. Was mit dem Schlafgesellen gemeint war, sollte sich sogleich zeigen, denn der Sohn trieb ein ziemlich großes Schwein in die Stube, das sich grunzend in eine Ecke legte. „Es ist nur, daß es nicht auch gestohlen wird," sagte er lachend, worauf er mit seinen Geschwistern ebenfalls die Stube verließ.

„So wären wir denn doch wieder zu drei!" sagte der Schwarze, indem er dem Kleinen zunickte. „Wo hast du denn deine Gebeine gelassen?"

„Hinter dem Schuppen hab' ich sie versteckt," erwiderte dieser. „Ich bin nicht fertig geworden, es ist schwere Arbeit. Ich wollt' aber, ich hätte sie hier innen, denn wo Kalb und Schwein nicht sicher sind, da könnte sich auch zu den Hosen ein Liebhaber finden."

„Herein damit! Das Haus ist geschlossen – also geht der Weg durchs Fenster."

Der Kleine stieg zum Fenster hinaus, kam bald wieder zurück und bot seine Beute herein, die ihm der Schwarze abnahm. Dann stieg er wieder ein, ohne daß sich im Hause jemand rührte. Der Mond ging hinter einer nahen Anhöhe unter, und die beiden Abenteurer legten sich zum Schlafen auf ihre Streu.

Morgens früh erwachte der Schwarze an einem Geräusche, das er neben sich vernahm, und fand den Kleinen beschäftigt, die mehrmals unterbrochene Arbeit zu vollenden. Er stützte sich auf den Ellbogen und sah ihm behaglich zu. Als derselbe die straffgespannten Beinkleider endlich mit großer Mühe abgelöst hatte, zog er sie über seine Lumpen an und betrachtete dann die beraubten Beine unschlüssig, was er mit ihnen tun solle.

„Lege sie nur hierher auf deine Streu," sagte der Schwarze. „Mir geht ein Gedanke durch den Kopf. Wer weiß, ob das Zehrgeld, das ich dir in deine neuen Hosen verschafft habe, nicht noch Junge heckt. Mach du dich voraus, Freiburg zu, und warte in der Straße auf mich."

Der Kleine legte die beiden Beine säuberlich nebeneinander auf die Streu und stieg durch das Fenster, das der Schwarze hinter ihm schloß. Dann warf sich dieser wieder auf sein Lager zu einem Morgenschläfchen, aus welchem er bald durch ein Zetergeschrei aufgestört wurde. Die Familie war in die Stube gekommen und umstand mit schreckensstarren Blicken die Beine, welche die Tochter zuerst wahrgenommen und mit einem gellenden Schrei begrüßt hatte. Der Gast folgte unbefangen den Blicken der andern und stellte sich, als ob er, halb noch schlaftrunken, halb entsetzt, jetzt erst des schrecklichen Anblicks gewahr würde. Dann ließ er gleichsam unwillkürlich den Blick auf das Schwein gleiten, das, durch den Lärm aus seiner Ruhe aufgeschreckt, sich zu rühren und zu grunzen begann.

Der Bauer war dem stummen Blicke gefolgt und tat dem Schwarzen den Gefallen, das auszusprechen, was dieser weislich noch zurückhielt. „Die Sau hat ihn gefressen und hat nur die Füß' übriggelassen!" schrie er, und mit einem Ausrufe des Entsetzens stimmten ihm Weib und Kinder bei.

„Wie wird's uns gehen, wenn die Sache ruchbar wird?" rief der Bauer.

„Es ist ein böser Handel," entgegnete der Gast. „Nach dem gewöhnlichen Herkommen wird euer Schwein vors peinliche Gericht geladen und erhält einen Fürsprecher, worauf förmlicher Rechtstag gehalten wird; nach geschehener Klage und Verteidigung wird das Urteil auf Verbrennen lauten, mag aber leichtlich geschehen, daß nicht bloß das verbrecherische Tier, sondern auch das Haus, worin die Untat geschehen ist, mit Feuer von der Erde vertilgt wird."

Der Bauer lief wimmernd in der Stube umher, die Bäuerin und ihre Tochter rangen schreiend die Hände, und die kleinen Kinder heulten, als ob schon die Fackel über ihnen geschwungen wäre.

„Still!" gebot der Schüler. „Wollt ihr euch denn selbst ans Messer liefern mit eurem törichten Geschrei? Es ist nur gut, daß es noch früh am Tage ist. Haltet reinen Mund, daß euch nichts Böses widerfahre, und gebt mir den Menschenfresser mit, ich will ihn im nächsten Walde seinem Patron, dem Teufel, opfern und in einer Klinge verscharren. Sobald mir die zwanzig Gulden dargezählt sind, will ich mich auf den Weg machen. Über ein paar Wochen komm' ich wieder, den Rest zu holen."

„Nein, Freund," rief der Bauer, dem es sehr angelegen war, sich den Mitwisser des gräßlichen Geheimnisses für immer vom Halse zu schaffen. „Ihr braucht Euch nicht zu bemühen, ich bin schon in aller Frühe bei meinem Nachbar gewesen und habe das Fehlende geborgt. Ihr sollt die hundert Gulden gleich ganz und völlig haben."

Der Schüler lächelte über die offenbare Lüge und war sehr zufrieden, als der Bauer aus der Kammer einen zusammengewickelten alten Strumpf brachte, aus welchem er bare hundert Gulden auf den Tisch zählte. Er gelobte die tiefste Verschwiegenheit über den schauderhaften Vorfall, und der Bauer gab ihm einen Buben mit, der ihm den Weg nach einer passenden Waldstelle zeigen sollte, worauf man beiderseits in größter Eintracht und Freundschaft voneinander schied. Der Bauer drängte so sehr zur Eile, daß er nicht mehr daran zu denken schien, den Dieb seines Kalbes ausfindig machen zu wollen.

Der Schwarze ließ den Buben das Schwein, das zu den bestverleumdeten Kreaturen seines Jahrhunderts gehörte, vor sich hertreiben, bis sie in die Nähe eines Waldes gelangten, dann schickte er ihn mit dem Bedeuten zurück, er könne sich ohne weitere Hilfe schon selbst zurechtfinden. Als derselbe aber sich heimwärts wendete, rief er ihn nochmals zurück.

„Sag' deinem Vater," trug er ihm auf, „es könnte sein, daß die Flasche durch die schwere Übeltat, die eurem Hause widerfahren ist, ihre Tugend verloren hätte. Wofern dies der Fall ist, wie er ja bald erproben kann, dann braucht er nur am nächsten Urbanstage den St. Urbanssegen wieder drüber sprechen zu lassen. Es ist ja nicht mehr lang', bis die Reben wieder blühen."

Durch diese Vorkehrung gegen jede Verfolgung gesichert, trieb er das Schwein ruhig in den Wald, schlug jedoch den ersten Richtweg nach der Freiburger Straße ein, wo er seinen Genossen, seiner harrend, fand.

Der Kleine machte große Augen, wie er seinen Freund als Schweinstreiber kommen sah.

„Da," sagte dieser, „bring' ich einen Missetäter, der frißt einen Menschen von oben herunter, mitsamt Wams und Hosen, und läßt die beiden besten Stücke liegen. Glaub's, wer kann!"

Der Kleine lachte übermäßig, als er ihm die Geschichte erzählt hatte, und löste ihn in der Leitung seines angeblichen Vertilgers ab.

„Jetzt schnell mit dem armen Sünder auf den Freiburger Markt!" sagte der Schwarze. „Schade, daß wir dort sein bestes Stück nicht erzählen dürfen, er würde im Preise steigen, des Schwankes wegen."

So zogen sie lustig mit dem Schweine die Straße hinab und sangen:

> Beim König von Frankreich tret' ich ins Feld,
> Zieh' daher als ein freier Held
> Zerhauen und zerschnitten
> Nach adeligen Sitten.

Trinklied im Frühling.
(Italienische Melodie.)

Der Himmel lacht und heitre Lüfte spielen,
Der Frühling kehrt zurück mit seiner goldnen Pracht;
Mit lautem Jubelsang wird hier im Kühlen
Der schönen Zeit ein volles Glas gebracht.
Die Treu verklärt die fröhlichen Gesichter,
Die Freude thronet hier in ihrem Königshaus,
Die Lieb' entflammt die hellen Frühlingslichter
Und spannt den blauen Bogen drüber aus.

In rother Glut die Goldpokale funkeln,
Die Sonne schaut mit Lust nach ihrem Kind, dem Wein,
Und Geistertöne klingen durch die dunkeln
Gewölbe dieser Blütenbäume drein:
O seht die Schaar der kleinen Geister lauschen,
Die in der Tiefe sich mit holdem Feuer tränkt!
Wo ihres Meeres wildste Fluten rauschen,
Da sei die ganze Seele drein versenkt!

Der Strom des Lebens mag hinunter quellen,
Wenn nur die Trauben stets an seinem Ufer glühn
Und süße Augen auf die dunkeln Wellen
Verklärend ihre Sonnenblicke sprühn!
Drum wenn am Himmel heitre Lüfte spielen,
Der Frühling wiederkehrt in seiner goldnen Pracht,
Wird unter hellem Jubelsang im Kühlen
Der schönen Zeit ein volles Glas gebracht.

Im Weinberg.

Die du grünst um meine Klause,
Junge, hoffnungsvolle Rebe,
Da ich selbst in Jugend brause,
Selbst in goldner Hoffnung schwebe:

Ist's mein Ahnen, ist's mein Glaube,
Daß wir beide Liebevollen,
Ich und deine zarte Traube,
Blutsverwandte werden sollen.

Darum laß uns von der Flamme
Dieses Sommers Glut erlangen,
Wie Milchbrüder aus der Amme
Ein verbundnes Sein empfangen.

Durchgeglüht von allen Säften,
Reifen wir zum Herbst allmählich,
Im Gefühl von hohen Kräften
Schmerzensreich und thränenselig.

Endlich sterben Schmerz und Wonne,
Fällt das grüne Laub der Reben,
Flieht die heiße Sommersonne
Und der Jugend frisches Leben.

Junger Wein, der Weg zur Würde
Geht durch Leiden dir und Klagen,
Und auch ich muß meine Bürde,
Erd' und Himmel muß ich tragen.

Hat im gährenden Bewegen
Sich geläutert jede Welle,
Wogen wir dem Ziel entgegen,
Ruhig, rein und spiegelhelle.

Nachts, wenn leise niederflammen
Nur des Himmels ferne Lichter,
Glühn und duften wir zusammen,
Und du segnest deinen Dichter.

In der Schenke.
Am Jahrestag der unglücklichen Polenrevolution.

Unsre Gläser klingen hell,
Freudig singen unsre Lieder;
Draußen schlägt der Nachtgesell
Sturm sein brausendes Gefieder,
Draußen hat die rauhe Zeit
Unsrer Schenke Thür verschneit.

Haut die Gläser an den Tisch!
Brüder, mit den rauhen Sohlen
Tanzt nun auch der Winter frisch
Auf den Gräbern edler Polen,
Wo verscharrt in Eis und Frost
Liegt der Menschheit letzter Trost.

Um die Heldenleichen dort
Rauft der Schnee sich mit den Raben,
Will vom Tageslichte fort
Tief die Schmach der Welt begraben.
Wohl die Leichen hüllt der Schnee,
Nicht das ungeheure Weh.

Wenn die Lerche wieder singt
Im verwaisten Trauerthale,
Wenn der Rose Knospe springt
Aufgeküßt vom Sonnenstrahle,
Reißt der Lenz das Leichentuch
Auch vom eingescharrten Fluch.

Rasch aus Schnee und Eis hervor
Werden dann die Gräber tauchen,
Aus den Gräbern wird empor
Himmelwärts die Schande rauchen.
Und dem schwarzen Rauch der Schmach
Sprüht der Rache Flamme nach.

Aber kommt die Rache nicht,
Mag der Vogel mit dem Halme,
Was da lebt im weiten Licht
Sterben in des Fluches Qualme,
Und die Sonn' ersticke drin,
Daß die Erde scheide hin! –

Das große Faß in der fürstlichen Kellerei zu Oehringen.

Ich stand, der höchste, grünste Baum,
Vor Zeiten froh im Waldesraum.
Mir galt der Sonne erster Kuß,
Ich brachte, war sie schon geschieden,
Dem Wanderer zum Abendfrieden
Von ihr noch einen Purpurgruß.
Da sah mich einst der Küfer ragen,
Der kam, und hat mich schnell erschlagen.
Ade! Ade! du grüner Hain!
Du Sonnenstrahl und Mondenschein!
Du Vogelsang und Wetterklang,
Der freudig mir zur Wurzel drang!
Die Waldeslust ist nun herum,
Ich wandre nach Elysium.
Ihr Bruderbäume, folgt mir nach
In dieses himmlische Gemach!
O nehmt das Loos der Auserkornen
Von all' den tausend Waldgebornen:
Das schöne Loos, das große Loos,
Tief in des Bodens kühlem Schoos
Ein Faß zu seyn, ein Faß zu seyn,
Nicht so ein stillverlassner Schrein!
Ein Faß, dem lieben Wein ergeben,
Der Erde heil'ges Herzblut hüllend,
Ein ew'ger Trunk das ganze Leben,
Den Zecher durch und durch erfüllend.
Komm her, bewegter Erdengast,
Und halte hier vergnügte Rast!
Mach' dir das Herz im Weine flott!
Schenk' ein! trink' aus! – merkst Du den Gott?
Flammt Dir der Geist durch's Inn're hin,
Von dem ich selber trunken bin?
Er ist so feurig, süß und stark,
O schlürf' ihn ein in's tiefste Mark!

Nun, Wandrer, wandre selig heiter,
Von Faß zu Faß forttrinkend weiter.
Schon tauchen dir im Rosenlichte
Herauf gar liebliche Gesichte,
Manch theures, längstverlornes Gut,
Die Träum' aus deinen Jugendjahren,
Sie kommen dir auf Weinesfluth
Gar frisch und froh herangefahren.
Schenk' ein! du fühlst die alten Triebe
Zu kühner Tat hinaus, hinaus!
Du gibst den ersten Kuß der Liebe;
Nun stehst du froh im Vaterhaus.
Wohl dir! wohl dir! schon bist du trunken
Und Gram und Sorgen sind versunken.
Wir schützen dich, hier packt dich nicht
Ihr freches, quälendes Gezücht,
Wir stehen Faß an Faß zusammen,
Und lassen unsre Waffen flammen,
Und heimlich hinter unsern Bäuchen
Muß dir die Zeit vorüberschleichen.
Schenk' ein! schenk' ein nur immer zu!
Und hat der Gott dich ganz durchflossen,
Laß tragen dich von schnellen Rossen
Nach dem Hesperien: F r i e d r i c h s r u h.
Dort taumle unter grünen Bäumen
Mit deiner Last von Himmelsträumen,
Und lausche dort den Harmonieen,
Die durch den Zaubergarten ziehen;
Ein voller, stürmischer Akkord
Nimmt dich an seinen Geisterbord,
Schwimmt mit dir weit von dannen, weit,
In's tiefe Meer der Seligkeit. –
Doch eh' du scheidest, trinke noch
Ein volles Glas an heil'ger Stelle.
Der Fürst, der Edle, lebe hoch
Mit Keller, Garten und Kapelle!

Der einsame Trinker

I.

„Ach, wer möchte einsam trinken,
Ohne Rede, Rundgesang,
Ohne an die Brust zu sinken
Einem Freund im Wonnedrang?"

Ich; – die Freunde sind zu selten;
Ohne Denken trinkt das Thier,
Und ich lad' aus andern Welten
Lieber meine Gäste mir.

Wenn im Wein Gedanken quellen,
Wühlt ihr mir den Schlamm empor,
Wie des Ganges heil'ge Wellen
Trübt ein Elephantenchor.

Dionys in Vaterarme
Mild den einzlen Mann empfing,
Der, gekränket von dem Schwarme,
Nach Eleusis opfern ging.

II.

Ich trinke hier allein,
Von Freund und Feinden ferne,
In stiller Nacht den Wein,
Und meide selbst die Sterne:

Da fährt man gerne mit
In Blicken und Gedanken,
Und könnt' auf solchem Ritt
Das volle Glas verschwanken.

Der Kerzen heller Brand
Kommt besser mir zu statten,
Da kann ich an der Wand
Doch schauen meinen Schatten.

Mein Schatten! komm, stoß an,
Du wesenloser Zecher!
Auf, schwinge, mein Kumpan,
Den vollen Schattenbecher!

Seh' ich den dürren Schein
In deinem Glase schweben,
Schmeckt besser mir der Wein
Und mein lebendig Leben;

So schlürfte der Hellen
Die Lust des Erdenpfades,
Sah er vorübergehn
Als Schatten sich im Hades.

III.

Schatten, du mein Sohn,
Hast dich nicht verändert,
Warst vor Jahren schon
Eben so gerändert.

Was auf Stirn und Wang'
Zeit mir eingehauen:
Jugenduntergang
Lässest du nicht schauen.

Einen Berg ich sah
Spät im Herbste ragen,
Umriß war noch da
Wie zu Frühlings Tagen.

Nicht mit seinem Grat
Gibt der Berg zu wissen:
„Meine Wälder hat
Mir der Sturm zerrissen."

„Meine Herde schied
Mit den Glockenklängen,
Still das Alpenlied
Auf den Wiesenhängen."

Hohen Angesichts
Blickt der Berg in's Ferne,
Nahm der Herbst doch nichts
Seinem Felsenkerne.

Froh in's ferne Land
Will wie er ich blicken;
Und mein fester Stand
Trotze den Geschicken.

Süßes Traubenblut
Fließt auf meiner Schanze;
Rebe, theures Gut!
Seelenvolle Pflanze!

Soll für Recht und Licht
Andres Blut einst fließen,
Minder freudig nicht
Will ich meins vergießen.

IV.

Redlich, Schatten, kannst du heben
Den Pokal, mich lassen leben;
Wenn sie meinen Leib bestatten,
Bist du mitvergangen, Schatten!

Manches Auge möchte weinen;
Schatten, doch ich wüßte Keinen
Auf dem weiten Erdenringe,
Der wie du mit mir verginge.

Weil dem Sünder ohne Reue
Soll gebrochen seyn die Treue,
Lassen tiefempfundne Mähren
Den Verbrecher dich entbehren.

Treuer Freund, sey mir gepriesen!
Hast mir Liebes oft erwiesen;
Will zu stolz das Herz mir glänzen,
Zeigst du still mir meine Grenzen.

Trinksprüche

Ihr stoßet an, die Gläser klingen,
Ihr lasset leben manchen Mann;
Und morgen schon denkt keiner dran,
Ihm eine Freud' ins Herz zu bringen.

Ich hör' ein Pereat! euch brüllen,
Auf Tod habt ihr das Glas geleert,
Doch keinem ist der Muth beschert,
Das Grab des Feindes anzufüllen.

Ich trinke nicht zum Segensspruche,
Wo nicht mein Herz beglücken will;
Zum bösen Wunsche bleib' ich still,
Wenn nicht die Klinge folgt dem Fluche.

Das lustige Wirtshaus
Akademischer Scherz

Die Burschen:
Man lebet doch wie im Schlaraffenland hier,
Da schmauset man frühe wie spat;
Schon dreht sich der Boden vor Wonne mit mir,
Kaum daß ich die Schwelle betrat!

Der Becher, ihr Herrn, wird nur gratis gefüllt:
Der Wirt ist kein knausiger Tropf,
Er führt den Hanswurst nicht vergeblich im Schild,
Man wirft euch das Geld an den Kopf.

Der Alte soll, wißt ihr, ein Zauberer sein,
Er lächelt auch immer so schlau;
– Und seht nur, was treten für Kerl da herein?
Die Eule, der Storch und der Pfau!

Wie sittig, kratzfüßig und blöd sie sich drehn!
Pedanten vom köstlichsten Schlag!
Sie nehmen sich Stühle – das muß ich gestehn,
So was sieht man nicht alle Tag!

Mein Alter am Fäßchen, er zapfet den Wein
Und hält sich vor Lachen den Bauch;
Rebekke schenkt ihnen vom feurigsten ein
Und zierlich kredenzt sie ihn auch.

Nun sitzen sie steif wie Professorsleut da,
Und lassen das Glas unberührt,
Wir Herrn vom Humpen sind ihnen zu nah:
Man hat sich leicht kompromittiert.

Nur ruhig, und kehrt euch noch gar nicht an sie!
Die führen ihr Mütlein im Sack;
Es ist nur erlogene Pedanterie,
Sie sind das versoffenste Pack.

Inzwischen, mein schönes, schwarzaugiges Kind,
Komm, sing uns was Lustiges vor!

   Das Mädchen:
Das kann ja geschehen; die Herren dann sind
So gütig und machen den Chor.
   (Dieselbe fährt fort mit der Zither:)
– Mein Vater, der hatte drei Krebse zum Schild,
Da sprachen die Leute nicht ein:
Nun führt er den scheckigen Narren im Bild,
Er selber trinkt aber den Wein.

   Chor:
          Heida! sa sa!
Er selber trinkt aber den Wein.

   Mädchen:
Auch seht ihr ja wohl, wie so herrlich das lauft,
Man denkt, es wär Kirmes im Haus;
Und wenn man uns Betten und Stühle verkauft,
Wir lachen die Leute noch aus.

   Chor:
          Heida! sa sa!
Ihr lachet die Leute noch aus.

   Mädchen:
Mein Vater, heißt's, hab ein klug Männlein im Sold,
Ein Männlein, so fein und so klug,
Und wenn er nur möchte und wenn er nur wollt,
Wir hätten Dukaten genug.

Chor:
>Heida! sa sa!

Ihr hättet Dukaten genug.

Mädchen:
Das laß ich nun gerne dahingestellt sein;
Was kümmert mich Silber und Gold!
Und zög ich auf Bettel landaus und landein,
Mein Schätzchen, das bliebe mir hold.

Chor:
>Heida! sa sa!

Dein Schätzchen, das bliebe dir hold.

Mädchen:
Denn ich und des Schäfers sein lustiger Franz,
Wir ziehn wie die Vögel so frei,
Ich spiele die Zither, das Hackbrett zum Tanz.
Mein Liebster, der spielt die Schalmei.

Chor:
>Heida! sa sa!

Dein Liebster, der spielt die Schalmei.

Mädchen:
Und wenn meine Mutter Frau Kaiserin wär,
Hätt ich Kleider und seidene Schuh,
Ich gäb doch den herzigen Jungen nicht her,
Gäb ihm Kron und Zepter dazu.

Chor:
>Heida! sa sa!

Gäbst ihm Kron und Zepter dazu.

Einer:
Doch seht mir nur dort das Professorsvolk an!
Das jauchzet und tanzet und hopft!
Der Storch und der Pfau und die Eule voran –
Mein Seel, sie sind alle bezopft!

Chor:
                Heida! sa sa!
Mein Seel, sie sind alle bezopft!

Des Schloßküpers Geister zu Tübingen
Ballade, beim Weine zu singen

Ins alten Schloßwirts Garten
Da klingt schon viele Jahr kein Glas;
Kein Kegel fällt, keine Karten
Wächst aber schön lang Gras.

Ich mutterseelalleine
Setzt mich an einen langen Tisch;
Der Schloßwirt regt die Beine,
Vom Roten bringt er frisch.

Und läßt sich zu mir nieder;
Von alten Zeiten redt man viel,
Man seufzet hin und wieder;
Der Schöpplein wird kein Ziel.

Da nun der Tag gegangen,
Der Schloßwirt sagt kein Wörtlein mehr;
Neun Lichter tät er langen,
Neun Stühle setzt er her.

Als wie zum größten Feste
Auftischt er, daß die Tafel kracht:
Was kämen noch für Gäste?
Ist doch schier Mitternacht!

Der Narr, was kann er wollen?
Er macht sich an die Kugelbahn,
Läßt eine Kugel rollen,
Ein Höllenlärm geht an.

Es fahren gar behende
Acht Kegel hinterm Brett herauf,
Schrein: „Hagel und kein Ende!
Wer Teufel weckt uns auf?"

Und waren acht Studiosen,
Wohl aus der Zopf- und Puderzeit:
Rote Röcklein, kurze Hosen,
Und ganz charmante Leut.

Die sehen mit Ergetzen
Den edelen Karfunkelwein;
Gleich täten sie sich letzen
Und zechen und juchhein.

Den Wirt erbaut das wenig;
Er sprach: „Ihr Herren, wollt verzeihn:
Wo ist der Schoppenkönig?
Wann seid ihr denn zu neun?"

„Ach Küper, lieber Küper,
Wie machest uns das Herze schwer!
Wohl funfzig Jahr und drüber
Begraben lieget er.

Gott hab den Herren selig
Mit seiner roten Habichtsnas!
Regierete so fröhlich,
Kam tags auf sieben Maß.

Einst tät er uns bescheiden,
Sprach: ‚Männiglich kennt mein Gebot,
Den Gerstensaft zu meiden;
Man büßet's mit dem Tod.

Mit ein paar lausigen Dichtern
Traf man beim sauren Bier euch an,
Versteht sich, nudelnüchtern,
Wohl auf der Kugelbahn.

Kommt also her, ihr Lümmel!'
– Er zog sein' Zauberstab herfür –
Wir stürzten wie vom Himmel –
Acht Kegel waren wir!

Jetzt ging es an ein Hudeln,
Ein' hölzern' König man uns gab,
Doch schoß man nichts wie Pudel,
Da schafften sie uns ab.

Nun dauert es nicht lange,
So zieht das Burschenvolk einmal
Aufs Schloß, mit wildem Sange,
Zum König in den Saal:

‚Wir wolln dich Lands verweisen,
So du nicht schwörest ab den Wein;
Bierkönig sollt du heißen!'
– Er aber saget: ‚Nein;

Da habt ihr meine Krone!
An mir ist Hopfen und Malz verlorn.' –
So stieg er von dem Throne
In seinem edlen Zorn.

Für Kummer und für Grämen
Der Herre wurde krank und alt,
Zerfiele wie ein Schemen
Und holt der Tod ihn bald.

Mit Purpur ward gezieret
Sein Leichnam als ein König groß;
Ein tief Gewölb man führet
Zu Tübingen im Schloß.

Vier schwarze Edelknaben
Sein' Becher trugen vor der Bahr;
Der ist mit ihm begraben,
War doch von Golde gar.

Damals ward prophezeiet,
Wenn nur erst hundert Jahr herum,
Da würde der Thron erneuet
Vom alten Königtum.

So müssen wir halt warten,
Bis daß die Zeit erfüllet was;
Und in des Schloßwirts Garten
Derweil wächst langes Gras.

Ach Küper, lieber Küper,
Jetzt geige du uns wieder heim!
Die Nacht ist schier vorüber:
Acht Kegel müsen wir sein."

Der Schloßwirt nimmt die Geigen
Und streicht ein Deo Gloria,
Sie tanzen einen Reigen –
Und keiner ist mehr da.

Herr Bruder, was wir lieben!

Ein Zimmer.

Erster Auftritt.

Illo und Terzky.
Terzky.
Nun sagt mir! Wie gedenkt ihr's diesen Abend
Beim Gastmahl mit den Obristen zu machen?
Illo.
Gebt Acht! Wir setzen eine Formel auf,
Worin wir uns dem Herzog insgesammt
Verschreiben, sein zu seyn mit Leib und Leben,
Nicht unser letztes Blut für ihn zu sparen;
Jedoch der Eidespflichten unbeschadet,
Die wir dem Kaiser schuldig sind. Merkt wohl!
D i e nehmen wir in einer eignen Klausel
Ausdrücklich aus und retten das Gewissen.
Nun hört! Die also abgefaßte Schrift
Wird ihnen vorgelegt vor Tische, keiner
Wird daran Anstoß nehmen – Hört nun weiter!
Nach Tafel, wenn der trübe Geist des Weins
Das Herz nun öffnet und die Augen schließt,
Läßt man ein unterschobnes Blatt, worin
Die Klausel fehlt, zur Unterschrift herumgehn.
Terzky.
Wie? Denkt ihr, daß sie sich durch einen Eid
Gebunden glauben werden, den wir ihnen
Durch Gaukelkunst betrüglich abgelistet?
Illo.
Gefangen haben wir sie immer – Laßt sie
Dann über Arglist schrein, so viel sie mögen.

Am Hofe glaubt man ihrer Unterschrift
Doch mehr, als ihrem heiligsten Betheuern.
Verräther sind sie einmal, müssen's seyn;
So machen sie aus der Noth wohl eine Tugend.
     Terzky.
Nun, mir ist Alles lieb, geschieht nur was,
Und rücken wir nur einmal von der Stelle.
     Illo.
Und dann – liegt auch so viel nicht dran, wie weit
Wir damit langen bei den Generalen;
Genug, wenn wir den Herrn nur überreden,
Sie s e y e n sein – denn handelt er nur erst
Mit seinem Ernst, als ob er sie schon hätte,
So h a t er sie und reißt sie mit sich fort.
     Terzky.
Ich kann mich manchmal gar nicht in ihn Finden.
Er leiht dem Feind sein Ohr, läßt mich dem Thurn,
Dem Arnheim schreiben, gegen den Sesina
Geht er mit kühnen Worten frei heraus,
Spricht stundenlang mit uns von seinen Planen,
Und mein' ich nun, ich hab' ihn – weg auf einmal
Entschlüpft er, und es scheint, als wär' es ihm
Um nichts zu thun, als nur am Platz zu bleiben.
     Illo.
Er seine alten Plane aufgegeben!
Ich sag' euch, daß er wachend, schlafend mit
Nichts Anderm umgeht, daß er Tag für Tag
Deßwegen die Planeten fragt –
     Terzky.
        Ja, wißt ihr,
Daß er sich in der Nacht, die jetzo kommt,
Im astrolog'schen Thurme mit dem Doktor
Einschließen wird und mit ihm observiren?
Denn es soll eine wicht'ge Nacht seyn, hör' ich,
Und etwas Großes, Langerwartetes
Im Himmel vorgehn.

Illo.
Wenn's hier unten nur geschieht.
Die Generale sind voll Eifer jetzt,
Und werden sich zu Allem bringen lassen,
Nur um den Chef nicht zu verlieren. Seht!
So haben wir den Anlaß vor der Hand,
Zu einem engen Bündniß wider'n Hof.
Unschuldig ist der Name zwar, es heißt,
Man will ihn beim Kommando bloß erhalten;
Doch wißt ihr, in der Hitze des Verfolgens
Verliert man bald den Anfang aus den Augen.
Ich denk' es schon zu karten, daß der Fürst
Sie willig finden – willig g l a u b e n soll
Zu jedem Wagstück. Die Gelegenheit
Soll ihn verführen. Ist der große Schritt
Nur erst gethan, den sie zu Wien ihm nicht verzeihn,
So wird der Nothzwang der Begebenheiten
Ihn weiter schon und weiter führen; nur
Die Wahl ist's, was ihm schwer wird; drängt die Noth,
Dann kommt ihm seine Stärke, seine Klarheit.
Terzky.
Das ist es auch, worauf der Feind nur wartet,
Das Heer uns zuzuführen.
Illo.
Kommt! Wir müssen
Das Werk in diesen nächsten Tagen weiter fördern,
Als es in Jahren nicht gedieh – Und steht's
Nur erst hier unten glücklich, gebet Acht,
So werden auch die rechten Sterne scheinen!
Kommt zu den Obersten! Das Eisen muß
Geschmiedet werden, weil es glüht.

Scene: Ein großer, festlich erleuchteter Saal, in der Mitte desselben und nach der Tiefe des Theaters eine reich ausgeschmückte Tafel, an welcher acht Generale, worunter Octavio Piccolomini, Terzky und Maradas sitzen. Rechts und links mehr nach hinten zu, noch zwei andere Tafeln, welche jede mit sechs Gästen besetzt sind. Vorwärts steht der Credenztisch, die ganze vordere Bühne bleibt für die aufwartenden Pagen und Bedienten frei. Alles ist in Bewegung, Spielleute von Terzky's Regiment ziehen über den Schauplatz um die Tafel herum. Noch ehe sie sich ganz entfernt haben, erscheint Max Piccolomini, ihm kommt Terzky mit einer Schrift, Isolani mit einem Pokal entgegen.

Erster Auftritt.

Terzky. Isolani. Max Piccolomini.
Isolani.
Herr Bruder, was wir lieben! Nun, wo steckt er?
Geschwind an seinen Platz! Der Terzky hat
Der Mutter Ehrenweine preisgegeben;
Es geht hier zu, wie auf dem Heidelberger Schloß.
Das Beste hat er schon versäumt. Sie theilen
Dort an der Tafel Fürstenhüte aus,
Des Eggenberg, Slawata, Lichtenstein,
Des Sternbergs Güter werden ausgeboten,
Sammt allen großen böhm'schen Lehen; wenn
Er hurtig macht, fällt auch für ihn was ab.
Marsch! Setz' er sich!
Kolalto und **Götz**
(rufen an der zweiten Tafel).
Graf Piccolomini!
Terzky.
Ihr sollt ihn haben! Gleich! – Lies diese Eidesformel,
Ob dir's gefällt, so wie wir's aufgesetzt.

Es haben's Alle nach der Reih' gelesen.
Und Jeder wird den Namen drunter setzen.
Max (liest).
„Ingratis servire nefas."
Isolani.
Das klingt wie ein latein'scher Spruch – Herr Bruder,
Wie heißt's auf deutsch?
Terzky.
Dem Undankbaren dient kein rechter Mann!
Max.
„Nachdem unser hochgebietender Feldherr, der Durchlauchtige Fürst von Friedland, wegen vielfältig empfangener Kränkungen, des Kaisers Dienst zu verlassen gemeint gewesen, auf unser einstimmiges Bitten aber sich bewegen lassen, noch länger bei der Armee zu verbleiben, und ohne unser Genehmhalten sich nicht von uns zu trennen; als verpflichten wir uns wieder insgesammt, und Jeder für sich insbesondere, anstatt eines körperlichen Eides – auch bei ihm ehrlich und getreu zu halten, uns auf keinerlei Weise von ihm zu trennen, und für denselben alles das Unsrige, bis auf den letzten Blutstropfen, aufzusetzen, so weit nämlich **u n s e r d e m K a i s e r g e - l e i s t e t e r E i d e s e r l a u b e n w i r d.** (Die letzten Worte werden von Isolani nachgesprochen.) Wie wir denn auch, wenn Einer oder der Andre von uns, diesem Bündniß zuwider, sich von der gemeinen Sache absondern sollte, denselben als einen bundesflüchtigen Verräther erklären, und an seinem Hab und Gut, Leib und Leben Rache dafür zu nehmen verbunden seyn wollen. Solches bezeugen wir mit Unterschrift unseres Namens."
Terzky.
Bist du gewillt, dies Blatt zu unterschreiben?
Isolani.
Was sollt' er nicht! Jedweder Offizier

Von Ehre kann das – muß das – Dint' und Feder!
Terzky.
Laß gut seyn, bis nach Tafel.
Isolani (Max fortziehend).
Komm' er, komm' er!
(Beide gehen an die Tafel).

Zweiter Auftritt.

Terzky. Neumann.
Terzky.
(winkt dem Neumann, der am Credenztisch gewartet und tritt mit ihm vorwärts).
Bringst du die Abschrift, Neumann? Gib! Sie ist
Doch so verfaßt, daß man sie leicht verwechselt?
Neumann.
Ich hab' sie Zeil um Zeile nachgemalt,
Nichts als die Stelle von dem Eid blieb weg,
Wie deine Excellenz es mir geheißen.
Terzky.
Gut! Leg' sie dorthin, und mit dieser gleich
In's Feuer! Was sie soll, hat sie geleistet.
(Neumann legt die Copie auf den Tisch, und tritt wieder zum Schenktisch.)

Dritter Auftritt.

Illo (kommt aus dem zweiten Zimmer). Terzky.
Illo.
Wie ist es mit dem Piccolomini?
Terzky.
Ich denke, gut. Er hat nichts eingewendet.

Illo.
Es ist der Einz'ge, dem ich nicht recht traue,
Er und der Vater – Habt ein Aug' auf Beide!
Terzky.
Wie sieht's an eurer Tafel aus? Ich hoffe
Ihr haltet eure Gäste warm?
Illo.
                      Sie sind
Ganz kordial. Ich denk', wir haben sie.
Und wie ich's euch vorausgesagt – Schon ist
Die Red' nicht mehr davon, den Herzog bloß
Bei Ehren zu erhalten. Da man einmal
Beisammen sey, meint Montecuculi,
So müsse man in seinem eignen Wien
Dem Kaiser die Bedingung machen. Glaubt mir,
Wär's nicht um diese Piccolomini,
Wir hätten den Betrug uns können sparen.
Terzky.
Was will der Buttler? Still!

Vierter Auftritt.

Buttler zu den Vorigen.
Buttler.
(von der zweiten Tafel kommend).
              Laßt euch nicht stören.
Ich hab' euch wohl verstanden, Feldmarschall.
Glück zum Geschäfte – und was mich betrifft,
      (Geheimnisvoll)
So könnt ihr auf mich rechnen.
Illo (lebhaft).
                     Können wir's?
Buttler.
Mit oder ohne Klausel! gilt mir gleich!

Versteht ihr mich? Der Fürst kann meine Treu'
Auf jede Probe setzen, sagt ihm das.
Ich bin des Kaisers Offizier, so lang' ihm
Beliebt, des Kaisers General zu bleiben,
Und bin des Friedlands Knecht, so bald es ihm
Gefallen wird, sein eigner Herr zu seyn.
Terzky.
Ihr treffet einen guten Tausch. Kein Karger,
Kein Ferdinand ist's, dem ihr euch verpflichtet.
Buttler (ernsthaft).
Ich biete meine Treu' nicht feil, Graf Terzky,
Und wollt' euch nicht gerathen haben, mir
Vor einem halben Jahr noch abzudingen,
Wozu ich jetzt freiwillig mich erbiete.
Ja, mich sammt meinem Regiment bring' ich
Dem Herzog, und nicht ohne Folgen soll
Das Beispiel bleiben, denk' ich, das ich gebe.
Illo.
Wem ist es nicht bekannt, daß Oberst Buttler
Dem ganzen Heer voran als Muster leuchtet!
Buttler.
Meint ihr, Feldmarschall? Nun, so reut mich nicht
Die Treue, vierzig Jahre lang bewahrt,
Wenn mir der wohlgesparte gute Name
So volle Rache kauft im sechzigsten? –
Stoßt euch an meine Rede nicht, ihr Herrn.
Euch mag es gleichviel seyn, w i e ihr mich habt,
Und werdet, hoff' ich, selber nicht erwarten,
Daß euer Spiel mein grades Urtheil krümmt –
Daß Wankelsinn und schnell bewegtes Blut,
Noch leichte Ursach' sonst den alten Mann
Vom langgewohnten Ehrenpfade treibt.
Kommt! Ich bin darum minder nicht entschlossen,
Weil ich es deutlich weiß, wovon ich scheide.
Illo.
Sagt's rund heraus, wofür wir euch zu halten –

Buttler.
Für einen Freund! Nehmt meine Hand darauf,
Mit allem, was ich hab', bin ich der eure,
Nicht Männer bloß, auch Geld bedarf der Fürst.
Ich hab' in seinem Dienst mir was erworben,
Ich leih' es ihm und überlebt er mich,
Ist's ihm vermacht schon längst, er ist mein Erbe.
Ich steh' allein da in der Welt, und kenne
Nicht das Gefühl, das an ein theures Weib
Den Mann und an geliebte Kinder bindet,
Mein Name stirbt mit mir, mein Daseyn endet.
Illo.
Nicht eures Geldes bedarf's – ein Herz, wie eures,
Wiegt Tonnen Goldes auf und Millionen.
Buttler.
Ich kam, ein schlechter Reitersbursch, aus Irland
Nach Prag mit einem Herrn, den ich begrub.
Vom niedern Dienst im Stalle stieg ich auf,
Durch Kriegsgeschick, zu dieser Würd' und Höhe,
Das Spielzeug eines grillenhaften Glücks.
Auch Wallenstein ist der Fortuna Kind;
Ich liebe einen Weg, der meinem gleicht.
Illo.
Verwandte sind sich alle starke Seelen.
Buttler.
Es ist ein großer Augenblick der Zeit,
Dem Tapfern, dem Entschloss'nen ist sie günstig.
Wie Scheidemünze geht von Hand zu Hand,
Tauscht Stadt und Schloß den eilenden Besitzer.
Uralter Häuser Enkel wandern aus,
Ganz neue Wappen kommen auf und Namen;
Auf deutscher Erde unwillkommen, wagt's
Ein nördlich Volk, sich bleibend einzubürgern.
Der Prinz von Weimar rüstet sich mit Kraft,
Am Main ein mächtig Fürstenthum zu gründen;
Dem Mansfeld fehlte nur, dem Halberstädter

Ein längres Leben, mit dem Ritterschwert
Landeigenthum sich tapfer zu erfechten.
Wer unter diesen reicht an unsern Friedland?
Nichts ist zu hoch, wornach der Starke nicht
Befugniß hat, die Leiter anzusetzen.
Terzky.
Das ist gesprochen, wie ein Mann!
Buttler.
Versichert euch der Spanier und Welschen;
Den Schotten Leßli will ich auf mich nehmen.
Kommt zur Gesellschaft! Kommt!
Terzky.
        Wo ist der Kellermeister?
Laß aufgehn, was du hast! die besten Weine!
Heut' gilt es. Unsre Sachen stehen gut.
    (Gehen, jeder an seine Tafel.)

Fünfter Auftritt.

Kellermeister mit Neumann vorwärts kommend. Bediente gehen ab und zu.
Kellermeister.
Der edle Wein! Wenn meine alte Herrschaft,
Die Frau Mama, das wilde Leben säh',
In ihrem Grabe kehrte sie sich um! –
Ja! ja! Herr Offizier! Es geht zurück
Mit diesem edeln Haus – Kein Maß noch Ziel!
Und die durchlauchtige Verschwägerung
Mit diesem Herzog bringt uns wenig Segen.
Neumann.
Behüte Gott! Jetzt wird der Flor erst angehn.
Kellermeister.
Meint er? Es ließ sich Vieles davon sagen.
Bedienter (kommt).
Burgunder für den vierten Tisch!

Kellermeister.
                    Das ist
Die siebenzigste Flasche nun, Herr Leutnant.
                    Bedienter.
Das macht, der deutsche Herr, der Tiefenbach,
Sitzt dran.   (Geht ab.)
        Kellermeister (zu Neumann fortfahrend).
Sie wollen gar zu hochhinaus. Kurfürsten
Und Königen wollen sie's im Prunke gleich thun,
Und wo der Fürst sich hingetraut, da will der Graf,
Mein gnäd'ger Herre, nich dahinten bleiben.
            (Zu den Bedienten.)
Was steht ihr horchen? Will euch Beine machen.
Seht nach den Tischen, nach den Flaschen! Da!
Graf Palfy hat ein leeres Glas vor sich!
        Zweiter Bedienter (kommt).
Den großen Kelch verlangt man, Kellermeister,
Den reichen güldnen, mit dem böhm'schen Wappen,
Ihr wißt schon welchen, hat der Herr gesagt.
                Kellermeister.
Der auf des Friedrichs seine Königskrönung
Vom Meister Wilhelm ist verfertigt worden,
Das schöne Prachtstück aus der Prager Beute?
            Zweiter Bedienter.
Ja, den! Den Umtrunk wollen sie mit halten.
                Kellermeister
(mit Kopfschütteln, indem er den Pokal hervorholt und ausspült).
Das gibt nach Wien was zu berichten wieder!
                    Neumann.
Zeigt! Das ist eine Pracht von einem Becher!
Von Golde schwer, und in erhab'ner Arbeit
Sind kluge Dinge zierlich drauf gebildet.
Gleich auf dem ersten Schildlein, laßt mal sehn!
Die stolze Amazone da zu Pferd,
Die über'n Krummstab setzt und Bischofsmützen,
Auf einer Stange trägt sie einen Hut,

Nebst einer Fahn', worauf ein Kelch zu sehn.
Könnt ihr mir sagen, was das all' bedeutet?
Kellermeister.
Die Weibsperson, die ihr da seht zu Roß,
Das ist die Wahlfreiheit der böhm'schen Kron:
Das wird bedeutet durch den runden Hut
Und durch das wilde Roß, auf dem sie reitet.
Des Menschen Zierrath ist der Hut, denn wer
Den Hut nicht sitzen lassen darf vor Kaisern
Und Königen, der ist kein Mann von Freiheit.
Neumann.
Was aber soll der Kelch da auf der Fahn'?
Kellermeister.
Der Kelch bezeugt die böhm'sche Kirchenfreiheit,
Wie sie gewesen zu der Väter Zeit.
Die Väter im Hussitenkrieg erstritten
Sich dieses schöne Vorrecht über'n Papst,
Der keinem Laien gönnen will den Kelch.
Nichts geht dem Utraquisten übern Kelch,
Es ist sein köstlich Kleinod, hat dem Böhmen
Sein theures Blut in mancher Schlacht gekostet.
Neumann.
Was sagt die Rolle, die da drüber schwebt?
Kellermeister.
Den böhm'schen Majestätsbrief zeigt sie an,
Den wir dem Kaiser Rudolph abgezwungen,
Ein köstlich unschätzbares Pergament,
Das frei Geläut' und offenen Gesang
Dem neuen Glauben sichert, wie dem alten.
Doch seit der Grätzer über uns regiert,
Hat das ein End', und nach der Prager Schlacht,
Wo Pfalzgraf Friedrich Kron' und Reich verloren,
Ist unser Glaub' um Kanzel und Altar,
Und unsre Brüder sehen mit dem Rücken
Die Heimat an, den Majestätsbrief aber
Zerschnitt der Kaiser selbst mit seiner Schere.

Neumann.
Das alles wißt ihr! Wohl bewandert seyd ihr
In eures Landes Chronik, Kellermeister.
          Kellermeister.
Drum waren meine Ahnherrn Taboriten,
Und dienten unter dem Prokop und Ziska.
Fried' sey mit ihrem Staube! Kämpften sie
Für eine gute Sache doch – Tragt fort!
          Neumann.
Erst laßt mich noch das zweite Schildlein sehn.
Sieh doch, das ist, wie auf dem Prager Schloß
Des Kaisers Räthe, Martiniz, Slavata,
Kopf unter sich herabgestürzet werden.
Ganz recht! Da steht Graf Thurn, der es befiehlt.
                    (Bedienter geht mit dem Kelch.)
          Kellermeister.
Schweigt mir von diesem Tag, es war der drei
Und zwanzigste des Mai's, da man Ein tausend
Sechs hundert schrieb und achtzehn. Ist mir's doch
Als wär' es heut, und mit dem Unglückstag
Fing's an, das große Herzeleid des Landes.
Seit diesem Tag, es sind jetzt sechzehn Jahr,
Ist nimmer Fried' gewesen auf der Erden –
      An der zweiten Tafel (wird gerufen).
Der Fürst von Weimar!
      An der dritten und vierten Tafel.
Herzog Bernhard lebe!   (Musik fällt ein.)
      Erster Bedienter.
Hört den Tumult!
      Zweiter Bedienter (kommt gelaufen).
                Habt ihr gehört? Sie lassen
Den Weimar leben!
      Dritter Bedienter.
          Oestreichs Feind!
      Erster Bedienter.
              Den Lutheraner!

Zweiter Bedienter.
Vorhin da bracht' der Deodat des Kaisers
Gesundheit aus, da blieb's ganz mäuschenstille.
Kellermeister.
Beim Trunk geht Vieles drein. Ein ordentlicher
Bedienter muß kein Ohr für so was haben.
Dritter Bedienter (bei Seite zum vierten).
Pass' ja wohl auf, Johann, daß wir dem Pater
Quiroga recht viel zu erzählen haben;
Er will dafür uns auch viel Ablaß geben.
Vierter Bedienter.
Ich mach' mir an des Illo seinem Stuhl
Deßwegen auch zu thun, so viel ich kann,
Der führt dir gar verwundersame Reden.
(Gehen zu den Tafeln.)
Kellermeister (zu Neumann).
Wer mag der schwarze Herr seyn mit dem Kreuz,
Der mit Graf Palfy so vertraulich schwatzt?
Neumann.
Das ist auch Einer, dem sie zu viel trauen,
Maradas nennt er sich, ein Spanier.
Kellermeister.
'S ist nichts mit den Hispaniern, sag' ich euch;
Die Welschen alle taugen nichts.
Neumann.
Ei! Ei!
So solltet ihr nicht sprechen, Kellermeister.
Es sind die ersten Generale drunter,
Auf die der Herzog just am meisten hält.
(Terzky kommt und holt das Papier ab, an den Tafeln
entsteht eine Bewegung.)
Kellermeister (zu den Bedienten).
Der Generalleutenant steht auf! Gebt Acht!
Sie machen Aufbruch. Fort und rückt die Sessel!
(Die Bedienten eilen nach hinten. Ein Theil der Gäste
kommt vorwärts.)

Sechster Auftritt.

Octavio Piccolomini kommt im Gespräch mit Maradas, und Beide stellen sich ganz vorne hin, auf eine Seite des Prosceniums. Auf die entgegengesetzte Seite tritt Max Piccolomini, allein in sich gekehrt, und ohne Antheil an der übrigen Handlung. Den mittlern Raum zwischen Beiden, doch einige Schritte mehr zurück, erfüllen Buttler, Isolani, Götz, Tiefenbach, Kolalto, und bald darauf Graf Terzky.

Isolani
(während daß die Gesellschaft vorwärts kommt).
Gut' Nacht! – Gut' Nacht, Kolalto – Generalleutnant,
Gut' Nacht! Ich sagte besser, guten Morgen.
 Götz (zu Tiefenbach).
Herr Bruder! Prosit Mahlzeit!
 Tiefenbach.
Das war ein königliches Mahl!
 Götz.
     Ja, die Frau Gräfin
Versteht's. Sie lernt' es ihrer Schwieger ab,
Gott hab' sie selig! Das war eine Hausfrau!
 Isolani (will weggehen).
Lichter! Lichter!
 Terzky (kommt mit der Schrift zu Isolani).
Herr Bruder! Zwei Minuten noch. Hier ist
Noch was zu unterschreiben.
 Isolani.
    Unterschreiben,
So viel ihr wollt! Verschont mich nur mit Lesen.
 Terzky.
Ich will euch nicht bemühn. Es ist der Eid,
Den ihr schon kennt. Nur ein'ge Federstriche.
 (Wie Isolani die Schrift dem Octavio hinreicht)
Wie's kommt! Wen's eben trifft! Es ist kein Rang hier.
 (Octavio durchläuft die Schrift mit anscheinender
 Gleichgültigkeit. Terzky beobachtet ihn von weitem.)

Götz (zu Terzky).
Herr Graf! Erlaubt mir, daß ich mich empfehle.
Terzky.
Eilt doch nicht so – Noch einen Schlaftrunk – He!
(zu den Bedienten.)
Götz.
Bin's nicht im Stand.
Terzky.
Ein Spielchen.
Götz.
Excusirt mich.
Tiefenbach (setzt sich).
Vergebt, ihr Herrn. Das Stehen wird mir sauer.
Terzky.
Macht's euch bequem, Herr Generalfeldzeugmeister.
Tiefenbach.
Das Haupt ist frisch, der Magen ist gesund,
Die Beine aber wollen nicht mehr tragen.
Isolani (auf seine Corpulenz zeigend).
Ihr habt die Last auch gar zu groß gemacht.
(Octavio hat unterschrieben und reicht Terzky die Schrift,
der sie dem Isolani gibt. Dieser geht an den Tisch zu
unterschreiben.)
Tiefenbach.
Der Krieg in Pommern hat mir's zugezogen,
Da mußten wir heraus in Schnee und Eis,
Das werd' ich wohl mein Lebtag nicht verwinden.
Götz.
Ja wohl! der Schwed' frug nach der Jahrszeit nichts.
(Terzky reicht das Papier an Don Maradas; dieser geht an
den Tisch zu unterschreiben).
Octavio (nähert sich Buttlern).
Ihr liebt die Bacchusfeste auch nicht sehr,
Herr Oberster! Ich hab' es wohl bemerkt,
Und würdet, däucht mir, besser euch gefallen
Im Toben einer Schlacht, als eines Schmauses.

Buttler.
Ich muß gestehen, es ist nicht in meiner Art.
    Octavio (zutraulich näher tretend).
Auch nicht in meiner, kann ich euch versichern,
Und mich erfreut's, sehr würd'ger Oberst Buttler,
Daß wir uns in der Denkart so begegnen.
Ein halbes Dutzend guter Freunde höchstens
Um einen kleinen, runden Tisch, ein Gläschen
Tokaierwein, ein offnes Herz dabei
Und ein vernünftiges Gespräch – so lieb' ich's!
    Buttler.
Ja, wenn man's haben kann, ich halt' es mit.
  (Das Papier kommt an Buttlern, der an den Tisch geht, zu
    unterschreiben. Das Proscenium wird leer, so daß beide
    Piccolomini, jeder auf seiner Seite, allein stehen bleiben.)
    Octavio
(nachdem er seinen Sohn eine Zeitlang aus der Ferne stillschwei-
    gend betrachtet, nähert sich ihm ein wenig).
Du bist sehr lange ausgeblieben, Freund.
    Max
    (wendet sich schnell um, verlegen).
Ich – dringende Geschäfte hielten mich.
    Octavio.
Doch, wie ich sehe, bist du noch nicht hier?
    Max.
Du weißt, daß groß Gewühl mich immer still macht.
    Octavio (rückt ihm noch näher).
Ich darf nicht wissen, was so lang' dich aufhielt?
(Listig) – Und Terzky weiß es doch.
    Max.
        Was weiß der Terzky?
    Octavio (bedeutend).
Er war der Einz'ge, der dich nicht vermißte.
    Isolani
    (der von weitem Acht gegeben, tritt dazu).
Recht, alter Vater! Fall' ihm in's Gepäck!

Schlag' die Quartier ihm auf! Es ist nicht richtig.
    Terzky (kommt mit der Schrift).
Fehlt keiner mehr? Hat Alles unterschrieben?
     Octavio.
Es haben's Alle.
    Terzky (rufend).
    Nun? Wer unterschreibt noch?
    Buttler (zu Terzky).
Zähl' nach! Just dreißig Namen müssen's sein.
     Terzky.
Ein Kreuz steht hier.
    Tiefenbach.
    Das Kreuz bin ich.
    Isolani (zu Terzky).
Er kann nicht schreiben, doch sein Kreuz ist gut
Und wird ihm honorirt von Jud' und Christ.
    Octavio (pressirt, zu Max).
Gehn wir zusammen, Oberst. Es wird spät.
     Terzky.
E i n Piccolomini nur ist aufgeschrieben.
    Isolani (auf Max zeigend).
Gebt Acht! Es fehlt an diesem steinernen Gast,
Der uns den ganzen Abend nichts getaugt.
 (Max empfängt aus Terzky's Händen das Blatt, in welches
  er gedankenlos hineinsieht.)

Siebenter Auftritt.

Die Vorigen. Illo kommt aus dem hintern Zimmer, er hat den goldnen Pokal in der Hand und ist sehr erhitzt, ihm folgen Götz und Buttler, die ihn zurückhalten wollen.
     Illo.
Was wollt ihr? Laßt mich.
    Götz und **Buttler.**
    Illo! Trinkt nicht mehr.

Illo
(geht auf den Octavio zu und umarmt ihn, trinkend).

Octavio! das bring' ich dir! Ersäuft
Sey aller Groll in diesem Bundestrunk!
Weiß wohl, du hast mich nie geliebt – Gott straf' mich,
Und ich dich auch nicht! Laß Vergangenes
Vergessen seyn! Ich schätze dich unendlich,
    (Ihn zu wiederholten Malen küssend.)
Ich bin dein bester Freund, und, daß ihr's wißt!
Wer mir ihn eine falsche Katze schilt,
Der hat's mit mir zu thun.

Terzky (bei Seite).
                Bist du bei Sinnen?
Bedenk' doch, Illo, wo du bist!

Illo (treuherzig).
Was wollt ihr? Es sind lauter gute Freunde.
   (Mit vergnügtem Gesicht im ganzen Kreise herumsehend.)
Es ist kein Schelm hier unter uns, das freut mich.

Terzky (zu Buttler, dringend).
Nehmt ihn doch mit euch fort! Ich bitt' euch, Buttler.
    (Buttler führt ihn an den Schenktisch.)

Isolani
(zu Max, der bisher unverwandt, aber gedankenlos in das Papier gesehen).

Wird's bald, Herr Bruder? Hat er's durchstudirt?

Max (wie aus einem Traum erwachend).
Was soll ich?

Terzky und Isolani (zugleich).
        Seinen Namen drunter setzen.
(Man sieht den Octavio ängstlich gespannt den Blick auf ihn richten.)

Max (gibt es zurück).
Laßt's ruhn bis morgen. Es ist ein G e s c h ä f t,
Hab' heute keine Fassung. Schickt mir's morgen.

Terzky.
Bedenk' er doch –

Isolani.
Frisch! Unterschrieben! Was?
Er ist der Jüngste von der ganzen Tafel,
Wird ja allein nicht klüger wollen seyn,
Als wir zusammen? Seh er her! der Vater
Hat auch, wir haben alle unterschrieben.
   Terzky (zum Octavio).
Braucht euer Ansehn doch. Bedeutet ihn.
   Octavio.
Mein Sohn ist mündig.
  Illo (hat den Pokal auf den Schenktisch gesetzt).
      Wovon ist die Rede?
   Terzky.
Er weigert sich, das Blatt zu unterschreiben.
   Max.
Es wird bis morgen ruhen können, sag' ich.
   Illo.
Es kann nicht ruhn. Wir unterschrieben alle,
Und du mußt auch, du m u ß t dich unterschreiben.
   Max.
Illo, schlaf wohl.
   Illo.
    Nein! So entkommst du nicht!
Der Fürst soll seine Freunde kennen lernen.
  (Es sammeln sich alle Gäste um die Beiden.)
   Max.
Wie ich für ihn gesinnt bin, weiß der Fürst,
Es wissen's Alle, und der Fratzen braucht's nicht.
   Illo.
Das ist der Dank, das hat der Fürst davon,
Daß er die Welschen immer vorgezogen!
   Terzky
(in höchster Verlegenheit zu den Kommandeurs, die einen
     Auflauf machen).
Der Wein spricht aus ihm! Hört ihn nicht, ich bitt' euch.

Isolani (lacht).
Der Wein erfindet nichts, er schwatzt's nur aus.
               Illo.
Wer nicht ist m i t mir, der ist w i d e r mich.
Die zärtlichen Gewissen! Wenn sie nicht
Durch eine Hinterthür, durch eine Klausel –
            Terzky (fällt schnell ein).
Er ist ganz rasend, gebt nicht Acht auf ihn.
             Illo (lauter schreiend).
Durch eine Klausel sich salviren können.
Was Klausel? Hol' der Teufel diese Klausel –
               Max
    (wird aufmerksam und sieht wieder in die Schrift).
Was ist denn hier so hoch Gefährliches?
Ihr macht mir Neugier, näher hinzuschaun.
          Terzky (bei Seite zu Illo).
Was machst du, Illo? Du verderbest uns!
          Tiefenbach (zu Kolalto).
Ich merkt' es wohl, vor Tische las man's anders.
              Götz.
Es kam mir auch so vor.
             Isolani.
              Was ficht das mich an?
Wo andre Namen, kann auch meiner stehn.
          Tiefenbach.
Vor Tisch war ein gewisser Vorbehalt
Und eine Klausel drin, von Kaisers Dienst.
    Buttler (zu einem der Kommandeurs).
Schämt euch, ihr Herrn! Bedenkt, worauf es ankommt.
Die Frag' ist jetzt, ob wir den General
Behalten sollen oder ziehen lassen?
Man kann's so scharf nicht nehmen und genau.
        Isolani (zu einem der Generale).
Hat sich der Fürst auch so verklausulirt,
Als er dein Regiment dir zugetheilt?

Terzky (zu Götz).
Und euch die Lieferungen, die an tausend
Pistolen euch in Einem Jahre tragen?
Illo.
Spitzbuben selbst, die uns zu Schelmen machen!
Wer nicht zufrieden ist, der sag's! Da bin ich!
Tiefenbach.
Nun! nun! Man spricht ja nur.
Max (hat gelesen und gibt das Papier zurück).
Bis morgen also!
Illo
(vor Wuth stammelnd und seiner nicht mehr mächtig, hält
ihm mit der einen Hand die Schrift, mit der andern den
Degen vor).
Schreib – Judas!
Isolani.
Pfui, Illo!
Octavio. Terzky. Buttler (zugleich).
Degen weg!
Max
(ist ihm rasch in den Arm gefallen und hat ihn entwaffnet,
zu Graf Terzky).
Bring' ihn zu Bette!
(Er geht ab. Illo, fluchend und scheltend, wird von einigen
Kommandeurs gehalten, unter allgemeinem Aufbruch
fällt der Vorhang.)

Punschlied

Vier Elemente,
Innig gesellt,
Bilden das Leben,
Bauen die Welt.

Preßt der Citrone
Saftigen Stern!
Herb ist des Lebens
Innerster Kern.

Jetzt mit des Zuckers
Linderndem Saft
Zähmet die herbe
Brennende Kraft!

Gießet des Wassers
Sprudelnden Schwall!
Wasser umfänget
Ruhig das All.

Tropfen des Geistes
Gießet hinein!
Leben dem Leben
Gibt er allein.

Eh' es verdüftet,
Schöpfet es schnell!
Nur wenn er glühet,
Labet der Quell.

Punschlied
Im Norden zu singen

Auf der Berge freien Höhen,
      In der Mittagssonne Schein,
An des warmen Strahles Kräften
      Zeugt Natur den goldnen Wein.

Und noch Niemand hat's erkundet,
      Wie die große Mutter schafft;
Unergründlich ist das Wirken,
      Unerforschlich ist die Kraft.

Funkelnd wie ein Sohn der Sonne,
      Wie des Lichtes Feuerquell,
Springt er perlend aus der Tonne,
      Purpurn und krystallenhell.

Und erfreuet alle Sinnen,
      Und in jede bange Brust
Gießt er ein balsamisch Hoffen
      Und des Lebens neue Lust.

Aber matt auf unsre Zonen
      Fällt der Sonne schräges Licht;
Nur die Blätter kann sie färben,
      Aber Früchte reift sie nicht.

Doch der Norden auch will leben,
      Und, was lebt, will sich erfreun;
Darum schaffen wir erfindend
      Ohne Weinstock uns den Wein.

Bleich nur ist's, was wir bereiten
    Auf dem häuslichen Altar;
Was Natur lebendig bildet,
    Glänzend ist's und ewig klar.

Aber freudig aus der Schale
    Schöpfen wir die trübe Flut;
Auch die K u n s t ist Himmelsgabe,
    Borgt sie gleich von ird'scher Glut.

Ihrem Wirken freigegeben
    Ist der Kräfte großes Reich,
Neues bildend aus dem Alten,
    Stellt sie sich dem Schöpfer gleich.

Selbst das Band der Elemente
    Trennt ihr herrschendes Gebot,
Und sie ahmt die Herdes-Flammen
    N a c h dem hohen Sonnengott.

Fernhin zu den sel'gen Inseln
    Richtet sie der Schiffe Lauf,
Und des Südens goldne Früchte
    Schüttet sie im Norden auf.

Drum ein Sinnbild und ein Zeichen
    Sey uns dieser Feuersaft,
Was der Mensch sich kann erlangen
    Mit dem Willen und der Kraft.

Trinklied

Was ist das für ein durstig Jahr!
Die Kehle lechzt mir immerdar,
Die Leber dorrt mir ein:
Ich bin ein Fisch auf trocknem Sand,
Ich bin ein dürres Ackerland.
O, schafft mir, schafft mir Wein!

Was weht doch jetzt für trockne Luft!
Kein Regen hilft, kein Tau, kein Duft,
Kein Trunk will mir gedeihn.
Ich trink' im allertiefsten Zug,
Und dennoch wird mir's nie genug,
Fällt wie auf heißen Stein.

Was herrscht doch für ein hitz'ger Stern!
Er zehrt mir recht am innern Kern
Und macht mir Herzenspein.
Man dächte wohl, ich sei verliebt:
Ja, ja, die mir zu trinken gibt,
Soll meine Liebste sein.

Und wenn es euch wie mir ergeht,
So betet, daß der Wein gerät,
Ihr Trinker insgemein!
O heil'ger Urban, schaff' uns Trost!
Gib heuer uns viel edeln Most,
Daß wir dich benedein!

Von den sieben Zechbrüdern

Ich kenne sieben lust'ge Brüder,
Sie sind die durstigsten im Ort;
Die schwuren höchlich, niemals wieder
Zu nennen ein gewisses Wort,
    In keinerlei Weise,
    Nicht laut und nicht leise.

Es ist das gute Wörtlein Wasser,
Darin doch sonst kein Arges steckt.
Wie kommt's nun, daß die wilden Prasser
Dies schlichte Wort so mächtig schreckt?
    Merkt auf! ich berichte
    Die Wundergeschichte.

Einst hörten jene durst'gen sieben
Von einem fremden Zechkumpan,
Es sei am Waldgebirge drüben
Ein neues Wirtshaus aufgethan,
    Da fließen so reine,
    So würzige Weine.

Um einer guten Predigt willen
Hätt' keiner sich vom Platz bewegt;
Doch, gilt es, Gläser gut zu füllen,
Dann sind die Bursche gleich erregt.
    „Auf! lasset uns wandern!"
    Ruft einer dem andern.

Sie wandern rüstig mit dem frühen.
Bald steigt die Sonne drückend heiß,
Die Zunge lechzt, die Lippen glühen,
Und von der Stirne rinnt der Schweiß;
    Da rieselt so helle
    Vom Felsen die Quelle.

Wie trinken sie in vollen Zügen!
Doch als sie kaum den Durst gestillt,
Bezeigen sie ihr Mißvergnügen,
Daß hier nicht Wein, nur Wasser quillt:
    „O fades Getränke!
    O ärmliche Schwenke!"

In seine vielverwobnen Gänge
Nimmt jetzt der Wald die Pilger auf;
Da stehn sie plötzlich im Gedränge,
Verworrnes Dickicht hemmt den Lauf.
    Sie irren, sie suchen,
    Sie zanken und fluchen.

Derweil hat sich in finstre Wetter
Die schwüle Sonne tief verhüllt;
Schon rauscht der Regen durch die Blätter,
Es zuckt der Blitz, der Donner brüllt;
    Dann kommt es geflossen,
    Unendlich ergossen.

Bald wird der Forst zu tausend Inseln,
Zahllose Ströme brechen vor;
Hier hilft kein Toben, hilft kein Winseln,
Er muß hindurch, der edle Chor.
    O gründliche Taufe,
    O köstliche Traufe!

Vor alters wurden Menschenkinder
Verwandelt oft in Quell und Fluß;
Auch unsre sieben arme Sünder
Bedroht ein gleicher Götterschluß.
    Sie triefen, sie schwellen,
    Als würden sie Quellen.

So, mehr geschwommen, als gegangen,
Gelangen sie zum Wald hinaus;
Doch keine Schenke sehn sie prangen,
Sie sind auf gradem Weg nach Haus;
    Schon rieselt so helle
    Vom Felsen die Quelle.

Da ist's, als ob sie rauschend spreche:
„Willkommen, saubre Brüderschar!
Ihr habt geschmähet, thöricht Freche,
Mein Wasser, das euch labend war.
    Nun seid ihr getränket,
    Daß ihr daran denket."

So kam es, daß die sieben Brüder
Das Wasser fürchteten hinfort,
Und daß sie schwuren, niemals wieder
Zu nennen das verwünschte Wort,
    In keinerlei Weise,
    Nicht laut und nicht leise.

Die Geisterkelter

Zu Weinsberg, der gepriesnen Stadt,
Die von dem Wein den Namen hat,
Wo Lieder klingen, schön und neu,
Und wo die Burg heißt Weibertreu
(Bei Weib und Wein und bei Gesang
Wär' Luthern dort die Zeit nicht lang;
Auch fänd' er Herberg' und Gelaß
Für Teufel und für Tintenfaß,
Denn alle Geister wandeln da),
Hört, was zu Weinsberg jüngst geschah!

Der Wächter, der die Stadt bewacht,
Ging seinen Gang in jener Nacht,
In der ein Jahr zu Grabe geht
Und gleich ein andres aufersteht.
Schon warnt die Uhr zur Geisterzeit,
Der Wächter steht zum Ruf bereit;
Da, zwischen Warnen, zwischen Schlag,
Am Scheideweg von Jahr und Tag
Hört er ein Knarren, ein Gebraus,
Gegenüber öffnet sich das Haus,
Es sinkt die Wand, im hohlen Raum
Erhebt sich stolz ein Kelterbaum,
Und um ihn dreht in vollem Schwung
Sich jauchzend, glühend alt und jung,
Und aus den Röhren purpurhell,
Vollblütig springt des Mostes Quell;
Ein sausend Mühlrad tobt der Reihn,
Die Schaufeln treibt der wilde Wein.
Der Wächter weiß nicht, wie er thu',
Er kehrt sich ab, den Bergen zu;
Doch ob der dunkeln Stadt herein
Erglänzen die in Mittagsschein:

Des Herbstes goldner Sonnenstaub
Umwebt der Reben üppig Laub,
Und aus dem Laube blinkt hervor
Der Winzerinnen bunter Chor;
Den Trägern in den Furchen all
Wächst übers Haupt der Trauben Schwall;
Die Treterknaben sieht man kaum,
So spritzt um sie der edle Schaum.
Gelächter und Gesang erschallt,
Die Pritsche klatscht, der Puffer knallt.
Wohl senkt die Sonne jetzt den Lauf,
Doch rauschen Feuergarben auf
Und werfen Sterne groß und licht
Dem Abendhimmel ins Gesicht.
Da dröhnt der Hammer dumpf und schwer
Zwölfmal vom grauen Kirchturm her;
Der Jubel schweigt, der Glanz erlischt,
Die Kelter ist hinweggewischt,
Und aus der stillen Kammer nur
Glimmt eines Lämpchens letzte Spur.
Der Wächter aber singet schon
Das neue Jahr im alten Ton,
Doch fließet ihm, wie Honigseim,
Zum alten Spruch manch neuer Reim.
Er kündet froh und preiset laut,
Was ihm die Wundernacht vertraut;
Denn wann die Geisterkelter schafft,
Ist guter Herbst unzweifelhaft.
Da klopft's ihm auf die Schulter sacht,
Es ist kein Geist der Mitternacht;
Ein Zechgesell, der keinen glaubt,
Begrüßt ihn, schüttelnd mit dem Haupt:
„Der Most in deiner Kelter war
Vom alten, nicht vom neuen Jahr."

Das Glück von Edenhall

Von Edenhall der junge Lord
Läßt schmettern Festtrommetenschall;
Er hebt sich an des Tisches Bord
Und ruft in trunkner Gäste Schwall:
„Nun her mit dem Glücke von Edenhall!"

Der Schenk vernimmt ungern den Spruch,
Des Hauses ältester Vasall,
Nimmt zögernd aus dem seidnen Tuch
Das hohe Trinkglas von Kristall;
Sie nennen's das Glück von Edenhall.

Darauf der Lord: „Dem Glas zum Preis
Schenk' Roten ein aus Portugal!"
Mit Händezittern gießt der Greis,
Und purpurn Licht wird überall;
Es strahlt aus dem Glücke von Edenhall.

Da spricht der Lord und schwingt's dabei:
„Dies Glas von leuchtendem Kristall
Gab meinem Ahn am Quell die Fei;
Drein schrieb sie: ‚Kommt dies Glas zu Fall,
Fahr wohl dann, o Glück von Edenhall!'

Ein Kelchglas ward zum Los mit Fug
Dem freud'gen Stamm von Edenhall;
Wir schlürfen gern in vollem Zug,
Wir läuten gern mit lautem Schall.
Stoßt an mit dem Glücke von Edenhall!"

Erst klingt es milde, tief und voll
Gleich dem Gesang der Nachtigall,
Dann wie des Waldstroms laut Geroll;

Zuletzt erdröhnt wie Donnerhall
Das herrliche Glück von Edenhall.

„Zum Horte nimmt ein kühn Geschlecht
Sich den zerbrechlichen Kristall;
Er dauert länger schon als recht;
Stoßt an! Mit diesem kräft'gen Prall
Versuch' ich das Glück von Edenhall."

Und als das Trinkglas gellend springt,
Springt das Gewölb' mit jähem Knall,
Und aus dem Riß die Flamme dringt;
Die Gäste sind zerstoben all'
Mit dem brechenden Glücke von Edenhall.

Einstürmt der Feind mit Brand und Mord,
Der in der Nacht erstieg den Wall;
Vom Schwerte fällt der junge Lord,
Hält in der Hand noch den Kristall,
Das zersprungene Glück von Edenhall.

Am Morgen irrt der Schenk allein,
Der Greis, in der zerstörten Hall';
Er sucht des Herrn verbrannt Gebein,
Er sucht im grausen Trümmerfall
Die Scherben des Glücks von Edenhall.

„Die Steinwand," spricht er, „springt zu Stück,
Die hohe Säule muß zu Fall,
Glas ist der Erde Stolz und Glück,
In Splitter fällt der Erdenball
Einst, gleich dem Glücke von Edenhall."

Rebenblüte

Hat man je ein Reis gefunden,
Rebe, dir an Blüte gleich?
Ahnungsvoll und düftereich
Blühst du in den Sommerstunden.

Mann, gereift von heißer Sonne,
Längst dein edles, süßes Blut
Unterirdisch tief geruht,
Blühst du erst in Füll' und Wonne,

Blühest auf des Jünglings Wange,
Blühst in heller Augen Gruß,
Blühst im Scherze, blühst im Kuß,
Blühst im seligen Gesange.

Spiritistisches Trinklied

Es geht ein Geist im Keller um,
Komm, altes, treues Medium,
Komm, edler Knabe Christian,
Den Hahnen dreh, den Geist zieh an!
Zu, za, Geist zieh an,
Ja an!

Da schwebt er schon, da schwebt er schon!
Schweig, arge Welt, mit deinem Hohn!
Wir liefern dir die Probe gleich:
Es existiert ein Geisterreich,
Ei, ga, Geisterreich,
Ja Reich.

Was sagt der Geist, was sagt der Geist,
Der hier im Humpen schwimmt und kreist?
„Erlöset mich, erlöset mich,
O nehmt mich auf in euer Ich!"
Je, ju, euer Ich,
Ja Ich!

Habt ihr gehört? Er tut es kund!
Reicht her, reicht hin von Mund zu Mund!
Laßt umegahn, laßt umegahn,
Es soll vom Geist ein jeder han!
Ji, ja, jeder han,
Ja han!

Schon kehrt er in uns mächtig ein,
Schon schimmert lichter Geisterschein
Aus allen Augen ringsumher
Und alle Nasen glänzen sehr,
Gli, gla, glänzen sehr,
Ja sehr!

Das Grundgeheimnis aller Welt
Ist offenbarlich aufgehellt,
Wir schauen ihm bis auf den Grund!
Wie lautet es? Die Welt ist rund,
Wie, wa, Welt ist rund,
Ja rund!

Die Welt ist rund, die Welt ist Wurst,
Drum macht sie uns auch so viel Durst!
Die Welt ist Wurst, die Welt ist Tand;
Trinkt euch empor ins Geisterland,
Gi, ga, Geisterland,
Ja Land!

Ich merk's, ihr fühlt des Geists Gewalt
Schon so, daß euch die Zunge lallt,
Er gießt sich aus noch heutzutag
Pfingstfeierlich im Zungenschlag,
Zi, za, Zungenschlag,
Ja Schlag!

Doch daß die Welt so wurst, so rund,
Das tun mir auch die Beine kund;
Daß mich des Weltalls Schicksal trifft,
Sagt ihre Psychographenschrift,
Gri, gra, Graphenschrift,
Ja Schrift!

Und fällt als armer Erdenwisch
Mein leiblich Wesen untern Tisch,
So hat in dem, was unten liegt,
Ja doch allein der Geist gesiegt,
Gi, ga, Geist gesiegt,
Ja siegt!

Komm, Medium, komm, Christian,
Und zieh den Geist jetzt wieder an,
Komm, zieh mich unterm Tisch heraus
Und führ' das Geistorgan nach Haus,
Gi, ga, gan nach Haus,
Ja Haus!

Komm, lege das Organ ins Bett,
Des schweren Leibes Lagerstätt',
Der Geist schwebt um ihn her und wacht
Und sieht den Schnarcher an und lacht,
Schni, schna, an und lacht,
Ja lacht!

An die Trocknen

Wenn ich zum Schöppchen geh' am Abend,
Von Arbeit müde und erhitzt,
O, wie ist mir der Anblick labend,
Wenn euereins am Tische sitzt!

Da werd' ich ein Gespräch genießen,
Fern von der Leidenschaften Glut,
Gespräch, das nur gemächlich fließen,
Ja nur so aneträpfeln tut.

Von Reben- und von Hopfenblüte
Fällt etwan ein zufriednes Wort,
Vom Ferndigen und seiner Güte,
Von Bier und Tobak und so fort.

Der breite Herr im Mittelsitze:
Seht ihn, wie er gemütlich schmaucht,
Mitunter die Zigarrenspitze
Besieht, wie weit sie angeraucht!

Wie ruht der Nerv in diesem Frieden
Vom Drangsal, das gehäuft und kraus
Der anspruchsvolle Tag beschieden,
In sanftem Wiegenschlummer aus.

Dort seh' ich einen auf der Lauer,
Mit Sperberaugen blickt er her,
Von Goethe, Wagner, Schopenhauer
Wünscht er zu sprechen inhaltschwer.

Ideen soll ich mit ihm tauschen
Im Lärm am Wirtstisch abends spät,
Soll seiner dünnen Stimme lauschen,
Wenn alles ringsum kreischt und kräht.

Bleibt mir vom Leib, ihr Geistesschnapper,
Die ihr kein still Betrachten kennt,
Mit Feuerreiterhufgeklapper
Nach Zielen immer hetzt und rennt!

Ihr seid wahrhaftig noch imstande,
– Was einfach ist, fühlt ihr ja nie –,
Daß ihr dies Lied aufs nicht Prägnante
Interpretiert als Ironie.

O, aber den, der fein verstohlen
Mich anblinzt und es so versteht,
Den soll doch gleich der Teufel holen,
Daß ihm das Schmunzeln hübsch vergeht!

Doch euch, ihr lieben trocknen Schweiger,
Euch wünsch' ich herzlich gute Ruh',
Leis führe euch der Stundenzeiger
Des Himmels tiefer Stille zu.

Trinklied

Laßt mich trinken, laßt mich trinken,
Laßt von diesem Feuerwein
Immer neue Fluten sinken
Mir ins durst'ge Herz hinein!

Jedes Ende sei vergessen!
Wie's im Innern drängt und schafft!
Sagt, wer will mir jetzo messen
Grenz' und Schranke meiner Kraft!

Stellt mir schwere, weite, blanke
Becher ohne Ende her,
Füllet sie mit diesem Tranke,
Und ich trink euch alle leer!

Bringt mir Mädchen, schöne, wilde,
Noch so spröd und noch so stolz,
Schickt die schreckliche Brunhilde,
Alle trifft der Liebesbolz!

Stellet mir die schwersten Fragen!
Wo das ew'ge Rätsel ruht?
Feuerhell und aufgeschlagen
Schwimmt es hier im roten Blut!

Gebt mir Staaten zu regieren!
Kinderspiel soll mir es sein!
Gebt mir Heere anzuführen,
Und die ganze Welt ist mein!

Burgen möcht ich jauchzend stürmen,
Ihre Fahnen zittern schon,
Felsen, Felsen möcht ich türmen
Und erobern Gottes Thron!

Ein später Gast

So spät noch im Wirthshaus, mein lieber Jahn!
Sag, alter Nachbar! was kommt dich an?

„Trink' Wein ich, trink' Bier ich, ich weiß es nicht,
Trink' Alles nur eben im tauben Dicht.

Wohl sitz' ich oft da bis um Mitternacht,
Doch weiß ich selbst nicht, was bleiben mich macht.

Doch Eines, das weiß ich: die Lieb' flog aus,
Ich hab' eine Fremde in meinem Haus.

Wie gern wollt' ich gehen nach Haus ins Bett,
Wenn meine Liebe ich drinn wieder hätt'!"

Versuch hilfreicher Erläuterungen.

Gegliedert sind die *Literarischen Leckereien* in zwei Abteilungen. In der
Ersten Abteilung stehen **Küchentexte**: Texte aus der Küche, für die Küche, in der Küche. Texte, genauer formuliert, zu Nahrungsmitteln und deren Zubereitung. Von deren Aussaat an bis zur Ernte. Bis zur Verarbeitung überm offenen Feuer, auf dem Herd, in Pfanne und Topf, in Destille und Kanne. Bis zum endgültigen Verzehr. Da hat das literarische Butterbrot seinen Platz und die Pilzpfanne, der Frühstückswecken und die Kakaotasse, der gebratene Backsteinkäse und der selbstgebraute Essig, um nur ein paar Beispiele zu nennen. Die
Zweite Abteilung unserer Sammlung heißt **Kellertexte**: Texte aus dem Keller, für den Keller, im Keller. Texte, genauer formuliert, rund um den Wein. Vom Anpflanzen der Reben bis zur Weinlese. Bis zum köstlichen Genuß aus Faß, Flasche und Glas samt allen angenehmen Zwischenstationen.
Aber Vorsicht ist geboten: Im Wein liegt bekanntlich nicht nur Wahrheit, sondern da lauern auch Gefahr, Verrat, wo nicht gar der Tod.
Der vergorene Rebensaft regt zum Reimen an, kein Zweifel. Aber ebenso stark auch zum Komponieren: Manche der abgedruckten Lieder sind als Vertonungen bekannter als im literarischen Urtext.

Innerhalb der beiden Abteilungen figurieren zunächst unsere vier Autorinnen, danach die elf Autoren; jeweils nach ihrem Geburtsjahr angeordnet. Die hier folgenden Erläuterungen allerdings sind nach dem Geburtsjahr der Autorinnen und Autoren angeordnet.
Nach langem Hin- und Herüberlegen habe ich mich entschlossen, Einiges zu den Autorinnen und Autoren zu vermerken, jedoch keine Wortkommentare zu geben. Der Grund hierfür ist schlicht, daß ich nicht weiß, was heutzutage erläuterungsbedürftig ist oder nicht. Andrerseits kann aktuell (fast) jeder Begriff aus dem Internet gefischt werden, wenn die geneigte Leserin, der wohlwollende Leser eines Kommentars bedarf.

Es sei daran erinnert, daß **Schiller** seine Theaterstücke zunächst als ‚Lesedramen' veröffentlicht hat (siehe Hermann Kurz, *Der geschmälzte Kaffee*). Auf diese Weise machte Schiller sein neuestes Werk bekannt, ehe es dann, meist stark überarbeitet, auf die Bühne kam. Der Weimarer Schwabe ging dabei keineswegs zimperlich mit seinen Produkten um. Für den „Fiesco" beispielsweise gibt es zwei Schlüsse, die beide vom Meister stammen: der bekannte tragische, sowie ein alternativer, wo sich zum Finale alle Beteiligten in den Armen liegen. Bei einem Glase Rotschwenzer erweisen sich sowohl der maßlos traurige Schlußakt aus „Kabale und Liebe" (hier unter dem Titel *Die Limonade ist vergiftet*) als auch die grandiose Saufszene aus den Piccolomini (*Herr Bruder, was wir lieben!*) als durchaus lesenswert. Allein die Regieanweisungen (Beginn des Casino-Abends unter höheren Offizieren!) sind ein Sondestudium wert.

Bei Justinus **Kerner** und dessen Rikele waren sie fast alle zu Gast, im Weinsberger Kernerhaus, welches noch heute sehens- und besuchenswert ist: Ludwig Uhland und Gustav Schwab, Eduard Mörike und Nikolaus Lenau, Friedrich Theodor Vischer, der Schriftsteller und Historiker Eduard Duller (der mit dem grünen Glas) und viele andere mehr. Wie denn überhaupt die schriftstellernden Schwaben des 19. Jahrhunderts einander vielfältig kannten, einander oft besuchten, einander andichteten. Mit den diversen Ehefrauen, Tanten, Nichten liebäugelten. Die Überlebenden schrieben Nachrufe auf Verstorbene – kurzum: es war ein weitläufig-enges Netzwerk Aller mit Allen.

Ludwig **Uhland**. Jurist. Historiker. Politiker. Schriftsteller. Er war wohl ein aufrechter Mann, ein enragierter Deutscher, der auch vor Polemiken nicht zurückschreckte. Seine historischen Dramen („Ernst, Herzog von Schwaben", „Ludwig der Baier") sind vergessen – ob sie wohl wieder einmal entdeckt werden? Unvergessen ist sein Auftreten in politischen Versammlungen, in parlamentarischen Gremien, sein Eintreten fürs „Alte Recht".

Gibt es stärkere Gegensätze als das (leicht machohafte) „Theelied" und das deftige „Metzelsuppenlied"?

Gustav **Schwab** ist heute fast nur noch als Autor der in vielen Jugend- und Schulausgaben verbreiteten „ Schönsten Sagen des klassischen Altertums" bekannt. Aber der zum Schluß als Oberkonsistorialrat und Oberstudienrat in Stuttgart wirkende Autor war seinerzeit auch ein beliebter Reiseschriftsteller. Gustav Schwab bereiste die damals noch weitgehend unentdeckte Schwäbische Alb mit ortskundiger Führung und beschrieb sie anschließend, um damit zur Nachahmung seiner Wander- und Entdeckungsfahrten aufzurufen. Erlesene Früchte seiner historisch-landeskundlichen Studien schließlich sind die beiden Balladen aus der Geschichte Alt-Wirtembergs, die wir abdrucken.

Der jungverstorbene Wilhelm **Hauff** hat in den wenigen Jahren, die ihm für seine schriftstellerische und journalistische Tätigkeit vergönnt waren, qualitativ wie quantitativ unglaublich viel geleistet (und war im Übrigen entsprechend selbstbewußt, z. B. im Umgang mit Verlegern.) Der literarische Meisterdieb, wie Arno Schmidt ihn nennt, schrieb den ersten deutschsprachigen Historischen Roman, den ewig jungen „Lichtenstein". Mit derselben leichten Hand verfasste Hauff seine „Märchen für Söhne und Töchter gebildeter Stände" oder seine köstliche Parodie „Der Mann im Mond" auf einen Bestsellerautor seiner Zeit, der unter dem Pseudonym H. Clauren buchhändlerische Erfolge einheimste.

Nikolaus **Lenau**, der Dichter des Weltschmerz, hat mit der Region insofern zu tun, als er immer wieder in Stuttgart, in Esslingen, in Weinsberg zu Gast war. So gehörte er wie selbstverständlich zum Schwäbischen Dichterkreis. Lenau war Kosmopolit, im österreichisch-ungarischen Raum ebenso zuhause wie in Schwaben. Ein kurzer Aufenthalt in Amerika (wohin er ursprünglich auswandern wollte), brachte die ersehnte Ruhe nicht, auch nicht seine vielfältigen Beziehungsversuche zu schwäbischen Frauen.

Lenau war ein tieftragischer Poet. Die hier abgedruckten Trinklieder bilden lediglich **eine** Facette seines dichterischen Werkes. Lenau hat dem Freunde Justinus Kerner vor der Ausreise nach Amerika ein Weinglas geschenkt, siehe Kerners: Mein Kristallglas.

Gedichte von Eduard **Mörike** bilden ein Kernstück dieser Sammlung. Ihre literarischen Qualität zeichnet sie aus, ebenso Mörikes liebevolle Sachkenntnis in Küche und Keller. Ein Prunkstück ist die „Häusliche Szene", in der ein Schulmeister vor seiner Frau seine Amateurleidenschaft als Essigbrauer verteidigt. Witzigerweise findet die Bettunterhaltung in gebundener Rede statt, „antiker Form sich nähernd", die seiner Frau ebenso elegant über die Lippen geht wie ihm. Als die Ehegesponsin einen Hexameter nicht „schließt", sondern offen stehenläßt, leidet der Herr Lehrer echte Qualen. Schließlich jedoch signalisiert er Friedensbereitschaft, und da auch sie nachgiebig erscheint, schlafen beide hochzufrieden ein.

Im Archiv der Philosophischen Fakultät an der Eberhard-Karls-Universität Tübingen liegt ein meines Wissens bisher unveröffentlichtes Stückchen Literaturgeschichte: Friedrich Theodor **Vischer** beantragte die Ehrendoktorwürde für seinen Freund Eduard Mörike, und begründet dies mit dessen Verdiensten um die Übersetzung antiker Dichtung. In der aus diesem Anlaß geführten (schriftlichen) Diskussion erweist Vischer sich als ebenso kenntnisreicher wie witziger Dialogpartner, der manchen federnden Degenstich an Kollegen austeilt. Ebenso respektlos ging er mit Goethes „Faust" um, insbesondere mit dessen Zweitem Teil. Vischers Parodie „Faust Dritter Teil" wird noch heute gerne aufgeführt, nicht nur als Studentenulk.

Die Qualitäten des Schriftstellers, Dichters und Übersetzers Hermann **Kurz** stehen außer Zweifel. Aber kannten, kennen sein Werk entsprechend viele Leserinnen und Leser? Zu seiner dauerhaften Wiederentdeckung beizutragen, ist mir (aufgewachsen in seiner Geburts- und -Heimatstadt Reutlingen) Bedürfnis. Aus seinem Erstlingsroman „Schillers Heimatjahre" stammt die hier abgedruckte Episode vom *Geschmälzten Kaffee*, in welcher der (Anti)Held Heinrich Roller im Schwarzwald nach seiner mit Zigeunern durchgebrannten Privatschülerin Laura sucht, die zu Herzog Karl Eugen in einem familiär-pikanten Verhältnis steht.

Karl (von) **Gerok**, während seiner kirchlichen Laufbahn u.a. Stadtpfarrer in Böblingen, zuletzt Oberhofprediger und Prälat zu Stuttgart, war mir bis dato höchstens als Gesangbuchliederdichter bekannt. Daß Gerok auch anders konnte, beweisen seine um den Wein kreisenden weltlichen Gesänge bis hin zu dem nahezu ergreifenden Altersstück „Im guten Jahr 1884" mit anfänglichem Selbstzitat „Ein Segensjahr, nur eins noch wie vor Zeiten/ Möcht' ich auf Erden schau'n/...Und froh des Nachgeschmacks vom letzten Becher/ Dankbar von hinnen gehn".

Ottilie **Wildermuth**, so berichtete uns mein akademischer Lehrer Hansmartin Decker-Hauff, war ein gefürchteter Gast in schwäbischen Pfarrhäusern, die sie verwandtschaftshalber nur zu gerne heimsuchte. Decker-Hauff war selbst Pfarrerskind und wußte genau, wovon er sprach: Alles hastige Aufräumen und Großputzen, alles Vertuschen half nicht, oder nicht viel. Tante Ottilie war eine scharfäugige Beobachterin, und was sie sah, setzte sie mit spitzer Feder erzählerisch um. War Ottilie Wildermuth im Haus gewesen, so konnte man sicher sein: Im nächsten, spätestens im übernächsten Buche war man ‚dran'. Entsprechend schadenfroh kommentierten die bisher verschont gebliebenen Pfarrfamilien im ‚Ländle' das soeben Veröffentlichte. Aber auch für sie galt eines Tages: Ottilie ante portas ...

Christian **Wagner**, der Bauernsohn, der gerne Lehrer geworden wäre. Christian Wagner, der als junger Mensch Schiller liest, Uhland und Gustav Schwab. Christian Wagner, der Grübler an der Schwelle zum Zeitalter der Technik, tief verwurzelt in der heimatlichen Natur. Manche seiner Gedichte, von lapidarer Kürze, sind wahre Kleinode. Wagners Mischung aus Prosa- und Lyrikelementen wirkt wie selbstverständlich, als ob einer während des Spazierengehens erzähle, in ungebundener und in gebundener Sprache. Ein Besuch im Christian-Wagner-Haus in Warmbronn (heute zu Leonberg gehörend) ist eine Empfehlung mit drei Sternen.

Isolde **Kurz**, Tochter des Hermann Kurz, ist eine Schriftstellerin von ähnlich hohem Rang wie ihr Vater; ein wenig populärer als er, aber auch nicht genug. Ihre exzellente Novelle „Die Humanisten" mußte ich leider arg amputieren: sie ist im Original über 80 Seiten lang. Die Exposition ist meisterhaft. Die junge Florentinerin Lucrezia und der schwäbische Rittersmann Veit (italienisch = Guido) scheinen füreinander bestimmt. Nur eine Kleinigkeit ist noch zu erledigen, so will es Lucrezias Vater: Veit soll zurückreiten, in seine barbarische Heimat, und eine Handschrift mitbringen, die im Kloster Sankt Blasien gelandet war, das Original eines im humanistischen Florenz schmerzlich vermißten Buches des römischen Autors Cicero. Was Lucrezias Vater, Freund des „prächtigen" Lorenzo di Medici nicht weiß: Sein Verwandter Marcantonio hat die Handschrift bereits vor Jahren erworben und deren Gedanken und Formulierungen einem eigenen Buche einverleibt. Was Marcantonio seinerseits nicht weiß: In Deutschland existiert eine Kopie des Cicero. Veit bringt diese mit, und nun steht Marcantonio vor der Entscheidung: will er Schimpf und Schande auf sich laden für den literarischen Diebstahl, gesellschaftliche Ächtung also, dazu den Verlust der ihm inzwischen versprochenen Lucrezia – oder wählt er den Mord an Veit als letztem Ausweg. Da liegt es nahe, einen Schlaftrunk zu mischen und anschließend Feuer zu legen. *Das Pulver tut seine Schuldigkeit* zum Glück doch nicht.

Übrigens verdichtet sich je länger je mehr mein Verdacht, Umberto Eco habe für sein Riesenopus „Der Name der Rose" ganz schön bei Isolde Kurz gespickt ...

Ganz so vielschichtig sind die erzählerischen Werke der Anna **Schieber** und der Auguste **Supper** nicht strukturiert. Aber beide sind gute Beobachterinnen, beide können gut formulieren. Beide sind echte Zeitzeuginnen einer Welt, die längst vergangen ist und doch fortwirkt in unsere Epoche.

Was ich eigentlich bewirken wollte mit diesem Buch, dessen Textfluten Barbara Mannes dankenswerterweise geschrieben hat: Anregen, zu lesen. Weiterzulesen. In die nächste öffentliche Bibliothek zu gehen, ins nächste (oder fernste) Antiquariat, um mehr zu suchen, mehr zu finden. Romane, Novellen, Gedichte. Von Gestern und Heute. Auch und nicht zuletzt zum Thema Küche und Keller.

Dieter E. Hülle

Inhaltsverzeichnis
Verfasserinnen und Verfasser (nach Geburtsjahr) **und deren Texte**

Friedrich Schiller. Geb. 1759 in Marbach am Neckar;
gest. 1805 in Weimar.
Die Limonade ist vergiftet. Aus: Kabale und Liebe. 105
Ein bürgerliches Trauerspiel.
Herr Bruder, was wir lieben! Aus: Wallenstein. 231
Ein dramatisches Gedicht.
Erster Theil. Die Piccolomini.
Punschlied. 253
Punschlied. Im Norden zu singen. 254
Alles in: Schiller's sämmtliche Werke.
Stuttgart und Tübingen. 1835.

Justinus Kerner. Geb. 1786 in Ludwigsburg;
gest. 1862 in Weinsberg.
Das Bilderbuch aus meiner Knabenzeit (Gekürzt). 71
In: Erinnerungen aus den Jahren 18786–1804. 1849.
An das Trinkglas eines verstorbenen Freundes. 191
Mein Kristallglas. 192
An ein grünes Glas von Duller. 194
In: Die lyrischen Gedichte. 1854.

Ludwig Uhland. Geb. 1787 in Tübingen;
gest. 1862 in Tübingen.
Theelied. 138
Metzelsuppenlied. (Gekürzt) 140
Wein und Brot.
Trinklied. 256
Von den sieben Zechbrüdern. 257
Die Geisterkelter. 262
Das Glück von Edelhall. 264
Rebenblüte. 265
Alle in: Uhlands Gedichte und Dramen.
Erster Band: Gedichte. 1815.

Gustav Schwab. Geb. 1792 in Stuttgart;
gest. 1850 in Stuttgart.
Das Mahl zu Heidelberg. 130
Hans Koch von Ebingen.. 134
In: Geschichte Schwabens.
Im Munde der Dichter. 1881.

Wilhelm Hauff. Geb. 1802 in Stuttgart;
gest. 1827 in Stuttgart
Der Zwerg Nase. Aus: Märchen für die Söhne und 230
Töchter gebildeter Stände.
So esset doch und trinket satt! Aus: Lichtenstein. 65
Romantische Sage.
Das Souper. Das Dejeuner. Der Schmaus. 60
(Jeweils gekürzt).
Aus: Der Mann im Monde,/oder/der Zug des
Herzens ist des Schicksals Stimme.
In: Wilhelm Hauff's/ sämmtliche Werke.
Hrsg. Gustav Schwab. 1887.

Nikolaus Lenau. Geb. 1802 in Csatad
(Ungarn, heute Lenauheim/Rumänien);
gest. 1850 in Oberdöbling (heute Wien)
In der Schenke. Aus: Hochwächter. 1832. 214
Das große Faß in der fürstlichen Kellerei zu 216
Oehringen.
Aus: Morgenblatt für gebildete Stände. 1832.
Der einsame Trinker. 218
Aus: Morgenblatt für gebildete Stände. 1840.
Trinksprüche. 222

Eduard Mörike. Geb. 1804 in Ludwigsburg;
gest. 1875 in Stuttgart.
An meinen Vetter. Juni 1837. 86
Lammwirts Klagelied... 88

Der Tambour.	89
Häusliche Szene.	90
Der Liebhaber an die heiße Quelle zu B.	96
Zwei Brüdern ins Album.	97
Auf ein Ei geschrieben.	98
Restauration.	99
Alles mit Maß.	100
Pastoralerfahrung.	101
Frankfurter Brenten.	102
An Hartlaub, als Dank für geröstete Mandeln.	104
Das lustige Wirtshaus. Akademischer Scherz.	223
Des Schloßküpers Geister zu Tübingen.	227
Ballade, beim Wein zu singen.	

Alle in: Mörikes Werke. Erster Band. 1914.

Friedrich Theodor Vischer. Geb. 1807 in Ludwigsburg; gest. 1887 in Gmunden (Österreich).
Festschmaus im Pfahldorf. 141
Aus: Auch einer. Eine Reisebekanntschaft. 1879.
O hin zu dir! Zu dir! Nur einen Bissen reiche mir! 149
Aus: Faust, Dritter Teil.
Spiritistisches Trinklied. 265
An die Trocknen. 268
Trinklied. 270
Alle in: Friedrich Theodor Vischer.
Ausgewählte Werke. In acht Teilen.

Hermann Kurz. Geb. 1813 in Reutlingen; gest. 1873 in Stuttgart.
Der geschmälzte Kaffee. Aus: Schillers Heimatjahre. .. 76
Gebratener Backsteinkäse und Schwindelhaferwein. ... 84
Aus: Die beiden Tubus.
Sankt Urbans Krug. (Gekürzt). 195
Ein Schwank aus dem Vagantenleben des 16. Jahrhunderts.

Trinklied im Frühling. 211
Im Weinberg. 212
Alles in: Hermann Kurz sämtliche Werke.
In zwölf Bänden. Hrsg. Hermann Fischer.

Karl (von) Gerok. Geb. 1815 in Vaihingen an der Enz;
gest. 1890 in Stuttgart
Die reifende Traube 182
Die Weinberghalde „Zum Sünder". 183
Auf Urbanstag. 25. Mai. 187
Im guten Jahr 1884 189
Alle in: Der letzte Strauß.
Vermischte Gedichte. 1895.

Ottilie Wildermuth. Geb. 1817 in Rottenburg;
gest. 1877 in Tübingen.
Das geizige Pfarrhaus. (Gekürzt). 19
Ein Stadtschreiber. 23
Aus: Gesammelte Werke. 1892.

Christian Wagner. Geb. 1835 in Warmbronn;
gest. 1918 in Warmbronn.
Früchte. 153
Blühender Kirschbaum. 155
Das Kartoffelland. 156
Das Kartoffelgeistlein. 157
Der Todtenkopfschwärmer. 159
Ein später Gast. 271
Alle in: Sonntagsgänge. 1887–1890.

Isolde Kurz. Geb. 1853 in Stuttgart;
gest. 1944 in Tübingen.
Das Pulver tut seine Schuldigkeit. 163
Aus: Die Humanisten.
In: Florentiner Novellen. 1908.

Anna Schieber. Geb. 1867 in Esslingen am Neckar;
gest. 1945 in Tübingen.
Aus Kindertagen. (Gekürzt). 176
Aus: Wanderschuhe. 1910.
In: Hausbuch schwäbischer Erzähler. 1911.

Auguste Supper. Geb. 1867 in Pforzheim;
gest. 1951 in Ludwigsburg
Der Leibsorger. (Gekürzt). 11
Aus: Da hinten bei uns.
Erzählungen aus dem Schwarzwald. 1919.

Zur Person:
Dieter E. Hülle. Geb. 1935. Aufgewachsen in Berlin und Reutlingen.
Studien bei Hansmartin Decker-Hauff, Hermann Bausinger u.a.
Von 1969 an Leiter der Stadtbibliothek Sindelfingen.
1999 als Leiter des Kultur- und Sportamtes der Stadt Sindelfingen in den Ruhestand verabschiedet.
Derzeit ehrenamtlicher Geschäftsführer der KulturRegion Stuttgart.

Joachim Kupke. Geb. 1947.
Studium an der Merz-Akademie Stuttgart.
Lebt und wirkt als freischaffender Künstler in Sindelfingen und darüber hinaus.
Cartoon *Literarische Leckereien*.

Inhaltsverzeichnis alphabetisch

Gerok Karl. Gedichte. 182

Hauff Wilhelm. Der Zwerg Nase. 30
Aus: Lichtenstein. *So esset doch und trinket satt!* 65
Aus: Der Mann im Mond. Das Souper. Das Dejeuner.
Der Schmaus. 60

Kerner Justinus. Das Bilderbuch aus meiner Knabenzeit. 71
Gedichte. 191

Kurz Hermann. Aus: Schillers Heimatjahre.
Der geschmälzte Kaffee. 76
Aus: Die beiden Tubus.
Gebratener Backsteinkäse und Schwindelhaberwein. ... 84
Sankt Urbans Krug. 195
Gedichte. 211

Kurz Isolde. Aus: Die Humanisten.
Das Pulver tut seine Schuldigkeit. 163

Lenau Nikolaus. Gedichte. 214

Mörike Eduard. *Küchen*gedichte. 86
*Keller*gedichte. 223

Schieber Anna. Aus Kindertagen. 176

Schiller Friedrich. Aus: Kabale und Liebe.
Die Limonade ist vergiftet. 105
Aus: Wallenstein. Die Piccolomini.
Herr Bruder, was wir lieben! 231
Gedichte. 253

Schwab Gustav. Gedichte.. 130

Supper Auguste. Der Leibsorger... 11

Uhland Ludwig. *Küchen*gedichte. 138
    *Keller*gedichte... 256

Vischer Friedrich Theodor. Aus: Auch einer.
    Festschmaus im Pfahlbaudorf................................ 141
    Aus: Faust Dritter Teil. *O hin zu dir! zu dir!*
    Nur einen Bissen reiche mir!................................. 149
    Gedichte... 265

Wagner Christian. Gedichte und Texte. 153
    Ein später Gast... 271

Wildermuth Ottilie. Das geizige Pfarrhaus. 19
    Ein Stadtschreiber.. 23